KB265696

공중보건과 국제지적재산권법

공중보건과 국제지적재산권법

任 虎 著

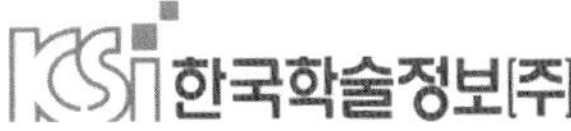
한국학술정보㈜

머리말

20세기 말 지구촌을 넘나드는 세계화의 열풍 속에서 공중보건의 문제도 더 이상 한 국가의 고유한 문제만은 아니라는 논의가 진행되고 있다. 특히 2002년 11월 중국 남부지방에서 발달하여 전 세계 30여 국가에 확산된 급성호흡기증후군(SARS, 사스)이나, 2001년 9월 11일 미국 테러 이후 캐나다 및 미국 일부 지역에서 발생한 탄저균 공포는 국가의 공중보건 위기를 잘 보여주는 예가 되고 있다. 또한 이러한 예는 아프리카, 남아메리카 및 아시아의 최빈개도국, 개도국뿐만 아니라 선진국들도 동일한 위기에 직면할 수 있음을 잘 설명하고 있다. 다만 아프리카, 남아메리카 및 아시아의 개도국 및 최빈개도국들에서 현재 그 위기가 더욱 심각할 뿐이다.

개도국의 공중보건 위기를 유발하는 원인은 여러 가지가 있을 수 있고 이를 극복하기 위한 방법도 다양하게 나타날 수 있다. 예를 들어 장기적으로는 양호한 보건제도를 확립하고, 공중보건 위기를 해결하기 위한 기금을 조성하는 방법 등이 가능할 것이다. 그러나 이는 장기적인 의제일 뿐 개도국이나 최빈개도국의 경우 긴급하고 폭넓은 공중보건 위기의 해결을 위한 보호대책은 사실상 구입 가능한 그리고 치료효과가 있는 의약품을 적절히 공급하는 것이다. 그러나 이러한 의약품의 대부분은 특허로 보호되고 있어 가격이 상승하기 때문에 개도국이나 최빈개도국들이 환자들의 치료를 위해 충분한 양을 실질적으로 구입하는 데 장애로 작용하고 있다.

그러므로 개도국의 공중보건 위기를 해결하기 위하여 기존의 특허제도에 대한 적절한 개혁을 통하여 의약품 가격을 인하시킬 구체적인 조치가 필요하다. 이를 위해 짐바브웨는 2001년 4월 무역관련지적재산권

(Trade-Related Aspect of Intellectual Property Rights, 이하 'TRIPs'이라 함) 이사회 정례회의에서 아프리카 그룹을 대표하여 의약품 접근에 관한 문제를 검토할 것을 제의하였으며, 이를 계기로 11월에 카타르 도하(Doha)에서 열린 도하 각료회의는 TRIPs협정과 공중보건에 관한 선언(Declaration on the TRIPs and Public Health: 이하 '도하공중보건선언'이라 함)을 채택하였다. 도하공중보건선언은 공중보건 위기 해결을 위한 최선의 대안은 의약품특허권에 대한 강제실시(compulsory license)와 특허의약품의 병행수입(parallel trade)임을 제시하고 있다. 그러나 선진국과 다국적 의약산업계는 강제실시와 병행수입은 특허권을 침해하는 행위로 허용할 수 없다고 주장하고, 특히 미국과 미국의 의약업계는 개도국의 의약품특허권에 대한 강제실시와 특허의약품의 병행수입에 대하여 소송 등 모니터링을 진행하고 있다.

WTO는 2001년 11월 카타르 도하에서 열린 제4차 각료회의에서 새로운 다자간 무역협상인 도하개발의제(Doha Development Agenda: 이하 'DDA'라 함)를 출범시켰다. 지적재산권 관련 DDA의 주요 의제는 공중보건, 지리적 표시, TRIPs협정 제27조 3항 (b)의 동식물의 보호, 전통지식 및 생물다양성, 비위반 제소 및 기술이전 등 여러 가지 의제가 있다. 그러나 공중보건 위기의 심각성에 대한 개도국과 선진국들의 공통인식은 동 문제를 단독 각료선언으로 채택하도록 하였다. 그러므로 공중보건의 위기와 그 해결방식에 대한 이해는 TRIPs협정의 정확한 발전방향을 파악하고 공중보건 위기에 직면한 국가의 유연한 대응책을 마련함에 있어서 중요한 역할을 할 수 있다. 우루과이라운드 이후 선진국들은 일반적으로 지적재산권 보호를 강화하는 입장을 강조하여 왔다. 그러나 도하공중보건선언의 채택은 지적재산권제도에 대하여 선진국과 개발도상국들이 함께 생각할 수 있는 좋은 기회를 마련하였다.

동 책은 개도국 및 최빈개도국들이 직면하고 있는 공중보건의 위기문제를 국제지적재산권법, 특히는 WTO 지적재산권규범의 차원에서 그 해결대안을 모색하려 한다. 연구방법에 있어서 TRIPs협정, 도하공중보건선언 및 '도하공중보건선언 제6단락 이행에 관한 칸쿤(Cancún) 일반이사회결의'(Implementation of paragraph 6 of the Doha Declaration on the TRIPs Agreement and Public Health) 중 공중보건과 관련된 조항에 대한 규범분석과 공중보건 위기 해결을 위한 강제실시와 병행수입에 관한 주요 국가의 관련 규정과 관행에 대한 비교 등 연구방법을 통하여 결론을 도출하고자 하였다.

맺음말에서 저자는 동 책의 논의를 취합하여 의약품특허에 대한 강제실시와 특허의약품의 병행수입은 공중보건 위기를 해결함에 있어서 최적의 대안이며, 특히 공중보건 관련 분쟁발생 시 TRIPs협정 중 공중보건 위기를 해결하기 위한 대안으로 강제실시가 TRIPs협정을 해석함에 있어서 문맥과 함께 고려하여야 할 추후관행을 형성하였음을 확인하고, 특허의약품의 병행수입은 TRIPs협정을 해석함에 있어서 문맥과 함께 고려하여야 할 추후관행을 형성하지는 못하였지만 권리소진제도의 발전추세와 WTO가 주창하는 세계시장의 단일화 및 무역의 자유화에 입각하여 병행수입은 허용되어야 한다고 주장하며, 공중보건 위기 해결을 위한 특허에 대한 적절한 규제와 관련한 상술한 강제실시와 병행수입은 공공이익 보호 및 보건권이라는 기본인권의 보호 차원에서 TRIPs협정에 반영되어야 함을 제시한다.

동 책은 한국학술정보(주)의 후원으로 저자의 법학박사 학위논문을 편집하여 출간한 결과물이다. 한국학술정보(주)의 사장님과 직원 여러분의 후원과 노고에 감사를 드린다. 그리고 저자가 이 자리에 이르기까지 이끌어 주시고 가르침 주신 현 국제법률경영대학원대학교 유병화 총장님, 박사과정 지도교수님이신 고려대학교 박노형 교수님, 박기갑 교수님 그리고 정영환 교수님 및 기타 모든 분들께 이 기회를 빌어 감사의 뜻을 전하고 싶다.

 마지막으로 앞으로 관련 분야의 연구를 지속적으로 그리고 더욱 폭넓게 진행하여 알찬 성과로 독자들과 다시 대면할 것을 약속드리며 동 책의 부족한 부분에 대한 아낌없는 비평을 부탁드린다.

2006년 11월 상하이에서

임 호

차　례

표 차례

그림 차례

약 어 표

AIDS	Acquired Immune Deficiency Syndrome
AIPPI	Association Internationale pour la Protection de la Propriete Intellectuelle
ARIPO	African Regional Industrial Property Organization
CIPR	Commission on Intellectual Property Rights
CESCR	Committee On Economic Social and Cultural Rights
CFTA	Central American Free Trade Agreement
COMESA	Common Market For Eastern and Southern Africa
CPtech	Consumer Project on Technology
DDA	Doha Development Agenda
DSB	Dispute Settlement Body
DSU	Dispute Settlement Understanding
EAC	East African Community
EEC	European Economic Community
EPO	European Patent Office
EU	European Union
EC	European Community
ECJ	European Court of Justice
EPO	European Patent Office
FTA	Free Trade Agreement
FTAA	Free Trade Area of the Americas
FTC	Federal Trade Commission
GATT	General Agreement On Tariffs and Trade

HAI	Health Action International
HHS	Department of Health and Human Services
HIV	Human Immunodeficiency Virus
ICJ	International Court of Justice
ILC	International Law Commission
MSF	Medecins Sans Frontieres
NAFTA	North American Free Trade Agreement
NGO	Non Government Organization
OAPI	Organisation Africaine De La Propri Intellectuelle
OECD	Organisation for Economic Co-operation and Development
Oxfam	Oxford Committee for Famine Relief
PBS	Pharmaceutical Benefit System
PhRMA	Pharmaceutical Research and Manufacturers of America
QUNO	Quaker United Nations Office
TRIPs	Trade Related Aspects of Intellectual Property Rights
UNAIDS	United Nations Programme on HIV/AIDS
UNCTAD	United Nations Conference on Trade and Development
UNDP	United Nations Development Programme
UPOV	Union Internationale pour la Protection des Obtentions Vegetales
USTR	United States Trade Representative
WHA	World Health Assembly
WHO	World Health Organization
WIPO	World Intellectual Property Organization
WTO	World Trade Organization

제1장 공중보건의 위기와 국제적 해결노력

세계보건기구(World Health Organization: 이하 'WHO'이라 함) 통계에 따르면 2003년 한 해에 에이즈(HIV/AIDS)[1]로 사망한 인구는 250-350만 명에 달하며 그중 어린이가 42-58만 명에 달한다.[2] 2003년 9월에는 WHO, 유엔에이즈계획(United Nations Programme on HIV/AIDS: 이하 'UNAIDS'이라 함)과 글로벌기금(Global Fund)은 "에이즈가 항생제의 약품의 치료를 받지 못하는 것은 세계적 공중보건의 위기상황"이라고 선포하였다.[3]

공중보건 위기를 해결할 수 있는 현실적인 방법은 취득 가능한 의약품과 치료기술을 시의적절하게 공급하는 것이다. 그러나 비싼 의약품 가격은 이를 어렵게 만들고 있고, 이는 일반적으로 높은 수준의 지적재산권 보호의 결과이다. 공공이익 및 기본적 인권 차원에서 공중보건의 의의는 그동안 지적재산권 보호과정에서 나타난 사적권리로서의 지적재산권의 보호만을 강조하였음을 다시 생각하게 하며, 이익의 형평 그리고 인권과 지적재산권 보호의 형평의 차원에서 공중보건의 문제를 고려할 것을 요구하고 있다.

공중보건의 위기와 위기 해결의 필요성을 인식하고, 공중보건 위기 발생 원인을 규명하며, 공중보건 위기 극복을 위한 다양한 차원에서의 노력에도 불구하고 현실적인 최선의 대안이 의약품특허권에 대한 적절한 규제임을 밝히는 것이 본 장의 주된 목적이다.

---

1) HIV-Human Immunodeficiency Virus, 인체면역결핍바이러스: AIDS-Acquired Immune Deficiency Syndrome, 에이즈 또는 후천성면역결핍증, 동아프라임 英韓辭典, 제2판, 동아출판사, 1988, 1051면 및 72면.
2) UNAIDS & WHO, AIDS epidemic update 2003, December 2003, p.3.
3) WHO, *The World Health Report 2004*, Changing History, 2004, p.1.

제1절 공중보건의 위기 및 의약품의 접근

I. 공중보건 위기, 정의 및 유발 원인

1. 공중보건의 위기

20세기 후반 국제경제의 세계화와 더불어 전염성 질병의 전파도 전례 없는 속도로 확산되고 있다. WHO에 따르면 매년 세계적으로 1,700만 명에 달하는 인구가 전염성 질병으로 사망하고, 그중 90% 이상이 아프리카, 아시아와 남아메리카에서 발생한다. 사망을 초래하는 주요한 질병은 에이즈(HIV/AIDS), 말라리아(Malaria)와 결핵(Tuberculosis) 등이다.[4]

특히 에이즈의 경우 지난 20여 년 동안 인류를 괴롭혀 왔던 숙적이었다. 오늘날에도 에이즈는 인류사회에 대한 특별한 위협이 되고 있으며 그 영향은 후손에게도 미치고 있다. 에이즈의 폭발적인 유행은 20세기 90년대에 시작되었으며, 특히 아프리카 사하라 이남지역에서 크게 만연되었다.

---

4) WHO, *The World Health Report 2001*, Mental Health: New Understanding, New Hope, 2001, p.144.

〈그림 1〉 HIV에 감염된 성인 수(1980-2003)

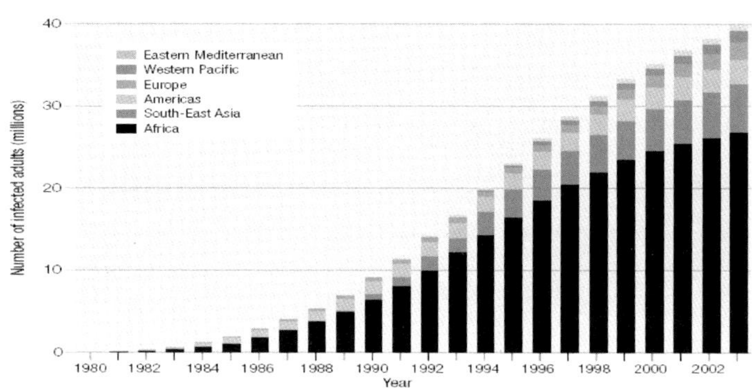

자료: WHO, *The World Health Report* 2004, p.2.

WHO에 의하면 현재 3,400-4,600만의 인구가 에이즈에 감염되었으며 그중 3분의 2가 아프리카에, 그리고 5분의 1이 아시아에서 생활하고 있다.[5] 2003년 한 해만 에이즈로 사망한 인구는 약 250-350만 명에 달하며, 그중 어린이가 약 42-58만 명에 달하고, 아프리카, 아시아 및 남아메리카 개도국에서 사망한 인구가 성인과 어린이를 합해 약 260만-310만 명으로 전체 사망인구 300만 명의 약 85%를 차지하고 있다.[6]

〈표 1〉 세계 에이즈 수치통계(2003년 12월)

에이즈 감염자 총수	총 인수	4000만 (3400 - 4600만)
	성인	3700만 (3100 - 4300만)
	15세 미만 어린이	250만 (210 - 290만)
2003년 에이즈 감염자 수	총 인수	500만 (420 - 580만)
	성인	420만 (360 - 480만)
	15세 미만 어린이	70만 (59 - 81만)
2003년 에이즈 사망인수	총 인수	300만 (250 - 350만)
	성인	250만 (210 - 290만)
	15세 미만 어린이	50만 (42 - 58만)

자료: WHO, AIDS epidemic update 2003, p.3.

---

5) WHO, *The World Health Report 2004*, *supra* note 3, p.1.
6) UNAIDS & WHO, *supra* note 2, p.3.

　에이즈의 범람은 사하라사막 이남지역의 평균수명에도 심각한 영향을 미쳤다. 1980년대 평균수명이 49.2세이던 것이 2000-2005년에는 46세로 하락하였다. 에이즈의 심각한 영향을 받은 아프리카 남부 여러 국가의 평균수명도 에이즈 출현 전에 비하여 상당히 줄어들어, 예를 들면 보츠와나의 경우 1985-1990년 평균수명은 65세이나 2000-2005년에는 40세로 줄었고, 남아프리카공화국의 평균수명은 60세에서 50세 이하로 줄었다.[7]

　에이즈는 사하라사막 이남지역의 공중보건 문제만은 아니다. 에이즈는 전 세계에 전파되어 세계적인 공중보건의 위기를 야기하고 있다. 대부분의 아시아 국가는 약물 주입과 섹스상업화 등으로 인하여 에이즈가 만연되고 있다. 캄보디아, 미얀마, 태국과 인도의 경우 성인의 1%를 초과하는 수가 에이즈에 감염되었다고 한다. 동유럽과 중앙아시아도 약물의 주입과 사전보호 없는 성행위로 감염자 수가 증가하는 추세이며, 감염자 수의 80%가 주로 젊은 세대라고 한다. 서유럽에서는 새로운 감염자 수가 사망자 수를 초월하고 있는데 더욱 걱정스러운 것은 성행위를 통한 매독(Syphilis)과 임질(Gonorrhoea)이 일부 국가에서 증가하고 있다는 것이다. 아메리카 카리브 해 지역은 아프리카 사하라 사막 이남지역 다음으로 광범하게 감염된 지역으로 성인 인구의 2-3%를 넘는 감염률을 나타내고 있다. 라틴아메리카에서는 160만 명에 달하는 인구가 에이즈에 감염되었으며 미국에서는 해마다 3만-4만 명이 새롭게 감염되고 있다.[8]

---

7) WHO, *The World Health Report 2004*, *supra* note 3, p.1.
8) *Ibid.*, pp.3-4.

〈그림 2〉 사하라이남 아프리카 국가 평균수명의 동향(1970-2010)

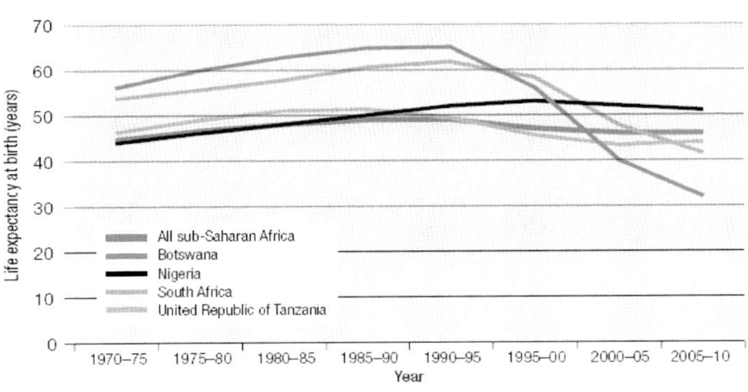

자료: WHO, *The World Health Report 2004*, p.6.

앞서 언급한 것처럼 25년 전까지만 해도 에이즈에 대하여 잘 알고 있지 못하였으나, 에이즈는 이미 세계 청장년들의 주요 사망원인이며 아직 이를 예방하는 백신이나 치료할 수 있는 의약품은 없다. 이러한 상황을 반영하여 2003년 9월, WHO, UNAIDS와 글로벌기금은 에이즈가 항생제 의약품(antiretroviral medicines)의 치료를 받지 못하는 상황은 세계적 공중보건의 위기상황이라고 선포하였다.[9]

한편 에이즈만이 공중보건의 위기를 야기하는 질병이 아니다. 에이즈와 기타 전염성 질병의 상호 역할은 공중보건 위기의 문제를 더욱 심각하게 하고 있다. 예를 들어 사하라 이남지역에서 말라리아, 세균성 감염과 결핵은 에이즈 관련 사망률을 상승시키는 또 다른 원인으로 증명되었다.[10] WHO 통계에 따르면 세계적으로 전염률이 제일 높은 질병은 학질(매년 500만 명이 감염되고 200만 명이 사망), 호흡기 질병(매년 대략 400만 명에 달하는 어린이가 사망하고 폐결핵으로 사망하는 인구수는 300만 명에

---

9) *Ibid.*, p.1.
10) CB. Holmes, E. Losina, RP. Walensky, Y. Yandanpanah, KA. Freedberg, "Review of Human Immunodeficiency Virus type I-related opportunistic infections in Sub-Saharan Africa", *Clinical Infectious Diseases*, 2003, pp.652-662.

달함), 腹瀉(오염된 수원 또는 음식물을 통하여 전염되며 매년 300만 명에
달하는 어린이가 사망함), 에이즈(에이즈 감염자 수가 2,400만 명에 달하
며 400만 명이 이미 사망)와 병리성 간염(3.5억에 달하는 인구가 B형 간염
병균에 감염되었으며 1억에 달하는 인구가 C형 간염 병균에 감염되었으며
그중 4분의 1에 달하는 인구가 간질병으로 인하여 사망함) 등이다.[11]

〈표 2〉 전 세계 성인 중 사망률과 질병 부담의 주요 원인(2002)

사망률(15-59세 성인)			사망률(60세 이상 성인)		
순위	원인	인수(천 명)	순위	원인	인수(천 5명)
1	HIV/AIDS	2279	1	수축성심장질병	5825
2	수축성심장질병	1332	2	뇌혈관질병	4689
3	결핵	1036	3	만성폐색성폐병	2399
4	교통사망	814	4	저호흡기질병	1396
5	뇌혈관질병	783	5	호흡기, 기관지, 폐암	928
6	자살(자해)	672	6	당뇨병	754
7	폭행	473	7	고혈압심장질환	735
8	간경변(肝硬變)	382	8	위암	605
9	저호흡기질병	352	9	결핵	495
10	만성폐색성폐병	343	10	대장 및 직장암	477
질병 부담(15-59세 성인)			질병 부담(60세 이상 성인)		
순위	원인	인수(천 명)	순위	원인	인수(천 명)
1	HIV/AIDS	68661	1	수축성심장질병	31481
2	단극 우울증 정신질환	57843	2	뇌혈관질병	29595
3	결핵	28380	3	만성폐색성폐병	14380
4	교통사망	27264	4	치매증	8569
5	수축성심장질병	26155	5	백내장	7384
6	알콜사용질환	19567	6	저호흡기질병	6597
7	청각장애, adult onset	19486	7	청각장애, adult onset	6548
8	폭행	18962	8	호흡기, 기관지 폐암	5952
9	뇌혈관질병	18749	9	당뇨병	5882
10	자해성 침해	18522	10	비젼(vision)질환, 연령연관	4766

자료: WHO, World Health Report 2003, p.17.

---

11) WHO, *World Health Report 1996*, Fighting Disease, Fostering Development, 1996, p.2.

공중보건의 위기는 개발도상국 공중보건의 문제만이 아니라 선진국 또는 선진개도국의 문제이기도 하다. 2001년 9월 11일 미국 테러사건 이후 미국 및 캐나다는 탄저병의 확산 우려로 공중보건이 극도로 위협받는 비상사태를 경험하였다. 이때 미국 보건과후생부(Department of Health and Human Service: 이하 'HHS'이라 함) 장관은 천만 명의 환자를 치료할 수 있는 양의 탄저병 치료제인 독일 바이엘(Bayer)사의 사이프로(Cipro)를 약 12억 개 비축하겠다고 발표한 적이 있다.[12] 또한 2002년 11월 중국 남부에서 발달하여 아시아, 북미 및 유럽 등 30개 국가로 확산된 급성호흡기증후군은 각국 공중보건체계에 경종을 울렸다. 이로 인해 2003년 4월 캐나다 토론토 보건당국은 보건 긴급령을 반포하기도 하였다.[13]

2. 공중보건의 정의 및 특징

공중보건의 정의는 복잡한 개념이며, 아직까지 명확하게 정의되지 않았다. 많은 사람들은 공중보건의 역사를 전염병질병 통제의 역사로 인식하고 있다.

일반적으로 공중보건은 '사회의 조직 있는 노력을 통하여 실현하는 질병의 예방, 생명의 연장과 건강보호의 과학과 기술',[14] '모든 인간의 건강

---

12) 조명선, "의약품특허보호와 공중보건의 균형", 「지식재산21」, 통권 제78호 (2003. 5), 122면.

13) 동아일보, "사스전파 경로－마국·유럽", 2004년 3월 11일, http://www.donga.com/fbin/output?f=fss&code=fs__&n=200403110117, 04-07-16 검색.

14) Institute for International Medical Education(IIME), 'Organized efforts of society to protect, promote, and restore people's health',www.iime.org/glossary.htm, 04-09-19 검색: Suburban Emergency Management Project (SEMP), 'The science and art of preventing disease, prolonging life, and promoting health through organized efforts of society', www.ben.edu/semp/htmlpages/glossaryp1.html, 04-09-19 검색: New Healthy System

을 유지하고 향상하는 과학, 실질적인 기능과 신념의 종합',15) 또는 '지방, 국가, 민족과 국제자원의 조직형식으로 모든 사회의 주요한 보건에 영향 주는 문제를 강조하기 위함'16)으로 정의되고 있다. 한편 사전적 의미에서 공중보건은 '전체 공동체의 건강'이나 '인간의 신체 또는 공동체 보건 또는 위생의 조건을 지칭하는 것으로, 특히 질병을 위한 예방적인 의약품과 조직된 치료에 의한 공동체의 건강을 유지하는 방법'으로 정의된다.17)

WHO는 '보건(health)'을 물질적, 정신적 그리고 사회적 복지의 완전한 상태로 정의하고 있으며, 현대적인 관점에서 보건의 의미는 더욱 넓어진다. 즉, 개인적인 질병 또는 바이러스를 제외한 물질적, 정신적 또는 사회적 복지에 영향 주는 생명에 관한 모든 것을 포함한다.18) 일반적인 보건과 비교하여 볼 경우 공중보건은 다음과 같은 3가지 특징을 갖는다.

1) 공중(public)과 주민(population)의 보건 중시

공중보건사업의 중요한 내용은 공중적인 것, 그리고 공동체, 국가적 또는 세계적 수준이라는 것이다. 그러므로 공중보건사업은 분리된 개개

(NSW), 'The science and art of promoting health, preventing disease, and prolonging life through the organised efforts of society', www.health.nsw.gov.au/publichealth/health-promotion/abouthp/esources/glossary3.html, 04-09-19 검색; 學習時報, 爲什么公共健康需要倫理分析, http://www.studytimes.com.cn/chinese/zhuanti/xxsb/559013.htm, 04-09-19 검색.

15) Institute for International Medical Education(IIME), *Ibid.*, 學習時報, *Ibid.*

16) 學習時報, *Ibid.*

17) The health of the community at large. The healthful or sanitary condition of the general body of people or the community en masse; esp., the community, as by preventive medicine and organized care for the sick. Bryan A. Garner, *Black's Law Dictionary*, Seventh Edition, West Group, ST. Paul, MINN., 2000, p.577.

18) David P. Fidler, *International Law and Public Health*, Transnational Publishers, Ardsly, New York, 2000, p.3.

인을 상대로 하는 것보다 크고 작은 그룹의 사람들에게 직접 관여되는
조치에 의거하게 된다.[19]

　예를 들어 고혈압에 대하여 의사는 일반적으로 "환자가 이 시기에 고
혈압에 걸린 이유는 무엇일까?"라고 묻지만 공중보건의 측면에서 의사
는 "왜 이러한 사람들이 고혈압에 걸렸을까? 왜 이러한 질병은 다른 부
류의 사람들에게는 적게 발생하였을까?"라고 질문한다.[20] 또 다른 예를
들면 어린이 충치 방지를 위하여 수돗물을 공급할 때 불소처리를 하는
것은 그 물을 마시는 모든 사람들에게 영향을 미치는 광범위한 공중보
건조치이다. 이런 절차는 공동의 이익을 위하여 계획되었다. 이러한 행
동을 통해 대중 속에 발생하는 보건 문제를 감소할 수 있다. 즉, 공중보
건행위는 공동체의 보건을 촉진하기 위함이다.[21]

2) 예방 위주

　공중보건의 기본원칙은 집단의 보건을 위한 질병의 예방에 있으며 개
개인의 치료와 건강 회복을 위한 것만은 아니다. 건강을 보호하고 촉진
하기 위하여, 그리고 질병, 상해 및 장애를 방지하기 위하여 공중보건은
사회의 의무이다.[22]

---

19) *Ibid.,* p.5.

20) 學習時報, *supra* note 14.

21) Fidler, *supra* note 18, p.4.

22) National Public Health Partnership, 'Public health is the organised response
by society to protect and promote health and to prevent illness, injury and
disability', 1997, www.nt.gov.au/health/comm_health/abhealth_strategy/apact/
apactgls.shtml, 04-09-19 검색.

3) 사회적 지위

공중보건의 촉진은 집단적 행위로서 전체 사회의 노력을 통하여 실현
될 수 있다. 개인의 복지에 영향을 주는 근원적인 조건들이 많다. 이러한
조건들은 의약서비스의 접근, 물질적 환경, 생물환경, 사회적 환경 등을
포함한다. 여기서 공중보건의 지위에 결정적인 요인은 사회적인 것이
다.[23] 즉 공중보건은 물질적, 정신적 또는 사회적 복지에 필요한 근원적
인 조건들이 사회에 있는 모든 사람들에게 제공되도록 보장하는 것이다.

이처럼 공중보건에 관한 표현과 특징을 종합하여 볼 때 공중보건이란
'전체 공동체의 건강을 지칭하는 것으로 질병의 치료를 위한 예방적인
의약품과 조직된 치료에 의한 공동체 보건을 유지하는 방법'으로 정의
할 수 있다.

3. 공중보건 위기의 유발 원인

세계적인 공중보건 위기를 유발하는 주요 원인은 다음과 같다.

1) 전쟁과 내란 및 환경의 변화[24]

20세기 말 미국과 소련의 동·서 간 양대 진영의 균형이 분열되면서
세계 각 지역에서 일어난 민족독립전쟁, 국가 내부에서의 내란 등으로
인하여 세계는 동부유럽, 아프리카 및 아시아 개발도상국의 보건시스템
확립과 운영에 심각한 차질을 빚었다. 또한 경제발전을 주된 목표로 한

---

23) 學習時報, *supra* note 14.
24) Fidler, *supra* note 18, pp.75-76.

개발도상국들의 자연자원에 대한 과도한 개발과 남용으로 인하여 자연환경이 심각히 훼손되었으며, 환경의 악화로 인한 자연재해는 질병의 근원인 세균의 번식능력과 적응능력을 강화시키고 있다.

2) 경제적 빈곤

선진국은 풍부한 물적, 인적 및 재력으로 국내적 공중보건시스템을 완벽하게 구축하여 전염성 질병을 비교적 쉽게 통제할 수 있고 질병의 치료와 의약품의 개발에서도 풍부한 기술을 보유하고 있다. 그러나 개도국들은 경제발전수준이 낙후하여 공중보건체계의 구축이 미비하고 또한 질병의 치료와 의약품의 개발에 있어서도 기술과 자금 그리고 개발인력이 매우 미흡하다. 그 밖에 세계 인구의 급격한 증가와 도시화 등은 사람들이 비좁고 오염된 환경에서 생활하도록 하고 있으며 깨끗한 수자원과 충분한 위생시설의 결핍도 전염성 질병이 유행하는 주된 원인이기도 하다.[25]

3) 국제관광과 무역활동의 빈번 및 증가

19세기부터 세계 각국은 외국의 전염성 질병이 국제무역과 관광으로 인하여 자국 공중보건에 위협이 될 수 있음을 인식하기 시작하였다. 특히 동남아시아 일부 국가에서의 성의 상품화는 해당 지역 에이즈 발생율의 증대로 나타나고 있으며 무방비적인 성행위는 에이즈 전파의 주된 경로로 확인되고 있다.[26]

전염성 질병은 주로 사람과 사람의 교류로 전파되며, 전파방식은 공기 전파, 성행위 전파, 혈액 전파 또는 직접접촉 전파로 이루어진다. 2002년

---

25) WHO, *World Health Report 1996, supra* note 11, pp.63-91.
26) *Ibid.*

중국 및 동남아 지역에서 발단하고 세계 30여 개 국가로 전파된 급성호흡기증후군도 직접접촉 및 타액 전파로 확인되었으며 WHO는 사스의 전파를 막기 위하여 사스발생지역인 중국 및 동남아 국가로의 여행을 자제할 것을 권고하기도 하였다.

4) 의약품의 결핍

매년 수백만 명이 질병으로 인하여 생명을 잃어가고 있지만 대다수의 경우 이러한 질병은 예방할 수 있거나 또는 치료할 수 있다. 개도국들의 사망률이 비교적 높은 원인은 그들이 질병 치료에 효과가 있는 의약품을 적시에 구매할 수 없기 때문이다. 이와 반대로 선진국에서는 치료 가능한 의약품을 구입할 수 있기 때문에 사망률이 상당히 하락하고 있다. 에이즈의 치료에 필요한 항생제 의약품일 경우 선진국의 감염자는 매년 1만-1.5만 달러의 의약품 비용을 지불하고 있으나 이러한 높은 가격은 개도국의 에이즈 감염자들로 하여금 의약품과 질병 치료에의 접근을 불가능하게 하고 있다. 세계인구의 3분의 1에 달하는 사람들이 기본적인 필수약품(essential drugs)[27]·[28]을 구입하지 못하고 있고, 특히 아프리카, 아시아 빈곤지역에서 절반에 가까운 사람들이 기본적인 필수약품도 구입하지 못하고 있다.[29]

---

27) 필수의약품이란 대다수 인구의 공중보건의 수요를 만족시키는 입수가능하며 건강보호와 관련한 품질, 안전, 효능과 비용의 최적의 형평을 나타내는 의약품을 지칭한다. WHO and WTO, WTO Agreements and Public Health, A Joint Study by the WHO and the WTO Secretariat, 2002, p.87 para.163.

28) 1977년 WHO는 필수의약품 목록으로 대다수 전염병 및 비전염성 질병을 안전하고 효과적으로 치료하는 208종의 약품을 발표하였다. 2002년 WHO는 12차 필수의약품 목록을 발표하여 325종의 약품을 지정하였는데, 이 목록에서 에이즈를 예방하고 치료하는 약품은 12가지에 달한다. WHO, The Rationale of Essential Medicines, http://www.who.int/medicines/rationale.shtml, 04-03-18 검색.

29) Ellen F. M. T. Hoen, TRIPs, Pharmaceutical Patents, and Access to

공중보건의 정의와 상술한 공중보건 위기의 유발 원인을 살펴볼 경우 공중보건의 위기란 '전체 공동체의 건강을 위협하는 상황으로 질병예방을 위한 의약품의 결핍과 공동체 건강을 유지하기 위한 보건 시스템의 미조직이 심각한 상태'로 요약될 수 있다.

Ⅱ. 의약품특허보호와 의약품의 접근

1. 의약품특허보호 현황

의약산업 분야에서 특허는 여러 형태의 발명에 의하여 출원될 수 있다. 예를 들어 의약품 자체나, 의약품의 제조방법, 또는 의약품의 새로운 용도 및 징후(indication) 또는 새로운 공식(formulation)으로 특허가 출원될 수 있다.[30] 그러므로 동일한 특허 의약품이 여러 많은 국가에서 보호를 받을 수 있으므로 특정 의약품에 관한 특허의 출원은 거대한 과제이다. 의약품 회사들은 그들이 발명한 특허 의약품(자체적 연구 또는 기타 발명가로부터 특허라이센스 취득)에 대하여 그들의 의약품 시장 또는 잠재적 경쟁시장을 갖는 국가에서 특허를 출원하거나 또는 특허를 실행한다.

환자에게 새로운 의약품을 공급하기 위한 신약 개발은 하나의 신약이 개발되기까지 2억 내지 8억 달러 이상의 비용이 소요되고 그 성공확률도 약 5,000개의 후보물질에서 하나를 성공시킬 수 있을 정도로 매우 희박하다고 한다.[31] 따라서 세계 대다수의 의약품특허는 막대한 비용과

Essential Medicines: A Long Way From Seattle to Doha, *Chicago Journal of International Law*, 2002, Vol.3. No.1, p.41.

30) UNAIDS and WHO, Patent Situation of HIV/AIDS-related drugs in 80 Countries, Geneva, January 2000, p.6.

31) 조명선, 앞의 주 12, 114면.

고도의 기술을 보유하고 있는 10여 개의 선진국 다국적 제약회사에 의해 독점되고 있는 실정이다.[32]

UNAIDS와 WHO는 유럽특허청(European patent office: 이하 'EPO'라 함)과 기타 64개 국가 특허 주무부처로부터 수집한 특허의약품과 그 출원 현황에 대한 데이터를 취합하여 목록을 작성하였다. 동 목록은 24종의 의약품특허보호 기간과 각국의 특허출원 현황을 보여주고 있다. 그중 AIDS와 관련된 12가지 항생제의약품의 특허소유권자 중, 캐나다 국적의 제약회사인 IAF Biochem사가 특허를 보유한 의약품 'Lamivudine'을 제외한 기타 모든 의약품특허는 미국기업, 정부 및 학교가 소유하고 있다.

〈표 3〉 항생제 관련 의약품특허 현황[33]

약품 명칭	특허 소유자	특허원천 출원일	특허보호 마감	미국특허 소멸	프랑스유럽 특허소멸	비슷한 특허출원 또는 취득 국가
Delavirdine	Upjohn	89/12/28	10/12/28	13/20/8 (17년, 다수 특허)	EP 10/12/24	호주, 캐나다, EP[34](AT, BE, CH, DE, DK, ES, FR, GB, GR, IT, LI, LU, NL, SE), 홍콩, 헝가리, 일본, 라트비아, 멕시코, 미국
Didanosine	welcome found	85/05/15	06/05/15		EP 06/05/15	호주, 캐나다, 덴마크, EP(AT, BE, CH, DE, FR, GB, IT, LI, LU, NL, SE), 핀란드, 그리스, 헝가리, 일본, 뉴질랜드, 포르투갈, 남아프리카 , 스페인, 미국

---

32) K. Balasubramaniam, "Access to Medicines: Patents, Prices and Public Policy Consumer Perspectives", Paper presented at Oxfam International Seminar on Intellectual Property and Development: What Future for the WTO TRIPS Agreement?, Brussels, March 20, 2001.

33) UNAIDS and WHO, *supra* note 30, pp.13-15.

34) EP는 European Patents의 약자로 유럽특허청에 의하여 특허권이 부여되고 다음과 같은 18개 유럽국가에서 그 효력이 있다. 오스트리아(Austria-AT), 벨기에(Belgium-BE), 덴마크(Denmark-DK), 핀란드(Finland-FI), 프랑스(France-FR), 독일(Germany-DE), 그리스(Greece-GR), 아일랜드(Ireland-IE), 이탈리아(Italy-IT), 리히텐슈타인(Liechtenstein-LI), 룩셈부르크(Luxembourg-LU), 모나코(Monaco-MO), 네덜란드(Netherlands-NL), 포르투갈(Portugal-PT), 스페인(Spain-ES), 스웨덴(Sweden-SE), 스

약품 명칭	특허 소유자	특허원천 출원일	특허보호 마감	미국특허 소멸	프랑스유럽 특허소멸	비슷한 특허출원 또는 취득 국가
Didanosine	US GOV.	85/08/26	06/08/26	06/08/26 (17년)	EP 06/08/21, 프랑스는 09/05/04	호주, 캐나다, 사이프러스, EP (AT, BE, CH, DE, FR, GB, IT, LI, LU, NL, SE), 홍콩, 아일랜드, 이스라엘, 일본, 멕시코, 뉴질랜드, 싱가포르, 미국
Efavirenz	Merck	92/08/07	13/08/07	12/08/07	13/08/07	호주, 불가리아, 브라질, 캐나다, 중국, 크로아티아, 체코, EP, 핀란드, 헝가리, 이스라엘, 일본, 멕시코, 뉴질랜드, 노르웨이, 폴란드, 루마니아, 싱가포르, 슬로바키아, 슬로베니아, 남아프리카, 미국,
Indinavir	Merck	91/11/08	12/11/08	13/05/07	EP 12/11/02	호주, 브라질, 불가리아, 캐나다, 중국, 체코, EP(AT, BE, CH, DE, DK, ES, FR, GB, GR, IE, IT, LI, LU, NL, PT, SE) 핀란드, 홍콩, 헝가리, 이스라엘, 일본, 라트비아, 뉴질랜드, 노르웨이, 폴란드, 싱가포르, 슬로바키아, 남아프리카, 타이완, 미국.
Lamivudine	IAF Biochem	89/02/08	10/02/08	09/02/08	EP 10/02/08, 프랑스 11/09/07 (MA 이후 15년)	ARIPO[35], 호주, 브라질, 캐나다, 크로아티아, 사이프러스, 체코, EP (AT, BE, CH, DE, DK, ES, FR, GB, GR, IT, LI, LU, NL, SE), 핀란드, 홍콩, 헝가리, 아일랜드, 이스라엘, 일본, 한국, 멕시코, 노르웨이, 뉴질랜드, OAPI,[36] 포르투갈, 러시아, 싱가포르, 슬로바키아, 슬로베니아, 남아프리카, 미국, 유고슬라비아.
Nelfinavir	Agouron	93/10/07	14/10/07	13/10/07	EP 14/10/07	호주, ARIPO, 불가리아, 브라질, 캐나다, 중국, 체코, EP, 핀란드, 헝가리, 일본, 뉴질랜드, 노르웨이, 폴란드, 싱가포르, 슬로바키아, 남아프리카, 미국.
Nelvirapine	Boehringer	89/11/17	10/11/17	11/11/22 (17년, 다수 특허)	EP 10/11/16	호주, ARIPO, 캐나다, EP(AT, BE, CH, DE, DK, ES, FR, GB, GR, IT, LI, LU, NL, SE), 핀란드, 헝가리, 이스라엘, 아일랜드, 일본, 멕시코, 뉴질랜드, 노르웨이, OAPI, 포르투갈, 러시아, 싱가포르, 미국, 남아프리카

위스(Switzerland-CH), 영국(United Kingdom-GB).

35) ARIPO(아프리카지역산업재산권기구, African Regional Industrial Property Organization).

36) OAPI(아프리카지식재산권기구, Organisation Africaine De La Proprit Intellectuelle).

약품 명칭	특허 소유자	특허원천 출원일	특허보호 마감	미국특허 소멸	프랑스유럽 특허소멸	비슷한 특허출원 또는 취득 국가
Ritonavir	Abbott	92/12/29	13/12/29	12/12/29	EP 13/12/16	호주, 브라질, 캐나다, EP(AT, VE, CH, DE, DK, ES, FR, GB, GR, IE,IT, LI, LU, NL, PT, SE), 홍콩, 헝가리, 이스라엘, 일본, 한국, 멕시코, 뉴질랜드, 미국.
Saquinavir	Roche	89/12/11	10/12/11	10/11/19 (20년)	EP 10/12/10 프랑스 11/10/03 (MA 후 15년)	호주, 브라질, 캐나다, 체코, 중국, 크로아티아, EP(AT, BE, CH, DE, DK, ES, FR, GR, IT, LI, LU, NL, SE), 핀란드, 홍콩, 헝가리, 코리아, 아일랜드, 이스라엘, 일본, 라트비아, 말라위, 멕시코, 말카, 모나코, 뉴질랜드, 노르웨이, OAPI, 필리핀, 포르투갈, 루마니아, 러시아, 싱가포르, 슬로바키아, 슬로베니아, 남아프리카, UK, 미국, 짐바브웨.
Stavudine	Yale Univ.	86/12/17	07/12/17	08/06/25	EP 07/12/11 프랑스 11/05/08 (MA후 15년)	호주, 캐나다, 덴마크, 이집트, EP(AT, BE, CH, DE, ES, FR, GB, GR, IT, LI, LU, NL, SE), 핀란드, 홍콩, 아일랜드, 이스라엘, 일본, 한국, 뉴질랜드, 필리핀, 포르투갈, 미국, 남아프리카.
Zalcitabine	US Gov.	85/08/26	06/08/26	06/11/07 (17년)	EP 06/08/21 프랑스 08/12/01 (MA후 15년)	호주, 캐나다, EP(AT, BE, CH, DE, FR, GB, IT, LI, LU, NL, SE), 홍콩, 아일랜드, 이스라엘, 일본, 뉴질랜드, 미국.
Zidovudine	Glaxo	85/03/16	06/03/16	05/09/17 (20년)	EP 06/03/14	ARIPO, 캐나다, 사이프러스, 체코, 덴마크, EP(AT, BE, CH, DE, FR, GB, IT, LI, LU, NL, SE), 핀란드, 홍콩, 헝가리, 아일랜드, 이스라엘, 일본, 한국, 라트비아, 모나코, 뉴질랜드, 필리핀, 포르투갈, 싱가포르, 남아프리카, 미국.

2. 의약품 가격에 대한 특허보호의 영향

공중보건 위기를 해결할 수 있는 현실적인 방법은 접근 가능한 의약품과 치료기술을 시의적절하게 공급하는 것이다. 그러나 일반적으로 높은 수준의 지적재산권 보호의 결과 의약품 가격이 크게 비싸졌다. TRIPs협정 체결 이전에는 의약품과 그 생산방법에 특허를 부여한 국제조약이 없었다.[37] 그러므로 국제조약의 의무를 이행하여야 한다는 부담이 없었으므로 개도국과 최빈개도국들은 직접 해당 의약품을 생산하거나 또는 수입의약품을 모방, 생산하는 방식으로 자국 국민에게 저렴한 의약품을 제공할 수 있었다. 그러나 TRIPs협정이 체결된 후 지적재산권 보호의 최저표준을 규정하였으며 전통적인 보호범위를 확대하여 의약품뿐만 아니라 그 제조방법에도 특허를 부여하였다.[38] 그리하여 특허보호를 받은 의약품의 가격이 대폭 상승하는 결과를 초래하였다. Abbott는 이에 대해 "특허는 경쟁을 제한하고 정상경쟁가격을 상회하는 높은 가격을 유지하는 데 사용되고 있으며, 의약품에 대한 특허보호를 하지 않던 국가가 의약품에 대한 특허보호를 진행함으로 인하여 소비자에게 가격상승 효과를 불러일으켰으며, 특허사용비용은 모두 OECD국가의 의약품 생산자에게 흘러갔다"고 평가한다.[39]

1) 비특허 대체의약품보다 훨씬 비싼 특허의약품 가격

에이즈 관련 의약품의 경우 다국적 제약회사가 판매하는 의약품의 가격은 비특허 대체의약품의 가격보다 훨씬 비싸다. 예들 들면 Azythromicin은 호흡성 전염병을 치료하는 백신의약품으로 이런 질병은 개도국에 가장 많이 유행되는 질병 중 하나이다. 동 의약품의 특허권을 가지고 있는

---

37) TRIPs협정체결을 위한 우루과이라운드 협상 이전에는 40여 개의 국가가 의약품에 대하여 특허보호를 하지 않았으며, TRIPs협정이 체결되고 이행되는 현 시점에서 여전히 20여 개의 WTO회원국들이 의약품에 대하여 특허보호를 하고 있지 않다. 그중 일부 국가들은 제조법 특허에 대한 보호를 하고 있지 않다. WHO and WTO, *supra* note 27, p.42, para.52.

38) TRIPs협정 제27조 1항.

39) Frederick M. Abbott, WTO TRIPs Agreement and Its Implications for Access to Medicines in Developing Countries, p.13, http://www.iprcommission.org/papers/pdfs/study_papers/sp2a_abbott_study.pdf, 04-03-12 검색.

Pfizer사는 Zithromax라는 상표로 케냐 시장에 진출하였으며, 2001년 10월 250mg당 의약품 판매가격은 2.7달러에 달하였다. 그러나 의약품에 대한 특허보호를 하지 않는 인도의 경우 많은 인도 국내 기업들이 동 의약품을 모방 생산함으로써 의약품 가격을 대폭 인하하여 2001년 3월 250mg당 의약품의 판매가격은 0.84달러로써 이는 케냐에서 판매되는 의약품 가격의 3분의 1 정도에 해당한다.[40]

또 다른 예로 미국의 Glaxo사가 판매하는 3TC(Lamivudine) 의약품의 가격은 3,271달러(1인/매년)이나 인도의 제너릭 의약품(generic drugs)[41] 제조사인 Cipal사와 Hetero Drugs사가 제공하는 제너릭 의약품 가격은 각각 190달러와 98달러였다. Bristol-Myers Squibb사가 판매하는 Zerit(Stavudine)의 가격은 3,589달러(1인/1년)이나 Cipal사와 Hetero사가 판매하는 제너릭 의약품의 가격은 각각 70달러와 47달러였다. 미국 Boehringer Ingelheim사가 판매하는 Viremune(Neviranpine)의 가격은 3,508달러이나 Cipal 회사와 Hetero회사가 판매하는 제너릭 의약품의 가격은 각각 340달러와 202달러였다.[42] 앞서 언급한 3가지 의약품을 구입할 때 Cipal사가 생산한 제너릭 의약품 가격은 350-600달러인 반

---

40) MSF, A Matter of Life & Death: The Role of Patents in Access to Essential Medicines, p.2, http://www.accessmed-msf.org/upload/ReportsandPublications/291020 011614133/DOHACOL.PDF, 04-02-18 검색.

41) 제너릭 의약품(generic drugs)이란 활동적인 성분을 포함하고 있으나 상표를 부착한 유통되는 先의약품과 같이 첨가제물질(예를 들면 Binders나 캡슐) 반드시 있어야 하는 것은 아니다. Black's Law Dictionary, supra note 17, p.403. 그러나 WTO는 이와는 다른 정의를 내리고 있는데, 제너릭 의약품(generic drugs)은 일반적으로 특허보호를 받지 않는 의약품을 지칭하며, 특허보호 기간이 만료되었거나 또는 특허권이 부여되지 않은 의약품을 지칭한다. http://www.wto.org/english/tratop_e/trips_e/factsheet_pharm03_e.htm, 04-03-28 검색.

42) Kavaljit Singh, Patents vs. Patients: AIDS, TNCs & Price Wars, http://www.twnside.org.sg/title/twr131c.htm, 04-07-19 검색.

면, 특허의약품 가격은 10,000-15,000달러에 달하고 있어 특허의약품의 가격이 훨씬 높음을 알 수 있다.

2) 제너릭 의약품의 경쟁도입의 가격 인하효과

제너릭 의약품 회사들의 경쟁압력은 의약품 가격의 인하를 불러올 수 있다. 브라질의 경우 에이즈에 대한 치료를 강화하기 위하여 브라질 정부는 제너릭 의약품의 생산을 도입하여 동종 특허의약품의 가격을 79% 인하시켰다. 에이즈의약품의 국내생산은 브라질 정부로 하여금 에이즈에 대한 무료치료를 보편적으로 진행할 수 있게 하였으며, 에이즈로 인한 사망 인구를 절반으로 줄이는 에이즈 치료에 있어 세계적으로 주목받을 만한 큰 성과를 이루었다.[43]

또한 각 제약회사들의 가격책정을 살펴볼 경우 제너릭 의약품이 없는 국가에서의 의약품 가격은 제너릭 대체의약품이 있는 국가에서의 가격보다 훨씬 높았다. 국제보건행동(Health Action International: 이하 'HAI'이라 함)의 1998년 Glaxo사의 특허의약품 Zantac에 대한 조사결과에 따르면, 인도에서 동 제품의 유효한 성분을 포함한 제너릭 의약품 가격은 2달러(150그램)인 데 비하여 남아프리카는 150달러, 몽골은 183달러에 달하였다.[44]

3) 원자재 가격이전으로 인한 부당한 원가상승

파키스탄의 의약품의합리적사용을위한연대(The Network Association for Rational Use of Medication in Pakistan)의 연구결과에 의하면 일부

---

43) Third World Network, http://www.twnchinese.org.my/, 04-05-19 검색.
44) *Ibid.*

다국적 회사들은 국제시장에서 거래되는 의약품 원자재의 국제시장 가격보다 높은 가격으로 파키스탄 회사에 원자재를 공급하고 있었다. 예를 들면 독일회사에서 생산하는 의약품 원자재일 경우 국제거래가격이 킬로그램당 320달러인 데 비하여 다국적 기업이 파키스탄 자회사에 공급하는 가격은 킬로그램당 11,092달러로서 거의 35배에 달하였으며, 다른 한 이탈리아 제약회사가 공급한 원자재 가격은 국제시장가격보다 70배나 더 비쌌다.[45]

이처럼 제약회사들은 시장에서 경쟁을 배제하고, 이윤극대화를 목표로 하고 있으며, 특허보호는 다국적 제약회사들이 제너릭 의약품 생산을 배제하고, 자사 특허의약품 생산을 유지·조종하며, 가격을 책정하는 가장 유효한 수단으로 활용되고 있다. 즉 특허보호는 의약품 가격상승의 주요한 원인이며 높은 의약품 가격은 공중보건 위기에 있는 많은 국가, 특히 개도국들이 질병을 치료할 수 있는 의약품의 구입을 저해하는 주요한 요소이다.

제2절 공중보건 보호와 지적재산권

Ⅰ. 공중보건 보호와 지적재산권 이익형평의 의의

1. 재산권으로서의 지적재산권의 특징

지적재산권은 사회가 특정 재산권을 부여할 수 있다고 인정한 지식의 형식으로 물질재산 또는 토지의 소유권과 비슷한 점이 있다.[46] 그러나

---

45) *Ibid.*
46) Commission on Intellectual Property Rights (CIPR) Report, *Intellectual*

무체자산으로 지적재산은 유체자산과 구별된다. 첫째, 유체자산은 그 사용에 따라 총량이 점차 감소하나 지식재산은 반복 사용이 가능하며, 그 공급은 소진되지 않는다. 둘째, 유체자산은 유일성을 가지고 있어 타인의 불법점유로부터 방지할 수 있으나 지적재산은 쉽게 복제가능하며 타인이 모방하고 사용하는 것을 저지하기 힘들다.[47]

지적재산권은 쉽게 복제가능하고 모방사용이 가능하기 때문에 창조자의 합법적 이익을 보호하기 위하여 국가는 창조자에게 일정한 기간 동안 지적재산에 대한 독점적 소유권을 부여한다. 다른 의미에서 지적재산권의 보호는 인위적인 강제수단을 통하여 창조자에게 그 지적재산에 대한 독점권을 부여하였다고 할 수 있다. 이처럼 국가의 강제적 수단을 통하여 부여된 독점권은 유체자산이 가지고 있는 소유권과 비교할 때 타인의 자유 활동에 대한 간섭이 더욱 심하다.[48] 이 또한 지적재산권제도가 분쟁을 유발하는 주요 원인 중 하나이며, 이러한 모순을 해결하는 핵심은 사적권리와 공공이익의 형평에 있으며, 지적재산권에 대한 필요한 규제에 있다.

2. 공중보건 보호의 공공이익과 지적재산권 사익의 형평

지식경제가 갖고 있는 지식 세계화의 특징은 지적재산권 보호를 점차 강화하고 있다. 지적재산권 보호를 주장하는 목소리의 궁극적 목표는 권리보호의 국제화와 권리범위의 확장을 통하여 세계 각 곳에서 지적재산

Property Rights: Integrating Intellectual Property Rights and Development Policy, London, September 2002, p.11.

47) 馮洁涵, "全球公共健康危机、知識產權与WTO多哈宣言", *法學評論* 2003年 第2期.

48) Peter Drahos, *A Philosophy of Intellectual Property*, Dartmouth, 1996, p.211-212.

권 보호를 확산하고, 강화하는 것이다. 반면에 지적재산권 제도가 가지고 있어야 할 기능과 권리제한에 대한 목소리는 보호표준 향상 요구의 거센 파도 속에 홀대 받거나 심지어 매몰되고 있다.

일부 사람들은 지적재산권을 경제 또는 상업권리로 간주하는 반면, 다른 사람들은 정치 또는 인신권리로 간주하고 있다. TRIPs협정은 지적재산권의 보호 목적이 기술의 이전과 전파를 촉진하고, 사회복지를 촉진하며, 지적재산권의 창조자와 사용자 간의 이익형평을 촉진하는 것임을 명확히 하였다.[49] 세계인권선언은 동 형평에 대하여 더욱 넓은 정의를 하고 있다. 즉, 동 선언은 '사람은 누구를 막론하고 모든 과학, 문학 또는 예술 작품의 창조자로부터 생성되는 정신과 물질이익으로부터 보호받을 권리'와 '사람은 누구를 막론하고 …… 과학의 발전과 그 혜택을 누릴 권리'의 형평을 인정하고 있다.[50]

여기에서 핵심적인 것은 어떻게 앞서 언급한 두 가지 이익을 조화시킬 것인가의 문제이다. 즉, 새로운 지식과 지식상품을 사용할 이익과 발명가의 정신 및 물적 이익의 형평이 쟁점이 된다. 이러한 형평을 조화하는 문제가 어려운 점은 지적재산권제도가 사인에게 권리와 물적 이익을 부여함으로써 조화를 형성하려 한다는 것이다.[51] TRIPs협정은 전문에서 지적재산권은 사적 권리임을 승인하고 있다. 절대적인 사적소유권과 완전한 자유경쟁은 사람과 사람 사이에 거대한 재산의 차이를 조성하였으며 불평등을 형성하였다.[52] 발명가의 정신과 물적 이익에 대한 보호권리는 이러한 보호로 발생하는 개인의 물적 이익과 반드시 결합될 것이며, 이러한 발명의 개인이익은 소비자 지출에 의하여 형성된다. 그런

---

49) TRIPs협정 제7조.
50) 세계인권선언(Universal Declaration of Human Rights), 1948. 12. 10 채택, 제27조.
51) CIPR Report, *supra* note 46, p.6.
52) 馮洁涵, *supra* note 47.

데 특히 소비자가 빈곤한 지역에서 이러한 권리는 생존권 등 기본적인 인권과 충돌하게 된다.[53] 지적재산권 보호로 인한 즉각적인 영향은 지식이 있고 창조력이 있는 사람들에 대한 재정적인 혜택이며, 지식과 창조력이 없는 사람들에게는 지적재산권에 대한 접근비용의 상승으로 나타난다. 이는 선진국과 개도국 사이의 수익배분과도 관련된다. 과학과 기술시설이 상대적으로 부족한 개도국에서 지적재산권의 보호는 국내 발명창조를 격려함에 있어 상대적으로 그 역할이 약할 것이며, 동시에 외국의 과학기술에 대한 보호로 인하여 비용을 지출하게 된다.[54] 개도국들은 일반적으로 기술의 순 수입국이며, 이러한 기술의 대부분은 선진국에서 제공한다. 세계은행(World Bank)의 최근 보고에 의하면 대다수 선진국들은 TRIPs협정에 따르는 주요 수혜자이며, 동 협정은 그들의 특허가치를 향상시켰다. 예를 들어 미국은 매년 190억 달러에 달하는 이익을 얻은 반면에, 개도국과 일부 선진국은 순수한 패자로서 그중 한국은 매년 150억 달러를 지출하고 있다.[55] 1999년부터 2001년 사이 미국의 지적재산권 거래와 관련된 로열티와 비용은 140억 달러에서 220억 달러로 상승하였다. 그러나 세계은행의 통계에 의하면 1999년 개도국들은 로열티와 라이센스 비용으로 75억 달러에 달하는 적자를 보고 있다.[56] 즉 세계적 특허권보호제도의 확산은 주로 선진국에 있는 특허권 소유자에 대하여 유리하며, 이러한 수익은 보호를 받는 기술과 상품을 사용하는 개도국 사용자의 비용으로 형성되었음을 확인할 수 있다.[57]

---

53) CIPR Report, *supra* note 46, p.14.

54) *Ibid.*, p.7.

55) World Bank, *Global Economic Prospects and the Developing Countries 2002: Making Trade Work for the World's Poor*, Washington DC, 2002, p.133.

56) World Bank, *World Development Indicators 2001*, Washington DC, 2001, Table 5.11.

57) CIPR Report, *supra* note 46, p.21.

Patterson 등은 저작권의 형성을 설명하면서 "지적창조는 권리 발생의 원천(source)이며 법률규정은 권리취득의 근거(origin)"라고 하였다.[58] 즉 지적재산권은 법에 의하여 확정된 권리로서 권리의 구성은 자유와 이익뿐만 아니라 그 자유적인 행사와 이익 취득의 기초는 정의와 공평을 원칙으로 한다. 지적재산권은 지적재산의 사유화 규칙에 대한 확인을 통하여 지적재산의 배분과 사용을 구체적으로 결정하나 최종적인 목표는 이러한 배분을 통하여 과학기술의 진보와 인류사회의 발전을 촉진하는 것이다. 이것이 지적재산권 법률제도가 확인한 가치목표이다.[59]

의약품특허의 보호와 공중보건의 문제는 국제지적재산권 제도의 합리적인 위치의 확정에 대하여 다시 생각하게끔 한다. 그동안 의약품특허권에 대하여 특허권자의 사적권리의 보호만이 강조되어 왔을 뿐 선진국과 다국적 제약회사는 최빈개도국과 개도국에 존재하는 AIDS/HIV, 결핵, 말라리아 등과 같이 공중보건의 해결에 대해서는 관심을 나타내지 않았다. 오히려 무역 보복 또는 정치적 압력 등을 통하여 개도국들이 공중보건 해결을 위하여 강제실시 및 병행수입 등의 조치를 취할 수 있는 권리의 행사를 제한하고 감독하였다. "개도국들의 저가 의약품에 대한 수요를 저가 CD의 수요와 동일시할 수 없다. 만약 지적재산권제도가 양자를 동일시할 경우 그 제도는 좋은 제도라고 할 수 없으며 실행 가능한 제도라고도 할 수 없다"는 Thurow의 지적은 시사하는 바가 크다.[60] 공중보건 위기를 극복하기 위한 저가 의약품의 접근은 공공이익 보호의 차원에서 지지되어야 한다. 물론 지적재산권의 보호 없는 신의약품의 개발이란 있을 수 없다. 그러나 TRIPs협정의 형성과정에서 알 수 있는 것처럼 TRIPs협정은 선진

---

58) L. Ray Patterson & Stanley W. Lindberg, *The Nature of Copyright: A Law of User's Right*, The University of Georgia Press, 1991.

59) 李道軍, *法的應然與實然*, 山東人民出版社, 2001年 1月, p.152.

60) L. Thurow, "Needed: A New System of Intellectual Property Rights", *Harvard Business Review*, Sep.-Oct. 1997, p.103.

국과 다국적기업 특히 의약산업들의 추진 하에 체결된 것이며, 높은 수준
의 지적재산권 보호는 선진국과 다국적기업들의 이익을 주로 반영하였고
개도국들은 이러한 불공평한 체제를 받아들일 수밖에 없었다.[61]

〈그림 3〉 이익의 형평

자료: Prabuddha Ganguli, Intellectual Property Rights: Unleashing the Knowledge
Economy, Tata McGraw-Hill, 2001, 宋建華, 姜丹明, 張永華 譯, 2003年, 知識
産權出版社, p.10

　　지적재산권의 국제화는 국제법이 지적재산권이라는 사인의 재산권 범
주를 조정하는 데 개입하게 한다. 이러한 조정은 사인의 재산권에 대하
여 직접적인 조정이 아니라 국가의 권리행사, 의무이행과 약속의 감독을
통하여 국가 간 지적재산권 보호의 이익 충돌을 조화하며, 이를 통하여
지적재산권의 취득과 행사에 간접적으로 영향을 미친다.[62] 국제지적재
산권제도의 기능은 상호 충돌하는 이익에 대하여 조정을 하는 것이며,
이는 사인의 이익과 공공의 이익 충돌뿐만 아니라 생산자와 소비자 사

---

61) Jagdish Bhagwati는 "TRIPs협정은 상호이익에 대하여 언급하고 있지 않는
　　데, 동 협정은 WTO를 주로 다국적기업을 위하여 지적재산권 관련 비용을
　　징수하는 기구로 변화시켰다"고 지적한다. J. Bhagwati, "What It Will
　　Take to Get Developing Countries into a New Round of Multilateral
　　Trade Negotiations", Columbia University, New York, 2000, p.21.

62) 馮洁涵, *supra* note 47.

이의 이익 충돌 및 선진국과 개도국 이익 간의 충돌도 포함한다.[63] 국제법의 측면에서 볼 때 전체 사회발전의 이익은 사인재산의 이익보다 우선하며 선진국의 개별적인 이익에 우선하여야 한다. 그러므로 지적재산권의 국제보호는 지적재산권의 보호표준을 제정하는 것일 뿐만 아니라 상이한 국가 사이, 특히 선진국과 개도국 사이의 기술발전과 발명 이익 간의 공유의 형평을 보장하여야 하며, 사적재산권의 행사와 공공이익의 보호에서 형평을 보장하여야 한다.

Ⅱ. 공중보건권과 지적재산권

1. 국제법상 보건권

WHO설립조약 전문은 인종, 지역, 정치적 신조, 경제 또는 사회조건에 따른 차별 없이 도달 가능한 최고 수준의 건강을 향유하는 것은 모든 인간의 기본권임을 선언하고 있다.[64] '인권혁명'의 초기에 WHO의 설립자들은 이미 그들의 설립목적을 인권의 기본적 개념과 연결시켰다.[65]

보건권에 관한 내용은 WHO 설립조약에서뿐만 아니라 기타 국제인권규범에서도 많이 반영되고 있다. '1948년 세계인권신언' 제25조 1항은 사람은 누구를 막론하고 의식주, 의료 및 필요한 사회적 시설을 포함하여

---

63) Prabuddha Ganguli, *Intellectual Property Rights: Unleashing the Knowledge Economy*, Tata McGraw-Hill, 2001, 宋建華, 姜丹明, 張永華 譯, 2003年, 知識產權出版社, p.10.

64) Constitution of WHO(1946), Preamble para.3: The enjoyment of the highest attainable standard of health is one of the fundamental rights of every human being without distinction of race, religion, political belief, economic or social condition.

65) Fidler, *supra* note 18, p.277.

자신 및 그 가족의 보건과 안녕을 유지함에 충분한 생활수준을 가진다고 규정하고 있다.[66] '1966년 경제적·사회적 및 문화적 권리에 관한 국제규약' 제12조는 처음으로 보건권에 대하여 완전한 규정을 하고 있다. 즉, 동 규약은 모든 사람이 도달 가능한 최고 수준의 신체적, 정신적 보건을 향유할 권리를 갖는다는 것을 인정하였으며, 이러한 권리 실현을 위한 필요한 조치도 규정하고 있다.[67] '1966년 모든 형태의 인종차별 철폐에 관한 국제협약'은 제5조(e)(iv)항에서 당사국은 인종이나 피부색 또는 민족이나 종족의 기원에 구별 없이 공중보건, 의료, 사회보장 및 사회봉사에 대한 권리를 향유한다고 규정하고 있다.[68] '1979년 여성에 대한 모든 형태의 차별철폐에 관한 협약'은 제12조 1항에서 당사국은 남녀평등의 기초 위에 가족계획에 관련된 것을 포함한 보건사업의 혜택을 확보하기 위하여 보건 분야에서의 여성에 대한 차별을 철폐하기 위한

---

66) Universal Declaration of Human Rights(1948. 12. 10), Art. 25.1: Everyone has the right to a standard of living adequate for the health and well-being of himself and of his family, including food, clothing, housing and medical care and necessary social services.

67) International Covenant on Economic, Social and Cultural Rights (1966. 12. 16 채택/1976. 01. 03 발효), Art. 12: 1. The states parties to the present covenant recognize the right of everyone to the enjoyment of the highest attainable standard of physical and mental health. 2. The steps to be taken by the states parties to the present Covenant to achieve the full realization of this right shall include those necessary for: (a) The provision for the reduction of the stillbirth-rate and of infant mortality and for the healthy development of the child; (b) The improvement of all aspects of environmental and industrial hygiene; (c) The prevention, treatment and control of epidemic, endemic, occupational and other diseases; (d) The creation of conditions which would assure to all medical service and medical attention in the event of sickness.

68) International Convention on the Elimination of All Forms of Racial Discrimination (1966. 3. 7 채택/1969. 1. 4 발효), Art. 5(e)(iv): The right to public health, medical care, social security and social services.

42

모든 적절한 조치를 취하여야 한다고 규정하고 있다.[69] 또한 '1989년 아동권리협약'은 제24조에서 당사국은 도달 가능한 최상의 보건수준을 향유하고 질병의 치료와 보건의 회복을 위한 시설을 사용할 수 있는 아동의 권리를 인정한다고 규정하고 있다.[70]

이 밖에도 많은 지역인권협약 및 다자간 인권 관련 규범에서 보건권에 대한 규정을 하고 있다. '1961년 유럽사회헌장'은 제11조에서 보건 보호 권리의 효과적인 이행을 보장하는 입장에서 회원국들은 공공 또는 사적 조직과 직접 또는 협력하여 함께 적절한 조치를 취할 것에 양해한다고 보건 보호권리를 규정하고 있고,[71] '1981년 인간과 인민의 권리에 관한 아프리카 헌장'은 제16조에서 모든 개인은 신체적 및 정신적으로 최상의 보건상태를 누릴 권리를 가지며 이 헌장의 당사국들은 국민의 보건을 보호하고 질병에 걸리면 진료 받는 것을 보장하는 데 필요한 조

---

69) Convention on the Elimination of All Forms of Discrimination Against Women (1979. 12. 18 채택/1981. 9. 3 발효), Art. 12.1: States parties shall take all appropriate measures to eliminate discrimination against women in the field of health care in order to ensure, on a basis of equality of men and women, access to health care services, including those related to family planning.

70) Convention on the Rights of the Child (1989. 11. 20 채택/1990. 9. 2 발효), Art. 24.1: States parties recognize the right of the child to the enjoyment of the highest attainable standard of health and to facilities for the treatment of illness and rehabilitation of health.

71) European Social Charter(1961), Art. 11 (The Right to Protection of Health): With a view to ensuring the effective exercise of the right to protection of health, the contracting parties undertake, either directly or in co-operation with public or private organizations, to take appropriate measures designed inter alia: 1) to remove as far as possible the causes of ill-health; 2) to provide advisory and educational facilities for the promotion of health and the encouragement of individual responsibility in matters of health; 3) to prevent as far as possible epidemic, endemic and other diseases.

치를 취하여야 한다고 명시하고 있다.[72] 한편 '1988년 경제적·사회적 및 문화적 권리에 관한 미주인권협약 추가의정서'는 제10조에서 모든 사람은 최고 수준의 신체적, 정신적 및 사회적 안녕의 향유를 의미하는 보건에 대한 권리를 가진다고 하면서, 보건권 행사를 보장하기 위하여 당사국은 보건을 공익으로 인정하는 데 동의하고 이를 보장하기 위한 조치도 규정하고 있다.[73]

이러한 인권 관련 협약에서 보건권은 보편적으로 승인된 인권임을 알 수 있다. 2000년 8월 UN의 경제·사회와 문화권리위원회는 "보건권은 기타 인권을 행사함에 있어 필수불가결의 기본인권으로 보건권은 도달 가능한 최고수준의 보건이 필수적인 각종 시설, 상품, 서비스와 환경을

---

72) African Charter on Human and People's Rights (1981. 6. 27 채택/1986. 10. 21 발효), Art. 16: 1. Every individual shall have the right to enjoy the best attainable state of physical and mental health. 2. States parties to the present charter shall take the necessary measures to protect the health of their people and to ensure that they receive medical attention when they are sick.

73) Additional Protocol to the American Convention on Human Rights in the Area of Economic, Social and Cultural Rights (1988. 11. 17 채택/1997. 12. 23 발효), Art. 10 (Right to Health): 1. Everyone shall have the right to health, understood to mean the enjoyment of the highest level of physical, mental and social well-being. 2. In order to ensure the exercise of the right to health, the states parties agree to recognize health as a public good and, particularly, to adopt the following measures to ensure that right: (a) Primary health care, that is, essential health care made available to all individuals and families in the community; (b) Extension of the benefits of health services to all individuals subject to the state's jurisdiction; (c) Universal immunization against the principal infectious diseases; (d) Prevention and treatment of endemic, occupational and other diseases; (e) Education of the population on the prevention and treatment of health problems, and (f) Satisfaction of the health needs of the highest risk groups and of those whose poverty makes them the most vulnerable.

포함하고 있다. 또한 보건을 결정하는 근본적인 요소를 포함하고 있는데, 예를 들면 안전하고 飮用할 수 있는 적합한 수원, 충분한 보건시설, 안전식품의 충분한 공급, 건강한 직업과 환경조건 및 보건과 관련된 교육과 정보를 포함하고 있다"고 지적하였다.[74]

2. 지적재산권과 인권의 충돌

TRIPs협정과 기타 양자 간 무역협정은 모든 국가가 높은 표준의 지적재산권 보호를 할 것을 요구하고 있으며 이는 개도국들의 발전수준과 인권의 기본적인 실현에 대한 영향을 고려하지 않고 있다. 공중보건의 위기는 바로 지적재산권과 보건권간의 이러한 충돌을 잘 반영하고 있다. 즉, 새로운 의약품 개발자의 창조적 노동에 대한 보상을 위하여 지적재산권에 의한 보호를 하여야 하는 한편, 전체 공동체 보건에 대한 위기를 극복하기 위하여 지적재산권에 대한 적절한 규제를 해야 하는 양자의 모순이다.

인권의 시각에서 TRIPs협정을 분석할 경우 인권의 관심사항은 보건권 실현에 대한 지적재산권의 영향이다. 예를 들어 필수의약품의 제공, 모든 보건시설, 상품 및 서비스에 대한 평등한 배분, 유행성 질병과 풍토병의 예방, 치료 및 통제는 국가가 보건권을 보호함에 있어 이행하여야 할 주요한 의무이다.[75] TRIPs협정이 인권에 미치는 영향에 대한 UN인권고등판무관의 보고는 지적재산권 보호로 인한 의약품의 높은 가

---

74) UN Committee on Economic, Social and Cultural Rights(이하 'UN CESCR'이라 함), The right to the highest attainable standard of health, 11/08/2000, E/C.12/2000/4, (General comment 14), August 11, 2000, para.3-4.
75) *Ibid*, para.43.

격이 빈곤한 사람들의 의약품 접근을 제한하는 주된 원인임을 잘 지적하고 있다.[76]

지적재산권의 보호가 사회발전과 경제성장을 촉진하는 역할을 하였음은 부인할 수 없다. 그러나 지적재산권 특히, 특허에 대한 과도한 의뢰는 기본적인 필수의약품의 생산과 배분이 나날이 소수 기업에 집중되는 현상을 낳고 있다. 그 밖에 지적재산권의 부여와 행사, 특히 생물·의학 분야에서의 광범위한 특허부여는 진일보된 연구개발과 지속적인 창조를 저해하는 요소로 변질되기도 한다. 즉, 기존 특허에 대한 일부 개진은 그 특허기간을 추가로 20년 연장할 수 있게 하여 영속특허(ever-greening)가 될 수 있게끔 한다.[77] 이러한 소수 기업에 의한 독점은 의약품 연구개발의 불균형으로도 나타난다. 의약품 제조회사들은 특허보호에 의한 이익을 최대한 회수하기 위하여 경제적 이익이 되는 의약품의 개발에만 주력하며 빈곤국가들의 질병이나 시장성이 작은 의약품의 개발에는 투자를 하지 않는다는 것이다. 제약회사들은 연구하여야 할 중심 의약품을 결정할 때 잠재적인 이익을 고려하여야 한다고 주장한다.[78] 만약 하나의 신의약품 개발 후 1년 수익이 10억 달러에 미치지 않을 경우 대형 제약회사들은 동 분야의 연구를 하려고 하지 않는다. 1975년부터 1999년까지 연구 개발된 1,393종의 의약품 중 오직 13종만이 열대병을 치료하는 것[79]이었으나

---

76) Commission on Human Rights, The Impact of the Agreement on Trade-Related Aspects of Intellectual Property Rights on Human Rights, Report of the High Commissioner, Sub-Commission on the Promotion and Protection of Human Rights, Fifty-Second Session, Item 4 of the Provisional Agenda, E/CN.4/Sub.2/2001/13, June 27, 2001. para.42.

77) 馮洁涵, *supra* note 47.

78) Martin J. Adelman & Sonia Baldia, "Prospects and Limits of the Patent Provision in the TRIPs Agreement: The Case of India", 29 *Vanderbilt Journal of Transnational Law*, 1996, p.511.

79) Patrice Trouiller & Piero Olliaro, "Drug Development for Neglected Diseases: A Deficient Market and a Public Health Policy Failure", *The*

선진국과 개도국에서 모두 보편적으로 존재하는 질병, 예를 들어 에이즈의 경우 미국에서 현재 사용이 승인된 의약품은 64종이며, 103종에 달하는 의약품들이 연구 중에 있다.[80]

그러나 공중보건 위기 극복을 위한 지적재산권에 대한 적절한 규제의 효과는 보건권과 지적재산권의 충돌에서 보건권이 우선하여야 함을 잘 알려주고 있다. 브라질의 경우 1996년 항생제에 대하여 강제실시를 하였으며, 강제실시에 의하여 초래된 비용은 1999년까지 생명을 구함으로써 나타난 경제적 이익에 의하여 실질적으로 상쇄되었다.[81] 즉, 인간의 생명권과 특허권이 충돌할 때 지적재산권은 국가와 사회가 생명권의 실현을 촉진하는 수단으로 간주되어야 한다는 것이다. 경제적 이익은 다른 경로를 통하여 재생하거나 또는 취득할 수 있지만, 인간의 생명은 오직 하나뿐이기 때문이다. 사회와 경제발전의 주체가 존재하지 않는 이상 사회의 발전과 경제의 성장은 있을 수 없다.

공중보건 위기를 극복하기 위하여 필수의약품의 취득을 위한 강제실시와 병행수입은 UN인권고등판무관의 보고서에서도 확인된 효과적인 조치로서 동 보고서는 앞서 언급한 조항을 국내 입법과정에 반영하도록 권고하고 있다.[82]

오늘날 지적재산권은 국가와 사회가 인류의 경제권리와 사회권리의 실현을 촉진하는 수단으로 간주되고 있다. 그러나 우선되어야 힐 깃은 가장 기본적인 인권은 지적재산권 보호의 수요에 종속될 수 없다는 사실이다. 지적재산권은 각국이 부여한 것이며 일정한 기간이 있지만, 인

Lancet, Vol.359, 2002, p.2188.

80) PhRMA, *PhRMA Industry Profile 2001*, Washington DC, 2001, p.16.

81) Claire Bisseker, The Turning of the Tide, Fin. Mail(S. AFR), July 21, 2000, p.59.

82) The Impact of the Agreement on Trade-Related Aspects of Intellectual Property Rights on Human Rights, Report of the High Commissioner, *supra* note 76, pp.61-63.

권은 천부적인 것이며 박탈할 수 없는 영원한 것이다.[83] 지적재산권의 용어가 어떠하든지 지적재산권은 개인 또는 조직에 경제적 특권을 부여하여 더욱 큰 공공이익을 실현하기 위한 공공정책의 수단으로 간주되어야 한다. 또한 이러한 특권은 목표를 실현하는 수단이지 그 자체가 목표인 것은 아니다.[84]

제3절 공중보건 관련 지적재산권 분쟁 및 국제기구의 해결노력

Ⅰ. 지적재산권 분쟁 사례

1. 남아프리카공화국 vs. 다국적 제약회사

남아프리카공화국에는 470만 명을 초과하는 에이즈 감염자가 있으며 매일 1,700여 명이 에이즈에 감염되고 그중 200여 명은 신생아이다. 그러나 에이즈 치료와 관련된 핵심적인 의약품은 모두 특허보호를 받고 있으며, 그 가격은 제너릭 의약품의 4-12배에 달한다.[85] 남아프리카의

---

83) CIPR Report, *supra* note 46, p.15.

84) *Ibid.*

85) 예를 들면 Bayer사가 남아프리카에서 특허권을 가지고 있는 의약품 Ciprofloxacin일 경우 아프리카의 판매가격은 R5.6/500mg으로 이는 인도에서 생산하는 제너릭 의약품 가격 R0.46/500mg의 약 12배에 해당한다. Oxfam, South Africa vs. the Drug Giants - A Challenge to Affordable Medicines, p.2, http://www.oxfam.org.hk/english/campaigns/trade/sa_court_ case.pdf 04-07-22 검색.

1978년 특허법은 의약품에 대하여 높은 수준의 특허보호를 제공하고 있었으며, 제38호 지적재산권법 수정안을 통과시켜 TRIPs협정과 일치되도록 하였다. 1997년 남아프리카 정부는 '약품과관련물품통제수정안'[86]을 제정하여 남아프리카 보건복지부 장관에게 다른 국가로부터 저렴한 가격의 의약품을 병행수입할 권한과 특허보호를 받는 특정약품에 대하여 비상업적 정부 사용을 위하여 생산할 권한을 부여하였다.[87] 이는 남아프리카 정부가 의약품 가격을 낮추어 필수의약품에 대한 공급을 보장함으로 에이즈, 학질, 결핵과 기타 전염병 발병 비율을 낮추기 위해 실행한 필요한 조치였다.

1998년 2월, 남아프리카 의약품생산자협회와 39개[88]의 다국적 제약회사들은 동 수정안 제15조 C항[89]이 TRIPs협정과 남아프리카 헌법을 위반

---

86) Medicines and Related Substances Control Amendment Act No.90 of 1997.

87) CPtech, Health Care and Intellectual Property: Parallel Imports, http://www.cptech.org/ip/fsd/health-pi.html, 04-03-24 검색.

88) 최초에는 40개의 회사였으나 인수합병의 관계로 39개로 줄어들었다. Hoen, *supra* note 29, p.43.

89) Section 15C: The minister may prescribe conditions for the supply of more affordable medicines in certain circumstances so as to protect the health of the public, and in particular may- (a) notwithstanding anything to the contrary contained in the Patents Act, 1978 (Act No.57 of 1978), determine that the rights with regard to any medicine under a patent granted in the Republic shall not extend to acts in respect of such medicine which has been put onto the market by the owner of the medicine, or with his or her consent; (b) prescribe the conditions on which any medicine which is identical in composition, meets the same quality standard and is intended to have the same proprietary name as that of another medicine already registered in the Republic, but which is imported by a person other than the person who is the holder of the registration certificate of the medicine already registered and which originates from any site of manufacture of the original manufacturer as approved by the council in the prescribed manner, may be imported: (c)

하였다는 것을 이유로 남아프리카 정부를 상대로 소송을 제기하였다. 그 내용은 첫째, 동 수정안 제15조 C항은 보건복지부 장관에게 지적재산권 소유자가 소유하고 있는 재산권을 박탈하거나 또는 지적재산권을 사용하더라도 보상을 하지 않을 권리를 부여한 것으로 이는 TRIPs협정에 위반되고, 둘째, 제15조C항은 의약품 분야의 특허권에 대하여 차별을 하는 것으로 발명지, 기술 분야 및 수입 여부와 무관하게 차별하지 않을 것을 규정한 TRIPs협정 제27조 1항에 위반되며, 셋째, 제15조C항은 병행수입을 허락하는 것으로 이는 TRIPs협정 제28조를 위반한다는 것이다.[90]

소송의 첫 단계에서 제약회사들은 자국 정부의 지지에 많이 의존하였다. 그러한 자국 정부의 지지의 일환으로 미국 정부는 남아프리카 정부가 수정안을 철회하도록 무역이익의 보류와 무역제재 등의 방식으로 압력을 행사였다.[91] 1998년 유럽위원회도 미국과 함께 법률을 철회하도록 남아프리카공화국에 압력을 행사하였다. Leon Brittan 유럽위원회 부의장(Vice-President of the European Commission)은 1998년 3월 23일 남아프리카 부대통령인 Thabo Mbeki에게 보내는 서한에서 "문제가 되고 있는 법률 제15조(c)항은 TRIPs협정에 따른 남아프리카공화국의 의무에 반하는 것이며, 동 법의 이행은 유럽 의약산업의 이익에 부정적인 영

---

prescribe the registration procedure for, as well as the use of, the medicine referred to in paragraph (b). http://lists.essential.org /pipermail/pharm-policy/2001-January/000607. html, 04-12-05 검색.

90) Oxfam, *supra* note 85, pp.5-7.

91) 미국은 1999년 Omnibus Consolidated and Emergency Supplemental Appropriations Act의 제정을 통하여 "국무장관이 미국 정부와 남아프리카공화국 정부가 남아프리카의 1997년 제90호 '약품과관련물품통제수정안' 제15조(c)항의 철회, 보류 또는 종료에 대하여 협상한 보고서를 의회의 해당 위원회에 제출하기 전 동 표제하의 남아프리카공화국을 지원할 수 있는 어떠한 기금도 지출할 수 없다"고 규정하고 있다. Omnibus Consolidated and Emergency Supplemental Appropriations Act, P.L. No.105-277, 112 Stat 2681(1999).

향을 미친다"고 하였다.[92]

동 사안에 관한 분쟁이 발생하였을 당시 남아프리카는 공중보건 위기가 아주 심각한 시기였으며, 그 기간 동안 약 40만 명에 달하는 남아프리카 국민이 값비싼 의약품을 사용하지 못하여 에이즈로 사망하였다. 그러므로 다국적기업의 제소는 국제사회의 강한 불만을 야기하였다.[93] 이런 국제적 분위기에서 1999년 말 미국은 태도를 바꾸었다. 2000년 5월 10일 클린턴 대통령은 성명을 발표하여 미국은 사하라이남 아프리카지역에 대하여 무역제재를 빌미로 위협을 하지 않을 것이며, TRIPs협정에 부합되는 강제실시 또는 병행수입조치를 취하여 에이즈를 치료하는 의약품 취득을 추진할 것이라고 하였다. 뒤를 이어 유럽위원회도 2000년 9월 성명을 발표하여 TRIPs협정은 공중보건을 위하여 특정조건하에서 강제실시를 포함한 필요한 유연성 조항을 규정하고 있고, 유럽위원회는 모든 WTO회원국들은 자국이 부담하는 국제의무와 일치하는 지적재산권제도를 사용하는 것을 중시하며, 회원국들이 협정에 규정한 보호수준보다 더 엄격한 법률을 채택하는 것을 주장하지 않는다고 하였다.[94]

재판과정에서 동 수정안의 대부분 조항이 WIPO전문위원회에서 작성한 법률초안에 기초하여 작성되었음이 밝혀졌으며[95] 그로 인하여 다국적 제약회사들이 남아프리카 정부가 국제조약을 불이행한다는 주장은 그 근거가 소멸되었다. 또한 국제여론의 압력으로 다국적 제약회사들은 2001년 4월, 조건 없이 소송을 철회하였으며 또한 자발적으로 약품가격을 인하하였을 뿐만 아니라 일부 의약품을 증정하기도 하였다.

---

92) Hoen, *supra* note 29, p.44.

93) 예를 들면 MSF의 주최하에 130여 국가의 30여 만 명에 달하는 인원이 다국적 제약회사들이 소송을 철회할 것을 촉구하는 국제탄원서에 서명을 하였으며, 유럽의회도 소송을 철회할 것을 독촉하는 결의를 통과시켰다. MSF, *supra* note 40.

94) Oxfam, *supra* note 85, pp.7-9.

95) Hoen, *supra* note 29, p.44.

2. 미국 vs. 브라질: 브라질 에이즈 계획

1990년대 초기 브라질은 에이즈가 제일 심각한 국가 중의 하나였다. UN은 브라질에 수백만 명의 에이즈 감염자가 있을 것이라 추측하였다. 90년대 중반 이후 브라질은 자국의 에이즈 환자들을 종합적으로 치료하기 시작하였다. 브라질 정부의 통계에 의하면 1996년 이후 에이즈와 관련된 질병으로 입원한 비율이 80% 내외로 하락하였으며 사망률도 50%나 줄어들었다.[96] 2년 동안 브라질은 에이즈 관련 질병을 위한 병원비용과 치료비용으로 47,200만 달러를 절약하게 되었다. 오늘날 브라질에서 에이즈 바이러스 감염자 수는 50만 명 미만이며, 이는 브라질 정부가 약품과 특허정책을 적극적으로 활용한 결과이다.[97]

브라질 정부의 적극적인 정책 중 하나는 의약품의 현지 생산화를 이룩하는 것이었다. 브라질이 필요로 하는 12가지 의약품 중 10가지 의약품이 브라질에서 특허보호를 받지 못함으로 인하여 브라질 제약회사는 선진국 의약회사에 특허료를 지불하지 않고도 제너릭 의약품을 생산할 수 있었다. 그 결과 브라질의 에이즈 치료 의약품의 가격은 5년 동안 82% 하락하였으나, 제너릭 의약품이 없는 기타 약품의 가격은 계속 안정적인 가격을 유지하여 5년 동안 단 9%만 인하되었다.[98]

또 다른 정책으로 브라질 정부는 가격에 대한 통제를 진행하여 강제실시를 협상전략으로 삼았다. 브라질 산업재산권법 제68조는 강제실시를 인정하고 있으며 특허권자의 동의 없이 특허를 사용할 수 있도록 규정하고 있다. TRIPs협정 체결 이후 브라질에서 특허보호를 받는 의약품에 대하

---

96) Oxfam, Drug Companies vs. Brazil: The Threat to Public Health, May 2001, p.2,http://www.Oxfam.org.uk/what_we_do/issues/health/downloads/ drugcomp_brazil.rtf, 04-03-27 검색.
97) Hoen, *supra* note 29, p.45.
98) *Ibid.*

여 브라질은 제너릭 의약품을 생산할 수 없으며, 외국의 제너릭 의약품 생산자로부터 수입을 할 수 없었다. 따라서 브라질 정부는 필요한 특허의 약품의 특허권 소유자와 주로 브라질에서의 판매가격과 관련하여 협상을 진행하였다. 브라질은 강제실시를 협상카드로 하여 만약 다국적 제약회사들이 의약품의 가격을 브라질 국민이 구매 가능한 가격으로 인하하지 않을 경우 브라질 정부는 특허권에 기초한 모든 권리를 중지시키고 브라질 국내 기업에 해당 의약품 생산을 허가할 것이라고 하였다.[99]

브라질의 이러한 적극적인 정책은 WHO로부터 의약품 시장을 더욱 경쟁적이고 효율성 있도록 하였으며, 보건문제에 있어 평등적이고 더욱 효율적인 목표를 실현할 수 있도록 하였다는 평가를 받았다. 또한 브라질의 에이즈계획은 기타 개도국들이 의약품 현지 생산을 할 수 있는 모델로 되었고, 브라질은 기술이전을 포함한 제너릭 항생제를 생산할 수 있도록 개도국과 협력협정도 체결하였다.[100]

그러나 브라질의 공중보건을 위한 적극적인 정책은 다국적 제약회사와 미국의 강력한 반대에 직면하였다. 다국적 제약회사들은 브라질 정부의 조치로 매년 65억 달러에 달하는 의약품 시장으로부터 얻는 상업적 이익의 감소를 근거로 주장하였으며, 미국과 기타 선진국들은 다른 개도국들이 브라질의 정책을 모방하여 공중보건을 이유로 다국적 제약회사와 의약품 가격, 의약품특허에 통제권을 행사하는 것을 우려하였다.

결국 미국은 2000년 5월 30일 WTO에 협의를 요청하였으며,[101] WTO분쟁 해결기구(Dispute Settlement Body: 이하 'DSB'라 함)는 2001년 1월에 패널을 설치하여[102] 브라질의 1996년 산업재산권법 제68

---

99) Oxfam, *supra* note 96, p.1.

100) Brazilian Ministry of Health, National AIDs Drug Policy, May 2001, www.aids.gov. br/assistencia/aids_drugs_policy.htm, 04-07-23 검색.

101) Brazil-Measures Affecting Patent Protection, Request for consultations by the United States, WT/DS199/1, G/L/385, IP/D/23, June 8, 2000.

조를 심사하였다. 브라질의 1996년 산업재산권법 제68조는 강제실시권과 관련하여 브라질에서 특허권을 취득한 특허는 브라질 현지에서 실행할 것을 요구하고 있다. 특허등록을 한 후 3년 내에 특허권 소유자가 브라질에서 특허를 실행하지 않을 경우(자체적인 기업을 통하여 실행하든지 아니면 기타 현지기업에 사용허가를 하여 실행을 하든지 무관함) 브라질 정부는 특허권 소유자가 보유하고 있는 '시장독점권'을 중지할 권한이 있으며, 동시에 기타 기업에 동 특허의 실행을 위임할 수 있다. 병행수입과 관련하여 만약 특허권 소유자가 '현지 실행'이 아닌 수입을 통하여 특허를 실행할 경우 제68조는 타인이 동 특허의 보호를 받는 상품 또는 특허보호를 받는 방법으로 취득한 상품을 수입하는 것을 허락하고 있다.103)

---

102) Brazil-Measures Affecting Patent Protection, Request for the Establishment of a panel by the United States, WT/DS199/3, January 9, 2001.

103) Brazilian Industrial Property Law, Law No.9.279 of May 14, 1996, Art. 68: A patent shall be subject to compulsory licensing if the owner exercises his rights therein in an abusive manner or if he uses it to abuse economic power under the terms of an administrative or judicial decision. (1) The following may also be grounds for compulsory licensing: I. failure to work the subject matter of a patent on the territory of Brazil, failure to manufacture or incomplete manufacture of the product or failure to completely use a patented process, except for failure to work due to lack of economic viability, in which case importing shall be admitted; or II. marketing that does not satisfy the needs of the market. (2) A license may be requested only by a party having a legitimate interest and having the technical and economic capacity to effectively work the subject matter of the patent for the purposes predominantly of the internal market, not subject in such case to the exception contained in item I of the preceding paragraph. (3) If a compulsory license is granted on the grounds of abuse of economic power, a period of time, limited to that laid down in Article 74, shall be secured to a licensee who proposes to manufacture locally, to import the

미국은 TRIPs협정 제27조 1항은 특허의 취득과 특허권의 향유는 수입 또는 현지에서 생산되었는지 여부와 관계없이 차별되어서는 안 된다고 규정하고 있으나, 브라질의 1996년 산업재산권법 제68조의 규정은 브라질에서 특허권을 향유하지만 현지에서 특허를 실행하지 않는 미국의 특허권자에 대하여 차별하는 것이라 주장하면서 브라질의 현지 실행 요구는 TRIPs협정 제27조 1항과 제28조 1항 및 1994년 GATT 제Ⅲ조의 의무에 일치하지 않는다고 주장하였다.104)

브라질은 '특허의 현지 실행은 담보조건'으로, 적용의 전제조건은 권리소유자가 '권리 또는 시장지위를 남용'하는 것으로써 이는 TRIPs협정에 부합된다고 주장하였다. 왜냐하면 TRIPs협정도 반경쟁행위가 있음이 발견될 경우 특허권자가 소유하고 있는 특허권을 중지할 수 있다고 규정하고 있으며, 미국법도 반경쟁행위가 발생할 경우 특허권자는 특허권의 행사를 포기하여야 한다고 규정하고 있기 때문이다. 따라서 브라질은 패널이 우선 '권리남용'인지 여부에 대하여 판단하여야 한다고 주장하면서, 높은 가격 또는 현지 실행을 통한 기술과 전문지식의 이전거부는 '권리남용'에 해당한다고 해석하였다.105)

브라질에 대한 미국의 제소에 대하여 세계 각국의 비정부조직(Non Government Organization, 이하 'NGO'이라 함)들은 강력히 비판하였으며, 동 제소로 브라질의 에이즈 퇴치 계획이 심각하게 저해되었다고 지저

---

subject matter of the license, provided it has been placed on the market directly by the patent owner or with his consent. (4) In the event of importation in order to exploit a patent or importation as provided in the preceding paragraph, third parties shall also be allowed to import a product manufactured according to a process patent or a product patent, provided it has been placed on the market directly by the patent owner or with his consent. (5) A compulsory license under paragraph (1) may only be requested on expiry of three years after grant of the patent.

104) Oxfam, *supra* note 96, p.9.

105) *Ibid.*

하였다.[106] 브라질은 또한 적극적인 외교정책을 펼쳐 국제사회에 약품의 공급과 취득에 대하여 관심을 가질 것을 호소하였다. G8회의, 유럽위원회 회의와 WHO회의에서 브라질은 기술이전을 통하여 개도국들이 생산능력을 확대하도록 지지할 것을 약속하였다. 2001년 6월 미국과 브라질은 합의에 도달하여 분쟁 해결 절차를 종료할 것에 동의하였다. 조건은 미국 회사가 보유하고 있는 특허에 대하여 제68조를 적용할 경우 강제실시를 실행하기 전 반드시 미국 정부와 협상을 진행하는 것이었다.[107]

3. 미국 및 캐나다의 탄저병 위기 vs. Cipro 의약품특허

세계를 경악하게 한 2001년 9월 11일 테러사건은 제네바회의와 도하의 결과에도 중대한 영향을 미쳤다. 세계무역센터와 미 국방부에 대한 테러공격 후 미국은 탄저균이 함유된 분말가루를 우송받는 것으로 바이오테러를 경험하기도 하였다. 워싱턴 D.C.에는 수많은 정부 기관들이 있었으며, 국회의사당에서도 탄저균이 함유된 분말가루가 발견되었고 이는 고도의 심각한 공중보건 위기로 나타났다.

2001년 10월 18일, 캐나다 정부는 탄저병에 가장 치료효과가 좋다고 알려진 Cipro 의약품에 대한 독일 바이엘(Bayer)사의 특허를 취소한다고 선언하였으며, 캐나다 제너릭 제약회사에게 강제실시를 허락하였다. 그 결과 캐나다 정부는 적절한 공급을 위한 낮은 가격 및 즉각적인 의약품 접근을 확보할 수 있었다.[108]

---

106) *Ibid.*, p.4.
107) Brazil-Measures Affecting Patent Protection, Notification of mutually Agreed Solution, WT/DS199/4, G/L/454, IP/D/23/ADD.1, July 19, 2001, para.3.
108) Paige Raymond Kovach 캐나다 보건대변인은 "캐나다인은 그들의 정부가 모든 필요한 절차를 취하여 그들의 보건과 안전을 보호할 것을 기대하

56

캐나다를 이어 10월 23일, 미국의 HHS장관 Tommy Thompson은 바이엘사가 가격 인하의 요구를 들어주지 않을 경우 강제실시 허락을 통하여 Cipro의약품에 대한 특허를 취소할 수 있다고 압력을 행사하였다. 바이엘사는 그 후 공급가격의 절반으로 가격을 인하하였다.109)

미국 정부는 제너릭 제조업자로 하여금 특허의약품을 제조하여 정부에 되팔도록 하는 법적 수단이 있음에도 불구하고 이를 발동하지 아니하고 결국은 특허권자로부터 싼값에 약을 공급받는 정책을 폈다.110) 비록 당시 탄저병 관련 상황이 심각하였지만 개도국들이 직면하고 있던 각종 질병의 문제는 이보다 더욱 심각하였으며, 이로 인하여 미국은 개발도상국으로부터 강한 비난을 받았다.111) 개발도상국들은 미국이 국민 전체의 보건이 위협받고 있는 극도의 비상사태에서도 특허권자의 권리를 보호해주는 정책을 펴고 있다고 하면서 이는 미국이 의약품 접근에 관한 국제적 논의와 관련하여 특허의약품의 강제실시 허용을 주장하는

고 있으며 요구하고 있다"고 성명하였다. Amy Harmon and Robert Pear, Canada Overrides patent for Cipro to Treat Anthrax, *New York Times*, October 19, 2001.

109) 중앙일보 2001년 10월 24일 기사 참조.

110) 미국에서의 강제실시권은 TRIPs협정의 제31조와 같이 예외적 상황에서만 대상이 되는 것이 아니다. 미국 정부는 특허권이나 저작권을 쓰기 위하여 라이센스를 구하거나 또는 협상을 할 필요가 없다. 권리자는 보상을 받도록 되어 있으나 정부나 정부에 의해 사용권한을 받은 자에게 이용을 못하게 할 수 없다. 어떠한 계약자나 개인 또는 기업이거나 물론하고 연방정부로부터 특허권이나 저작권의 사용을 허락받은 자는 연방정부에 의해 사용되는 것과 동일한 의미로 해석되고 침해소송의 대상이 되지 않는다. James Thuo Gathii, "The Legal Status of the Doha Declaration on TRIPS and Public Health Under the Vienna Convention on the Law of Treaties", *Harvard Journal of Law & Technology*, Vol.15, Number.2, Spring 2002, p.306.

111) Russell Mokhiber and Robert Weissman, The Great Cipro Rip-Off and the Public Health, http://www.counterpunch.org/mokhiber3.html, 04-04-26 검색.

개도국에 반대하는 입장을 명확히 한 것이라고 비난하였고, 미국 정부가 한편으로는 강제실시를 빌미로 특허권자에게 가격을 낮추게 한 사실에 분개하였다.[112]

Ⅱ. 국제기구의 해결노력

1. WHO

글로벌특허제도와 더불어 새롭게 발전한 의약산업이 세계적인 공중보건 시스템에 영향을 미칠 것임이 명백함에도 불구하고, WHO는 TRIPs협정 협상과정에 전혀 참여하지 못하였다.[113] TRIPs 체제가 적용되기 이전부터 WHO 회원국들은 TRIPs협정에 대한 대응을 요구하였으며, TRIPs협정의 요건에 어떻게 대처할 것인지를 문의하였다. 따라서 WHO 내에 소규모 기술그룹이 설립되어 TRIPs의 유연성 조항에 기초한 그들의 요구를 개선하는 권고적 의견을 준비하였다. 그러한 권고적 의견에는 병행수입권한과 적절한 강제실시권한을 포함하고 있었다.[114]

국제무역 협상에서 의약품 접근과 관련하여 처음으로 문제가 제기된 것은 1996년 국제보건총회(World Health Assembly: 이하 ‘WHA’이라 함)에서 수정의약품전략(Revised Drug Strategy: 이하 ‘RDS’이라 함)에 관한 결의가 채택되면서 WHO의 의약품 정책을 출범시켰다.[115] WHO

---

112) 조명선, 앞의 주 12, 123면.

113) Eric Stein, "International Integration and Democracy: No Love at First Sight", *American Journal of International Law*, 2001, p.489.

114) WHO, "Globalization, TRIPs and Access to Pharmaceuticals", WHO Policy Perspectives on Medicines, No.3, March 2001, pp.2-5.

115) WHO, Revised Drug Strategy Resolution, WHA Resolution 49.14, 1996.

의 RDS에 관한 결의 제2항(10)에서 동 결의는 WHO에 국가의약품정책과 필수의약품에 관한 WTO의 작업결과를 보고하고 WTO와 WHO의 협력에 관한 권고를 할 것을 요청하였다. 1998년에 WHO는 동 결의에 따라 회원국들에게 TRIPs협정을 이행함에 있어 의약품 유용성에 관한 높은 수준의 특허보호가 갖는 부정적 영향을 제한하는 권고를 담은 첫 번째 지침을 발표하도록 하였다.116) 미국과 유럽공동체 국가들은 WHO 가 동 지침을 발표하는 것을 막으려 시도하였으나 실패하였다.

공중보건의 필요와 무역이익에 관한 비교논의는 상업 분야에서 선진국들에게 압력으로 행사되었다. 예를 들어 1998년 RDS에 관한 WHA결의 초안에 대한 답변과, '제약산업에서의 고려사항'(Considerable concern among the pharmaceutical industry)에 관한 문헌에서 EC 무역국 (European Directorate General for Trade)은 지적재산권의 고려를 초월하여 보건에 우선하는 것은 없다는 결론을 내렸다.117)

그러나 WHA의 후속결의는 무역 분야에서 WHO의 요구를 강화하였다. 2001년 WHA는 TRIPs협정에 대한 논의를 포함한 두 가지 결의를 채택하였으며,118) WHO는 결의를 통하여 의약품의 취득에 있어 가격 문제가 특히 민감하며, 이는 개도국 대다수 사람들이 보건비용을 자체적으로 지불하여야 함을 고려해야 한다고 하였다. 또한 동 결의는 WTO협정이 기초의약품의 취득 또는 현지 생산 및 새로운 의약품이 개발에 대한 영향을 진일보 평가할 필요성에 주의하면서, 의약품의 취득을 증가하기 위하여 보건 수요, 특히 비용부담능력이 제일 낮은 사람들의 수요에

---

116) Hoen, *supra* note 29, p.48.

117) European Commission(DG): Note on the WHO's Revised Drug Strategy, Doc No.1/D/3/BWD, October 5, 1998, www.cptech.org/ip/health/who/ eurds98.html, 04-07-21검색.

118) WHO, Scaling up the Response to HIV/AIDS, WHA Resolution 54.10, 2001.

근거하여 의약품의 정책과 조치를 강화할 건설적 협력을 진행하고, 의약품 취득과 자국산업 촉진을 위한 회원국의 노력을 확인하며, 특히 미등록약품과 지적재산권의 보호를 받는 치료방법을 포함한 정책과 조치를 적용하여 국제법에 부합되는 방식으로 개혁을 진행하고 자국 산업을 발전시킬 것을 각 회원국에 권고하였다.[119] 2003년 WHO사무국 보고서는 결론에서 공중보건의 혁신을 촉진하는 동시에 지적재산권을 보호하는 보편적인 방법은 아직 없다고 지적하면서, 공중보건과 관련하여 지적재산권의 보호에 있어 새로운 기술, 또는 제도를 도입하는 것이 아니라, 관련된 과학, 법률, 경제, 윤리와 인권 측면에서 자세한 검토와 기존의 기술을 이용하여 혁신을 이루고, 수요를 충족시키며, 건강을 촉진해야 한다고 결론 내렸다.[120]

결과적으로 의약품과 무역에 관한 WHO의 작업계획은 회원국들에게 의약품 접근에 관한 TRIPs의 영향을 검토하고 설명하기 위한 지적재산권과 보건에 관한 정책지침과 정보를 포함하고 있다.[121] 한편 미국과 EC 회원국들은 WHO가 개도국에게 협조하고 권고하는 역할을 거부하기도 하였는데,[122] 이는 WHO가 국제기구로서 대부분 자금을 경제협력개발기구(Organisation for Economic Co-operation and Development, 이하 'OECD'라 함)로부터 지원받고 있고, 이로 인하여 OECD가 WHO정책 결정에 있어서 상당한 목소리를 내고 있기 때문이다.

---

119) WHO, Resolution 54.11, 2001년 5월 21일, http://www.who.int/gb/EBWHA/PDF/WHA54/ca54r11.pdf, 04-03-19 검색.

120) WHO, A56/17, para.23, http://www.who.int/gb/EB__WHA/C/C__Index.htm, 04-03-19 검색.

121) WTO, WHO: Technical Cooperation Activities: Information from other Intergovern-mental Organization. IP/C/W/305/Add.3, September 25, 2001.

122) Hoen, *supra* note 29, p.49.

2. UN

UN기구는 지적재산권과 인권의 논의에서 출발하여 공중보건 위기를 해결하기 위한 대안을 제시하고 있다. 우선 UN환경개발프로그램(United Nations Development Program: 이하 'UNDP'라 함)은 1999년 인권발전 보고서를 통하여 '이익뿐만 아니라 인류를 위하여' 활동할 것을 호소하였다. 동 보고서는 개도국에 대한 높은 원가의 특허체제와 선진국이 이러한 체제로부터 얻은 대등하지 않은 수익을 지적하면서 TRIPs협정에 대한 전면적인 개정과 광범위한 심사를 호소하였으며, 동시에 선진국들에게 지적재산권 제도에 새로운 조건을 추가함으로써 개도국들에게 과중한 부담을 부과하지 말 것을 호소하였다. 동 보고서는 TRIPs협정의 유연성 조항에 대하여 실행과정에서 이를 존중할 것을 제의하였다.[123]

2000년 UN CESCR은 '경제적·사회적 및 문화적 권리에 관한 국제규약' 제12조 건강권 관련 규정을 평가하면서 국민 건강의 보호는 국가의 포기할 수 없는 책임이라는 점을 지적하였다.[124]

2001년 UN CESCR이 발표한 '인권과 지적재산권에 관한 성명'은 각국의 인권의무는 무역협정 또는 지적재산권 제도에 종속되어서는 안 되고, 반대로 국제무역과 지적재산권 보호규정은 반드시 국제인권법을 존중하고 준수하여야 하며, 무역, 재정과 투자 분야는 인권원칙의 범주에서 제외되거나 면제되어서는 안 된다고 강조하고 있다.[125] 동 성명은 "지적재산권 보호의 최종목표는 인류의 복지를 위한 것이며, 동 목표에

---

123) UNDP, Human Development Report 1999, Oxford, 1999, pp.69-76.

124) UN CESCR General comment 14, *supra* note 74, para.30.

125) Human Rights and Intellectual Property: Statement by the Committee on Economic, Social and Cultural Rights, Follow-up to the day of General Discussion on Article15.1 (c), November 26, 2001; E/C.12/ 2001/15, December 14, 2001.

부합되게 지적재산권 제도는 모든 인권을 촉진하고 보호하여야 한다. 지적재산권제도는 (국제인권)규약에 규정된 국가의 의무이행능력을 간섭할 수 없으며, 보건, 식품, 교육 및 규약에서 규정한 기타 모든 권리를 이행하는 국가의 의무를 방해하는 모든 지적재산권 제도는 회원국의 규약에 따른 법적 의무에 위배되는 것이다"고 지적하면서 지적재산권 보호측면에서의 공공이익과 사인이익의 형평의 필요성을 강조하였다.[126]

2001년 UN경제사회이사회 인권위원회의 인권보호 및 촉진 소위원회(United Nations Economic and Social Council Commission on Human Rights Sub-Commission on the Promotion and Protection of Human rights)는 결의를 통하여 TRIPs협정이 건강권, 식품권과 자결권에 소극적인 영향을 미치고 있음을 지적하면서 모든 국가의 정부는 국제법에 근거한 인권보호의 국제의무가 경제무역정책과 국제무역협정에 우선함을 중시할 것을 요구하였고, 국제무역정책을 제정하는 과정에서 국제인권원칙과 국제인권의무를 충분히 존중할 것을 호소하였다.[127]

TRIPs협정이 인권에 미치는 영향에 대한 UN인권고등판무관의 보고는 높은 의약품 가격이 환자들의 의약품 접근에 미치는 영향을 분석하면서 상이한 국가의 소비자, 특히 개도국 소비자들의 구매력에 근거하여 차별가격제도, 병행수입제도 및 제너릭 의약품의 제조를 통한 저렴한 의약품의 공급을 촉진할 것을 지적하였다.[128] 또한 브라질을 예로 들면서 에이즈 치료를 위한 의약품을 얻기 위하여 강제실시 등을 수단으로 하여 의약품 가격 인하에 성공한 사례를 소개하고 있다.[129] 또한 동 보고

---

126) *Ibid.*, para.12.

127) United Nations High Commissioner For Human Rights, Intellectual Property and Human Rights, Sub-Commission on Human Rights Resolution 2001/21, UN Doc No.E/CN.4/SUB.2/RES/2001/21, August 16, 2001.

128) The Impact of the Agreement on Trade-Related Aspects of Intellectual Property Rights on Human Rights, Report of the High Commissioner, *supra* note 76, para.43.

서는 각국이 TRIPs협정의 이행에 대한 감독을 강화하여 지식전파의 공공이익과 지적재산권 소유자의 재산이익을 보호하는 과정에서 형평을 모색할 것을 권고하고 있다.130)

3. WIPO

세계지적재산권기구(World Intellectual Property Organization: 이하 'WIPO'라 함)는 개도국 회원국의 공중보건 이익에 대하여 많은 관심을 보이지 않았다. 또한 WIPO는 회원국들이 입법과 관련하여 자신에게 권고적 의견을 문의할 때, 높은 수준의 보호를 하도록 권고하여 NGO에 의하여 비판을 받고 있다. WIPO는 도하라운드 과정에서 어떠한 가시적인 역할을 한 적이 없다. 개도국 회원국과 NGO들 사이에서는 WIPO에서 특허 관련 실체법의 일체화에 관한 협상을 다시 시작하자는 주장이 팽배해 있으나, 미국과 유럽의 산업국들은 WTO에서 얻지 못한 것을 WIPO에서 얻겠다는 견해가 보편적이다. WIPO는 WTO와 같이 합의된 원칙에서 운영되는 것이 아니기 때문에 개도국들의 활발한 지지가 없는 규정의 채택은 사실상 위험부담이 있는 것이다.131)

Ⅲ. NGO

TRIPs협정의 협상과정에서 NGO들은 중요한 참여자가 아니었다. 그

---

129) *Ibid.,* para.47-49.

130) *Ibid.,* para.61-63.

131) Frederick M. Abbott, "The Doha Declaration on the TRIPs Agreement and Public Health: Lighting a dark at the WTO", *Journal of International Economic Law,* 2002, p.476.

러나 TRIPs협정 체결 이후 지적재산권 관련 국제규정을 창설하는 과정에서 NGO들은 지적재산권의 국제보호와 관련된 여러 쟁점에 적극적으로 참여하였다. 예를 들어 공중보건과 생물다양성 분야에서 NGO들은 지도적이고 조직적인 역할을 하였다. NGO들은 주로 주창, 여론조성, 미디어 캠페인 및 행동강령의 제정 등의 방식으로 지적재산권 국제보호, 특히 개도국에 미치는 영향에 대하여 국제사회의 관심을 이끌었다. 특히 개도국과 최빈개도국의 공중보건 위기에 대한 세계 각국의 관심, 즉 지적재산권에 대한 높은 수준의 보호가 공중보건에 미칠 소극적 영향과, 빈곤국가 필수의약품 수요자에 대한 부정적 영향에 대하여 각국의 관심을 불러일으키는 데 NGO의 역할이 컸다.

기술소비자기획(Consumer Project on Technology: 이하 'CPTech'라 함), HAI과 국경 없는 의사회(Medicine Sans Frontiers: 이하 'MSF'라 함) 등 NGO들은 1999년 3월 제네바에서 강제실시를 통한 약품수급의 해결에 관한 회의를 처음으로 개최하였다. 같은 해 동 NGO들은 네덜란드의 암스테르담에서 50여 개 국가로부터 온 350여 명의 대표가 참여한 가운데서 회의를 진행하였다. 회의 후 동 NGO들은 암스테르담 성명을 발표하여 TRIPs협정과 약품의 수급과 관련하여 WTO에서 작업그룹을 설립할 것을 호소하였으며, 의약품의 수급을 확보하기 위한 강제실시를 허용할 것과 지적재산권 장벽을 제거하고 TRIPs협정의 데이터 보호(data protection)와 반경쟁적인 조항 및 연구개발(R&D) 관련 비용부담 등에 대한 해결방안을 제시할 것을 요구하였다.[132] 암스테르담 성명은 지적재산권 보호와 공중보건의 충돌을 해결하기 위하여 NGO가 발의한 것으로, 그 뒤를 이어 Oxfam, 남아프리카의료행동(South African Treatment Action Campaign) 등 많은 NGO들이 의약품의 수급운동에 참여하게 되었다.[133)134]

---

132) Hoen, *supra* note 29, pp.34-35.

NGO단체는 국제적인 지적재산권 정책에 영향을 미치는 중요한 역량으로 발전하고 있으며, 개도국들이 국제지적재산권 규범 제정에 참여함에 있어 동반자로 활약하고 있다. 그러나 국제적인 지적재산권 정책 제정에 효과적으로 참여하기 위하여 NGO단체들은 상징적인 대표 지위가 아니라 국제기구에서 정책 건의가 가능한 지위를 취득하여야 하며, 각종 NGO 활동과정에서 지적재산권제도를 개혁하거나 또는 지적재산권제도에 영향을 미치도록 노력하여야 한다. 예를 들어 Oxfam이 제안한 '가격 인하' 캠페인의 정책목표는 TRIPs협정을 공중보건에 유리한 방향으로 개혁하는 것이다. 동 캠페인의 장기적인 목표는 TRIPs협정에 대한 실질적인 심사를 거쳐 개도국들을 위하여 더욱 긴 과도 기간을 쟁취하고, 개도국들이 의약품특허의 보호 기간과 범위 및 예외 규정 등의 분야에서 더욱 큰 유연성을 확보하며, 여론의 압력을 통하여 새로운 TRIPs협상 과정에서 개도국들이 좀더 유리한 지위를 취득하게 하기 위하여 노력하는 것이다.[135]

제4절 소 결

공중보건 위기를 유발하는 원인은 전쟁, 내란 및 자연재해와 경제 및 사외의 발전에 따른 부수적인 악영향 등을 지적할 수 있다. 일부 제약회

---

133) *Ibid.*

134) 상술한 개도국의 입장을 대변하는 NGO들 이외에 의약제조연합국제연맹(International Federation of Pharmaceutical Manufacturers' Associatons, IFPMA), PhRMA와 InterPharma와 같은 특별한 분야의 이익을 대표하는 NGO들도 존재하나 잘 조직되어 있지 않으며, 정책의 구성에 있어서 제한적인 역할을 한다. Abbott, *supra* note 131, pp.478-479.

135) Oxfam, Intellectual Property and the Knowledge Gap, http://www.Oxfam.org. uk/what__we__do/issues/trade/trips__wsf2002.htm, 04-07-21 검색.

사들은 개도국의 의약품 접근을 방해하는 가장 중요한 요소는 특허보호제도가 아닌 개도국 자체의 의료보건 분야의 예산 부족과 안전하고 효과적인 의약품 관리시설의 부족이라고 지적하고 있으며, 또한 일부에서는 관세 및 기타 간접적인 세금도 의약품 접근을 방해하는 요소라고 지적한다.136) 물론 안정적인 보건복지제도의 확립은 공중보건 위기의 발생을 저지할 수 있으며, 자금은 충분한 의약품의 공급을 보장할 수 있다. 그러나 공중보건 위기가 심각한 개도국 및 최빈개도국의 경우 이러한 보건복지환경은 단시일 내에 확립될 수 있는 문제가 아니고, 빈곤으로부터의 탈출 또한 장기적 과제이며, 이 또한 개도국들과 선진국들의 무역 관련 분쟁의 중요한 고리이기도 하다. 빈곤의 문제는 함께 해결하여야 할 문제이지 빈곤에 그 원인을 귀결할 수는 없다.137)

그러나 급박한 상황에서 단시일 내에 공중보건 위기를 효과적으로 극복하기 위해서는 질병의 발생을 예방하고 치료할 수 있는, 그리고 접근 가능한 의약품을 시의적절하게 취득하는 것이다. 그러나 대다수 의약품들은 특허보호를 받아 개도국의 대부분 환자들은 질병 예방 및 치료를 위한 의약품을 손쉽게 취득할 수 없다.

특허보호를 받는 의약품 가격은 특허보호에 의한 독점권 향유로 그 가격이 매우 비싸다. 예를 들어 2000년 7월부터 2002년 4월까지 일부 소비자들이 사용하는 항생제의 가격이 1만 달러에서 700달러로 인하된 사실로부터 알 수 있듯이 제조원가에 비하여 훨씬 높은 것은 제약회사들이 특허제도를 통해 의약품 독점권을 보호받고 있으며, 빈곤한 질병환자들을 의약품 접근으로부터 배제할 수 있기 때문이다.138)

---

136) MSF and HAI, Report on the East African Access to Essential Medicines Conference, "Improving Access to Essential Medicines in East Africa: Patents and Prices in a Global Economy", Nairobi, June 15-16, 2000, http://ww.haiweb.org/mtgs/nairobi200006.html, 04-04-23 검색.

137) CIPR Report, *supra* note 46, p.39.

공중보건 위기는 그 정의에서 알 수 있듯이 '공동체 전체의 건강'으로 이는 전 세계에서 관심을 가지고 해결하여야 할 문제이다. 도하공중보건선언의 채택은 지적재산권의 국제적 보호에 대하여 재고를 할 수 있는 기회를 마련하였다. 공익과 사익의 형평 및 보건권과 지적재산권에 관한 상술한 논의는 공중보건의 공공이익이 지적재산권의 사적이익에 우선함과 기본인권으로서 보건권이 지적재산권에 우선함을 알 수 있다. 그러므로 공공이익과 보건권 보호의 차원에서 공중보건 위기 해결을 위한 의약품특허에 대한 적절한 규제는 정당한 형평조치이다.

이에 따라 WHO, UNAIDS, UNDP, WIPO 등 국제기구들과 NGO에서는 공중보건 위기를 극복하기 위한 논의가 이루어졌다. WHO에서의 공중보건과 특허 관계의 논의는 병행수입권과 강제실시권을 권고하고, 의약품 접근을 향상시키기 위하여 특허보호의 부정적 영향을 제한하는 권고 등 많은 측면에서 건설적인 의견을 제시하기도 하였다. 그러나 자금의 대부분을 OECD로부터 지원받고 있고, 선진국 이익을 대표하는 OECD가 WHO 정책결정에서 상당한 영향력을 행사하고 있기 때문에 공중보건 위기 해결을 위한 본질적 문제에 접근하기에는 다소 거리가 있다고 생각된다. 한편 UN 산하 여러 국제기구의 인권 분야에서의 논의는 인간의 기본 권리인 보건권이 특허권에 우선한다는 논리를 전개하고 있으나 강력한 제재조치가 결여되어 있으며, WIPO는 지적재산권 보호의 강화에 주력하고 있으며 공중보건 위기에 대해서는 큰 관심을 보이지 않았다. 반면에 NGO들은 남아프리카 및 브라질 의약품 사건에서 문제를 해결하는 데 중요한 역할을 하였고, 또한 도하 각료회의 및 칸쿤 각료회의 등 WTO 각료회의에서 공중보건문제를 해결하기 위하여 개도

---

138) MSF, Untangling the Web of Price Reductions: A pricing Guide for the Purchase of ARVs for Developing Countries, Geneva, 2002. http://www.accessmed-msf.org/prod/publications.asp?scntid=1872002161586&contenttype= PARA&, 04-04-23 검색.

국들에게 건의를 하고 정책을 제정하는 등 동 분야에서 개도국의 동반자 역할을 하고 있다. 그러나 아직 NGO는 국제기구에서 활동하는 데 국제법적 지위에 한계가 있다.

도하라운드에서 논의되고 있는 TRIPs협정과 공중보건의 문제는 특히 의약품의 자유로운 유통과 독점권의 적절한 규제를 논의할 수 있는 장을 마련하고 있으며, 또한 개도국들의 역량이 강화된 오늘날 개도국들의 공중보건 위기 해결을 위한 최선의 대안을 마련할 수 있는 장이기도 하다. 개도국의 공중보건 위기를 해결하기 위하여 기존의 특허제도에 대한 적절한 개혁과, 의약품 가격 인하를 위한 구체적 조치가 필요한 시점이다.

제2장 공중보건 관련 WTO 지적재산권규범

카다르 도하에서 개최된 제4차 WTO각료회의에서 회원국들은 TRIPs협정과 공중보건과 관련된 문제에 대하여 전례 없는 특별한 각료선언을 채택하였다.[1] 이는 TRIPs협정과 공중보건의 관계를 해결하기 위한 장기적인 과정의 첫 성과라고 할 수 있다. 도하공중보건선언은 공중보건 위기를 해결할 수 있는 방법으로 회원국들이 강제실시 사유를 정할 수 있는 권리와, 국제적 권리소진원칙의 자유로운 확정을 확인하고 있다. 또한 동 선언은 의약품특허의 부여와 사용, 그리고 의약품 가격규제에서 훼손된 TRIPs협정의 유연성 조항을 보완하는 성과를 이룩하였으며, 개도국들의 강제실시의 활용가능성을 향상시켰다.

도하공중보건선언은 공중보건과 관련하여 TRIPs협정에 대한 회원국들의 추후합의 및 추후관행의 증거를 형성하였다. 개도국 및 최빈개도국에서 발생하는 공중보건 위기의 심각성을 인식한 선진국들과 개도국들이 문제를 해결하기 위한 합의로서 WTO 각료회의의 '결의'이다. 단지 동 선언은 법적 효력에 있어 직접적 구속력이 없는 '정치적 선언'이지만, 공중보건 위기와 관련하여 TRIPs협정에서 문제를 해결하려는 회원국들의 의지를 표명하고 있다.

본 장에서는 TRIPs협정 및 도하공중보건선언과, 도하공중보건선언 제6단락의 이행에 관한 2003년 칸쿤 일반이사회 결의[2]에서 공중보건과 관련된 법적 조항과 그 의의를 분석한다. 이를 통해 TRIPs협정에 공중보

---

1) Declaration on the TRIPs Agreement and Public Health, WT/MIN (01)/DEC/2, November 20, 2001.
2) WTO General Council, Implementation of paragraph 6 of the Doha Declaration on the TRIPs Agreement and Public Health, WT/L/540, September 1, 2003.

건 위기를 해결하기 위한 유연성 조항이 있음에도 불구하고 도하공중보
건선언 및 도하공중보건선언6단락 이행결의에서 그 해결대안으로 의약
품특허권에 대한 강제실시와 특허의약품의 병행수입을 재확인한 이유를
규명하고자 한다.

제1절 공중보건 관련 TRIPs협정

I. 공중보건 관련 TRIPs협정의 내용

1. 의약품특허와 관련된 회원국의 의무

1986년에 시작된 우루과이라운드부터 공중보건과 지적재산권에 관한
논쟁은 사실상 시작되었다. GATT의 개도국 회원국들은 무역제도에 지
적재산권제도 자체를 포함시키는 것에 처음부터 강력히 반대하였다. 개
도국들은 GATT협상과정에 지적재산권 보호를 포함시킨 것은 선진국들
의 계략이라고 생각하였다.[3)]

우루과이라운드 과정에서 50여 개도국들은 자국민에게 저렴한 의료공
급을 보장하기 위하여 의약품을 특허보호의 범위에서 제외할 것을 주장
하였다.[4)] 또한 특허보호의 범위와 관련하여 선진국과 일부 선발개도국[5)]
들은 물질과 제법을 모두 포함시켰으나, 인도는 제법을 특허범주에 포함

---

3) Carlos M. Correa, "TRIPs: An Asymmetric Negotiation", *Third World Economics*, September 1993.

4) WIPO, HL/CE/INF/1REV.1, May 30, 1988, No.7, p.3.

5) 한국은 제안서에서 특허의 보호범주를 화학품, 의약품과 미생물에 대한 제조 및
   제품특허 모두를 포함시켰다. GATT, MTN.GNG/NG11/W/48, October 26, 1989.

시키는 것에 반대하였다.[6] 특허의 보호범위는 최종적으로 미국의 입장이 반영되어 TRIPs협정은 물질특허뿐만 아니라 제법특허까지 보호하게 되었으며, 특허보호의 기간[7]도 미국의 입장이 최종적으로 반영되어 TRIPs협정은 특허보호의 기간을 특허출원일로부터 20년으로 규정하고 있다.[8]

1) 의약품특허보호의 비차별 원칙

TRIPs협정에서는 내국민대우와 최혜국대우를 준수하는 전제하에서 모든 기술 분야에서의 물질 또는 제법에 관한 어떠한 발명에 대하여 특허를 부여할 수 있으며, 이러한 특허획득과 향유는 발명지, 기술 분야, 제품의 수입 또는 국내생산 여부와 무관하게 차별 없이 특허가 허여된다.[9] 그리고 특허취득의 요건으로 신규성, 진보성 및 산업상 이용가능성을 명시하고 있으나, 동 협정이 신규성, 진보성 및 산업상 이용가능성에 대하여 정의를 내리지 않고 있어 회원국들의 심사제도에 따른 자유재량권이 인정된다.[10] 이러한 내용은 특허권의 취득과 특허권의 향유에 대한 비차별 원칙

---

6) GATT, MTN.GNG/NG11/W/37, July 10, 1989.

7) 특허보호 기간과 관련하여 개도국들은 특허보호의 기간을 국내법으로 규정하기를 희망하였다. 미국, 유럽, 일본, 스위스 국가들이 특허보호 기간을 20년으로 할 것을 주장하였으나 대다수 개도국들은 20년이란 특허보호 기간이 너무 길므로 특허보호 기간을 특허상품 분야에 따라 서로 다른 기간의 적용을 주장하였다. GATT, MTN.GNG/NG11/W/14, October 20, 1987; GATT, MTN.GNG/NG11/W/14/Rev, October 17, 1988.

8) 1990년 브뤼셀초안은 괄호안의 방식으로 보호 기간에 대하여 선택 가능한 두 가지 방안, 즉 "보호 기간은 출원일로부터 20년" 또는는 "보호 기간의 확정은 국내적으로 입법하여 해결할 문제"로 제시하였으나 최종적으로는 20년으로 확정하였다. 孔祥俊, *WTO知識産權協定及其國內適用*, 法律出版社, 2002, p.56.

9) TRIPs협정 제27조 1항.

10) 특히 의약품산업의 강력한 보호를 요구하는 선진국에서 의약품특허에 대한 낮은 표준은 일부 의약품의 특허효력이 영원하게 유지되게 할 수 있다. 즉, 일부 의약품의 특허기간이 만료되어 공공 분야(Public area)에 포함되더라

을 설명하고 있으며, 주로 다음 3가지 분야에서 비차별을 규정하고 있다.

(1) 발명지점에서의 비차별

발명지점은 특허권을 부여하거나 또는 특허권 부여를 거부하는 근거로 사용할 수 없으며 권리를 행사하는 범위와 방식의 근거로도 사용할 수 없다. 그러나 이에 따른 차별 사례가 발생한 적이 있으며 '산업재산권보호를 위한파리협약'(Paris Convention for the Protection of Industrial Property, 이하 '파리협약'이라 함)11)의 우선권 범위가 미국에서의 특허권 부여 금지로 해석되어서는 안 된다는 미국의 '발명우선원칙'과 'Hilmer원칙' 사건12)이 바로 그 예이다.13)

(2) 기술 분야에서의 비차별

동 규정은 동 조항에 이미 포함된 개념을 강조하는 것이나 특허권의

도 해당 약품의 개진 상품은 여전히 특허보호를 받을 수 있기 때문이다.

11) 산업재산권보호를위한파리협약은 1883년 3월 20일에 체결되어 여러 차례 수정을 거쳐 1979년 스톡홀름에서 최종 수정되었다.

12) Hilmer 등은 1957년 7월 31일 독일 출원을 근거로 제119조에 의한 우선권을 주장하면서 1958년 7월 25일 미국에 출원하였다 심사에서 Hilmer 출원은 Habicht의 미국 출원에 근거해서 102(e)로 거절되었다. 이에 대해 Hilmer 등은 자신들의 독일 출원이 Habicht의 미국 출원보다 앞서므로 거절되어서는 안 된다며 항소하였다. 항소심 판결은 "119조의 우선권의 이익과 102(e)의 적용은 별개의 문제이다. 파리조약의 우선권을 인정하는 제119조 규정의 취지는 자신의 출원이 특허를 받는 데 있어서 타인의 중간 공지실시에 의해 불이익을 받지 않는다는 것일 뿐 타인의 선행기술로서 적극적으로 타인의 특허를 지지할 법적근거를 마련하는 것은 아니다"고 하며 파기 환송했다. 이&목특허법률사무소, http://www.yplee.co.kr/intellectual_property/int_journal01_view01.asp?rno_idx=133, 04-11-24 검색.

13) Carlos M. Correa & Abdulqawi A. Yusuf, *Intellectual Property and International Trade: The TRIPs Agreement*, KLUWER LAW, 1998, pp.202-203.

향유가 기술 분야의 차이로 인하여 차별되어서는 안 된다는 점을 명확히 하고 있다. 따라서 배타적 권리의 예외나, 또는 강제실시는 특정 분야의 기술 중 특정유형의 방법 또는 상품에만 설정되어서는 안 된다. 그러나 TRIPs협정은 특정한 목표, 즉 예를 들어 공중보건 또는 환경 등에 근거하여 확정한 강제실시를 제한할 수 없다. 다만 그러한 목표의 실현이 일반적으로 상이한 기술 분야의 발명의 사용을 요구할 경우이다.[14]

(3) 상품 출처에서의 비차별

동 규정은 논의가 많이 되고 있는 현지 실행의 의무와 관련된 것으로 특히 기술흐름을 흡수하고 공업화를 촉진하려는 국가들에 의하여 특허제도의 지주 중 하나로 인정되었다.[15] 선진국들은 특허상품의 현지 실행을 수입과 동등하게 하여 국내법이 발명의 현지 실행에 대한 요구를 제거하려고 하였다.[16] '상품의 수입 또는 현지 실행'과 무관하게 차별화되지 말아야 한다는 규정은 사실상 현지 실행을 특허보호의 조건으로 규정하는 것을 금지하는 것으로 해석되었다. 협상의 배경에서 이러한 해석을 얻을 수 있지만 주의하여야 할 것은 동 규정은 지적하고 있는 상품이 누구의 상품인지를 명확히 하지 않고 있다는 것이다. 즉, 해당 상품이 특허권자가 제조한 상품인지 아니면 특허를 침해한 제3자가 제조한 상품인지를 구별하지 않고 있다. 특허이론이나 동 협정의 체계적인 해석에 따르면 특허는 소극적인 권리만 부여하며 특허권은 오직 제3자의 상품에 한하여 행사하는 것임을 지적하고 있다. 즉, 협정 제27조1항은 현지실시의 의무를 금지하고 있지 않다.[17]

---

14) 孔祥俊, *supra* note 8, p.245.

15) Correa, *supra* note 13, p.203.

16) *Ibid.*

17) 브라질은 동 해석을 따르고 있는바 1996년에 수정한 TRIPs협정을 실시하

2) 미공개 정보의 보호

새로운 의약품이나 농약품은 시장 확보 전 정부 보건당국 또는 의약품 관리부서의 검사나 안정성 검사를 받는 경우가 많다. 의약품이나 농약품을 발명한 사람은 임상실험을 위하여 막대한 재원과 노력을 투하했을 것이고 임상실험결과는 검사요청 전까지 공개되지 않으며 발명자는 이러한 실험결과나 실험 자료를 외부에 공개하기를 꺼린다.

TRIPs협정은 미공개 정보에 대한 보호를 규정하고 있다. 회원국은 신규 화학물질을 이용한 의약품 또는 농약품의 판매를 허가하는 조건으로 작성에 상당한 노력이 소요된 미공개 실험결과 또는 기타 자료의 제출을 요구하는 경우, 이러한 자료를 불공정한 상업적 사용으로부터 보호해야 하며, 회원국은 또한 대중을 보호하기 위해 필요한 경우 이외에, 또는 불공정한 상업적 사용으로부터 동 자료의 보호를 보장하기 위한 조치가 취하여지지 않을 경우에는 이러한 자료가 공개되는 것으로부터 보호하여야 한다.[18]

3) 특허보호 거부의 사유

TRIPs협정 제27조 2항과 3항은 특허권 취득을 배제할 수 있는 대상을 규정하고 있다. 즉, 회원국 영토 내에서 발명의 상업적 이용의 금지가 인간, 동물 또는 식물의 생명 또는 건강의 보호를 포함하여, 필요한 경우 공공질서 또는 공서양속을 보호하거나 또는 환경에의 심각한 피해를 회피하기 위하여 특허대상에서 제외할 수 있으며,[19] 인간 또는 동물

기 위한 특허법은 바로 현지 실행의무를 포함하고 있으며 이 또한 미국 vs. 브라질 의약품 사건에서 미국이 제소한 이유 중의 하나이다. 孔祥俊, *supra* note 8, p.246.

18) TRIPs협정 제39조 3항.

의 치료를 위한 진단방법, 요법 및 외과적 치료방법.[20] 미생물 이외의
동물과 식물, 그리고 비생물학적 및 미생물학적 제법과는 다른 본질적으
로 생물학적인 식물 또는 동물의 생산을 위한 제법[21]을 특허권 부여의
대상에서 제외할 수 있다. 각 회원국은 국내법으로 앞서 설명한 대상을
특허권 부여대상에서 제외할 수 있으나 의무는 없다.

(1) 공공질서와 도덕

TRIPs협정은 공중보건과 관련하여 발명의 상업적 이용의 금지가 인
간의 생명 또는 건강의 보호를 포함한 공공질서 또는 공서양속을 보호
할 경우 특허대상에서 제외할 수 있다고 규정하고 있다.[22]

실질적으로 대다수 국가의 특허법은 모두 공공질서(ordre public)[23]와
도덕의 위반 또는 유사한 이유를 들어 특정 발명을 특허권 부여에서 배
제하고 있다. 그러나 협정은 공공질서에 대해서는 명확히 규정하고 있지
않기 때문에 회원국들은 공공가치를 보호하는 자체적 관점에 근거하여
일정한 유연성을 가지고 있다. '도덕'의 개념도 특정 사회에서 유행하는
가치에 따르는 상대적인 개념이다. 상이한 문화와 국가에 있어서 가치는
서로 다르며 시간의 흐름에 따라 변한다.[24] TRIPs협정 제27조 2항의

---

19) TRIPs협정 제27조 2항.
20) TRIPs협정 제27조 3항(a).
21) TRIPs협정 제27조 3항(b).
22) TRIPs협정 제27조 2항.
23) TRIPs협정도 공공질서(order public)를 배제의 사유로 정하고 있으나 그
    개념은 "public order" 또는 "public interest"보다 좁게 해석될 수 있다.
    예를 들어 유럽특허국의 심사지침(the Guidelines for Examination of the
    European Patent Office)에 의하면 공공질서(order public)는 안전요인과
    관련된 것으로 예하면 폭동(riot) 또는 공공질서의 혼란(public disorder) 및
    범죄를 유발하는 발명과 기타 일반적인 위법행위를 지칭한다. Correa, *supra*
    note 13, pp.192-193.

적용은 다음과 같은 2가지 제한을 받는다.

첫째, 앞서 설명한 이익의 보호, 즉 인간, 동물 또는 식물의 생명 또는 건강의 보호를 포함하여, 필요한 경우 공공질서나 공서양속을 보호하거나 또는 환경에 대한 심각한 피해를 예방하기 위하여 발명의 상업적 이용을 방지할 필요가 있을 경우 특허의 보호에서 배제할 수 있다. 일반적으로 특허 관리부서는 상품의 상업화를 방지할 수 없지만 특허보호의 거부가 상업화의 배제로 이어지는 것은 아니다. TRIPs협정 제27조 2항은 관련 부서가 발명의 상업화 방지에 대하여 판단할 것을 요구하는 것으로 보인다. 즉, 특정한 대상이 특허를 신청하지 못하도록 선언하는 동시에 해당 상품의 분배 또는 판매를 허락하고 있다.

둘째, 동 조항의 '단서'는 만약 특허취득의 예외가 동 조항에 규정된 사유에 근거한 것이 아니라면 국내 법률에 명문으로 규정하고 있더라도 TRIPs협정의 규정을 위반한 것이다. 즉, 비록 국내법이 특허취득의 금지를 규정하더라도 모든 발명이 특허권을 취득하지 못하는 것으로 이어지는 것은 아니다.[25]

(2) 치료방법

TRIPs협정 제27조 3항(a)은 사람과 동물의 진단, 치료와 외과수술방법에 대하여 특허권 부여에서 배제할 수 있도록 규정하고 있다. 대다수 유럽 및 라틴아메리카 국가들은 치료방법에 대하여 특허를 부여하고 있지 않다. 사실상 오직 미국, 오스트리아와 호주 등 소수 국가에서만 이를 특허로 보호하고 있으며, 동 분야에서의 특허는 아직까지 매우 적다. 그 원인은 부여한 특허권의 실행이 사실상 어려운 것처럼 이러한 방법의 경제적 중요성을 일반적으로 확정하기 힘들기 때문이다.[26]

---

24) *Ibid.*, p.193.
25) 孔祥俊, *supra* note 8, p.232.

TRIPs협정 제27조 3항의 제외규정은 진단 또는 치료의 어떠한 기계에도 적용되지 않을 뿐만 아니라 '진단도구'(diagnostic kits)와 같은 상품에도 적용되지 않는다.

2. 공중보건 관련 유연성 조항

TRIPs협정은 회원국들, 특히 개발도상국들이 의약품특허의 일부 부정적인 영향을 극복할 수 있는 많은 유연성[27] 조항들을 규정하고 있다. 대표적으로는 강제실시, 병행수입, 특허권의 예외, 특허대상에 관한 조항, 데이터 보호 및 연구개발과 관련된 조항, 권리남용과 관련된 조항, 경쟁 및 반경쟁행위의 통제 및 의무이행의 유예 기간 등이 있다.

1) 강제실시와 병행수입[28]

강제실시의 문제는 우루과이라운드 협상과정에서 중요한 논의대상이었다. 동 조치에 대하여 개도국들은 특허법의 남용을 저지하고 국내 시장의 경쟁력을 보장할 수 있는 필수적인 대응조치라고 주장하였다.[29]

---

26) Correa, *supra* note 13, p.194.

27) "Flexible"은 "easily led, manageable, adaptable, versatile, supple, complacent"를 의미한다. Concise Oxford Dictionary, p.373. 유연성은 중요한 문안의 의미가 분쟁으로 되었을 경우와 같은 어려운 법적 사건에서 충분한 해결방안이 없을 경우 계약을 허락하는 방법으로 발생한다. (Flexibility occurs as a way of permitting agreement without full resolution in hard legal cases, where the meanings of the key terms are disputed.) Xichun, Pan, *Flexibility of the TRIPs Agreement with Regard to Patent Protection*, Master Thesis, Faculty of Law University of Lund, Spring, 2002, p.39.

28) 강제실시와 병행수입에 관한 정의 및 상세한 내용은 제3장 및 제4장을 참조.

78

특히 브라질과 인도는 엄격한 특허규칙으로 인한 공중보건 및 영양과 관련된 발명이 사회적 이익에 미치는 우려를 표시하였다.30) 미국은 최초에 특허권에 대한 강제실시를 허락하지 말아야 하고, 특허를 사용하지 않았다는 법적 원인으로 강제실시를 허락하지 말아야 하며, 비록 강제실시를 허락하더라도 사안에 따라 진행되어야 하며, 그 조건을 좁게 규정할 것을 강력히 주장하였다.31) 그러나 이후 미국은 강제실시를 통하여 특허권 소유자의 독점권 남용을 제한할 수 있고, 반독점법을 위반한 행위에 대한 구제를 위하여 허락할 수 있으며, 또는 선언된 국가비상사태 및 긴급 상황 기간에 한하여 강제실시를 허락할 수 있다고 조건부로 이를 인정하고 있다.32)33)

TRIPs협정 제31조는 이러한 논의를 반영하여 강제실시 조치를 취할 수 있는 조건과 일부 사유를 규정하고 있으나 '강제실시'라는 용어는 찾아볼 수 없다.34) 다만 그 조건으로 사안별(case-by-case)에 기초한 강제

---

29) 사실상 1980년까지 65개에 달하는 국가들이 의약품에 대한 보호를 인식하지 못하고 있었으며 프랑스, 캐나다 등 일부 선진국들도 강제실시 조항을 규정하여 의약품과 관련된 특허권의 사용을 특별하게 규정하고 있었다. Carlos M. Correa, *Intellectual Property Rights: the WTO and Developing Countries*, Zed Books Ltd., 2000, p.50.

30) GATT, MTN.GNG/NG11/14, September 12, 1989.

31) GATT, MTN.GNG/NG11/W/14, October 20, 1987.

32) GATT, MTN.GNG/NG11/W/70, May 11, 1990.

33) 그 밖에 EC는 강제실시를 실행할 수 있는 조건과 관련하여 만약 특허권자가 법률적, 기술적 또는 상업적 원인으로 현지 실행의 조건이 결핍되거나 또는 조건이 부족함을 증명할 경우, 특허를 부여한 기관은 실행불능 또는 실행불충분으로 인한 강제실시의 신청에 대하여 이를 허락하지 않는다고 제안하고 있다. 또한, 뉴질랜드는 자국의 강제실시와 관련된 제안서에서 강제실시는 선언된 국가비상사태 또는 반경쟁행위를 구제하기 위하여 사용되어야 하며, 국가비상사태 기간에 한하여 허락되어야 한다고 주장한다. GATT, MTN.GNG/NG11/W/46, October 24, 1989.

34) 그러나 관행은 TRIPs협정 제31조의 권리자의 승인 없는 기타 사용 중 '기타 사용'이 정부목적으로 인한 사용을 포함하므로 그 한 부분으로 강제실시권이

실시의 필요, 자발적 실시를 위한 사전협상 실패의 증거, 비독점적 실시와 보상의 요구 등이 있다. 그 밖에 강제실시 종료의 통제와 수출에 관한 제한, 그리고 제3자에 대한 실시의 양도 등에 대한 조건도 규정하고 있다. 또한 거래거부, 비상사태와 긴급위기, 반경쟁행위, 공공의 비상업적 사용과 종속특허 등 강제실시 실행의 여러 가지 사유를 규정하고 있다.

한편 병행수입 논의의 기초인 지적재산권의 권리소진과 관련하여 TRIPs협정은 최혜국대우 및 내국민대우 원칙을 준수하는 전제에서, TRIPs협정의 어떠한 규정도 지적재산권의 권리소진 문제를 WTO 분쟁 해결절차에 적용할 수 없다고 규정함으로써 TRIPs협정에서 지적재산권의 권리소진제도는 분쟁 해결의 대상이 아니며 각국에 위임됨을 밝히고 있다.[35] 병행수입의 합법성이 수입국의 특허권에 대한 권리소진원칙에 기초한 것이고, 권리소진원칙에 대한 각국의 이익 충돌로 인하여 통일된 의견은 없었다.

2) 연구 및 조기 사용의 예외

TRIPs협정은 제30조에서 회원국들에게 특허에 의하여 허락된 배타적 권리에 대하여 제한된 예외를 규정하고 있다. 즉, 이러한 예외는 제3자의 정당한 이익을 고려하여야 하고, 특허권의 정상적인 이용에 불합리하게 저촉되지 아니하며, 특허권자의 정당한 이익을 불합리하게 저해하지 아니하여야 한다. TRIPs협정이 명확하게 언급하고 있지는 않지만 연구와 실험 그리고 조기 사용의 예외는 공중보건을 위하여 제30조에 따라 광범위하게 인정되는 두 가지 예외이다.

연구와 실험 사용의 예외는 지식의 보편화를 목적으로 하는 과학연구를 촉진하고, 이러한 연구와 실험이 특허에 의하여 방해받지 않도록 보

있다고 인정한다. WHO and WTO, WTO Agreements and Public Health, A Joint Study by the WHO and the WTO Secretariat, 2002, p.45.
35) TRIPs협정 제6조.

80

장하기 위함이다. 동 예외는 그러한 최초의 발명을 둘러싼 발명, 발명의
향상을 위하여 또는 발명의 평가 및 발명의 실행을 위한 결정을 위하여,
실험행위의 면제를 통하여 제약기술의 발전을 촉진하고자 할 때 특히
유용하다.[36]

그 밖에 일부 국가들은 제너릭 의약품의 제조업자가 특허권자의 동의
없이 그리고 특허보호 기간의 만료 전 특허권을 갖는 발명을 이용하여
공중보건 관리기관으로부터 시장 진입을 위한 승인을 받도록 하고 있다.
특허기간이 만료되면 제너릭 의약품 생산자는 그가 생산한 의약품을 시
장에 판매할 수 있다. 이러한 예외는 제너릭 의약품의 빠른 시장 진입
또는 특허만료 후의 합리적인 기간 내 제너릭 의약품의 접근가능성을
보장하기 위함이다.[37] 동 조항은 'Bora 조항'이라고 하는데 'EC-캐나다
의약품 사건'에서 WTO패널의 지지를 받았다.[38]

---

36) Carlos M. Correa, Integrating Public Health Concerns into Patent
    Legislation in Developing Countries, South Centre, Geneva, 2000, p.66.
37) R. Lettington and S. Musungu, In Defence of Kenya's Health: Proposed
    Amendments to the Industrial Property Bill 2000, Kenya Coalition for
    Access to Essential Medicines, Nairobi, 2000, p.65.
38) 1997년 12월 19일 EC와 그 회원국들은 캐나다의 특허법(C-91법안, Bill C-91) 규
    정들이 의약품 발명에 대하여 보호를 제공하지 못하고 있으며 TRIPs협정 제
    27조 1항, 제28조 및 제33조에 규정한 보호요구 및 기한에 따라 특허의약품의
    발명에 충분한 보호를 제공하지 않으므로 캐나다는 TRIPs협정에 따른 의무를
    위반하였다고 주장하며, 캐나다와 협의를 요청하였다. 동 사건에는 호주, 브라
    질, 콜롬비아, 쿠바, 인도, 이스라엘, 일본, 폴란드, 스위스 및 미국이 제3자로
    참여하였다. 1998년 11월 11일 패널이 설치되었고, 2000년 3월 17일 패널보고
    서가 회원국들에게 회람되었다. 동 패널보고서는 캐나다 특허법 제55.2(1)에
    규정된 규제검토예외(regulatory review exception)는 TRIPs협정 제27조 1항
    에 위반되지 않으며 TRIPs협정 제30조의 예외 규정에 부합되므로 협정 제28
    조1항에도 위배되지 않는다고 평결하였다. EC가 제소한 두 번째 내용, 즉 캐
    나다 특허법 제55.2(2)조가 규정한 "저장예외"(stockpiling exception)와 관련
    하여 패널은 동 조항은 협정 제30조에 규정한 예외에 포함되지 않으므로 협정
    제28조 1항을 위배하였다고 평결하였다. 패널은 동 저장예외는 강제심사예외
    와 구별되는 것으로 협정 제30조에 규정된 예외로 볼 수 없으므로 협정 제28

3) 실험데이터에 대한 보호확장 제한

국가보건기구는 새로운 의약품의 등록을 위한 조건으로 품질, 안정성 및 약효성과 관련된 실험데이터 그리고 상품의 물질적 및 화학적 성질과 구성에 관한 정보를 일반적으로 요구하고 있다. 그러나 이러한 정보가 발명회사에 의하여 제출되기만 하면 대다수의 관련 기구들은 연구를 재연하기 위한 원제품의 제너릭 버전의 등기를 요구하지 않고 있고 시장 승인을 부여하기 위한 '생물학적 등가성'(bioequivalence)에만 의존하고 있다.

따라서 특허권자는 TRIPs협정 제39조에 규정된 승인요구를 만족시키기 위하여, 특히 파리협약 제10조에 의한 불공평한 경쟁에 대한 효과적인 보호를 보장하기 위하여 정부에 제출한 실험데이터의 보호를 희망하고 있다. 그러나 회원국들은 신규 화학물질을 이용한 의약품 또는 농약품의 판매를 허가하는 조건으로 작성에 상당한 노력이 소요된 미공개 실험결과 또는 기타 자료의 제출을 요구하는 경우, 이러한 자료를 불공정한 상업적 사용으로부터 보호하며, 결과적으로 소비자들에 추가비용이 전가되는 동등한 혼합물에 대한 실험을 하도록 제너릭 생산자들에게 요구하고 있다. 이러한 요구는 사회적으로 비경제적인 것이라고 말할 수 있다.[39]

TRIPs협정 제39조는 회원국이 공중을 보호하기 위하여 필요한 경우 이외에 불공정한 상업적 사용으로부터 동 자료의 보호를 보장하기 위한 조치가 취해지지 않을 경우 신규 화학물질을 이용한 의약품 또는 농약품과

조 1항에 규정한 특허권자의 특허권에 대한 실질적인 침해를 구성한다고 평결하였다. 2000년 4월 7일 DSB는 동 패널보고서를 채택하였고, 4월 25일 캐나다에 이행을 요구하였으며 캐나다는 2000년 10월 7일 그 이행을 DSB에 보고하였다. WTO, WT/DS114/1, January 12, 1998, WT/DS114/R, March 17, 2000, WT/DS114/14, August 18, 2000, Canada-Patent Protection of Pharmaceutical Products, 2000.

39) Frederick M. Abbott, The TRIPs Agreement, Access to Medicines and the WTO Doha Ministerial Conference, Occasional Paper, QUNO(Quaker United Nations Office), Geneva, 2001, p.29.

관련된 자료가 공개되는 것으로부터 보호한다. 따라서 동 협정 제39조는 각 회원국들이 실험데이터를 어떻게 보호할 것인가를 결정할 여지를 남겨놓고 있다. 즉, 제너릭 의약품을 통한 경쟁이 가격을 낮추고 필수의약품의 접근과 공급가능성을 향상하는 한 실험데이터 보호의 확장을 제한하기 위하여 회원국들은 공공이익에 더욱 깊이 관여하고 있는 것이다. 데이터 보호가 제너릭 상품의 시장 진입을 저지하는 수단이 되지 않도록 보장하는 데 있어 공공이익은 경쟁으로 역할을 하고 있는 것이다.[40]

4) 반경쟁행위의 통제와 지적재산권의 남용

TRIPs협정은 기술혁신의 촉진, 기술이전과 보급 및 기술의 생산자와 사용자 이익의 향유 등에 있어 형평을 추구하고 있다. 이러한 형평은 협정의 많은 조항에 내포되어 있다. 그러나 TRIPs협정에서의 기본적인 형평 개념은 협정의 목적과 원칙에 포함되어 있다. 이러한 형평을 이룰 수 있는 원칙으로는 첫째, 회원국들이 법률을 제정하거나 또는 수정할 경우 공중보건과 영양을 보호하기 위하여 필요한 조치를 채택할 수 있으며, 사회경제와 기술발전에 있어서 중요한 분야의 공공이익을 촉진하는 조치를 취할 수 있다.[41] 둘째, 회원국들은 권리소유자에 의한 지적재산권 남용 또는 소유권자에 의하여 비합리적으로 무역을 왜곡시키는 관행 또는 기술의 국제적 이전에 불리한 영향을 방지하기 위한 적절한 조치를 취할 수 있다.[42]

특히 두 번째 원칙은 경쟁 촉진과 반경쟁적 라이센스 계약의 참여를 포함한 특허권자에 의한 독점지위의 남용을 방지하기 위하여 필요한 조

---

40) Sisule F. Musungu, Susan Villanueva and Roxana Blasetti, Utilizing TRIPs Flexibilities For Public Health Protection Through South-South Regional Frameworks, South Centre, April 2004, p.19.
41) TRIPs협정 제8조 1항.
42) TRIPs협정 제8조 2항.

치를 채택하는 데 유리한 해석원칙으로 이해되어야 한다.[43] 특히 TRIPs 협정 제40조는 라이센스 계약에서 반경쟁적 관행을 통제하기 위한 제도를 창설하고 있다. 따라서 회원국들은 동 협정 제8.2조에 의하여 취할 수 있는 제약시장에서의 경쟁력의 향상을 목적으로 하는 조치 이외에, 제약사들의 라이센스 관행을 통제하기 위한 추가적인 조치를 취할 수 있다. 배타적인 일방적 양도조건, 특허의 유효성 이의제기 금지조건과 강제적 일괄 사용허가에 대한 금지 또는 통제[44]를 통하여 회원국들은 시장 집중을 감소시킬 수 있고, 제약시장의 경쟁을 향상할 수 있다.

5) 의무이행의 잠정유예 기간

TRIPs협정의 규정에 근거하여 개도국과 시장경제전환국은 2000년 1월 1일까지,[45] 최빈개도국은 2006년 1월 1일까지 의약품에 대하여 상품 또는 제조법 특허보호를 부여할 의무가 없다.[46] 그러나 개도국의 경우, 만약 개도국인 회원국이 동 협정에 근거하여 상품특허의 보호를 동 협정을 적용하기 전 자국 내에서 보호를 받지 않던 의약품 분야까지 확대할 경우 2005년 1월 1일까지 개도국은 의약품에 대하여 상품특허보호를 제공하지 않아도 된다.[47] 그러나 동 조항을 적용하는 경우 다음 2가지 전제조건이 있다.

첫째, 특허권 부여가 잠정유예 기간 만료 후 결정되더라도 TRIPs협정 발효 일부터 특허출원을 하도록 허가한다.[48] 이는 특허심사과정에 있어

---

43) Musungu, *et. al., supra* note 40, p.20.
44) TRIPs협정 제40조 2항.
45) TRIPs협정 제65조 2항.
46) TRIPs협정 제66조 1항.
47) TRIPs협정 제65조 4항.
48) TRIPs협정 제70조 8항.

84

서 출원일이 매우 중요하며 신규성을 판단하는 기준이 되기 때문이다. 둘째, 만약 회원국 정부가 잠정유예 기간 동안 관련된 의약품의 판매를 허가할 경우, 회원국에게는 반드시 판매허가를 취득한 후 5년간 또는 그 회원국 내에서 물질특허가 부여되거나 거절된 시기까지 중 짧은 기간까지 배타적인 판매권이 부여된다.[49]

Ⅱ. 공중보건 관련 TRIPs협정의 의의

TRIPs협정은 우루과이라운드 협상 당시 선진국과 개발도상국 간의 타협의 결과물로 개도국들은 자국의 공중보건 및 영양에 미칠 영향을 고려하여 지적재산권제도를 GATT체제에 편입시키는 것에 반대하였다. 그러나 TRIPs협정의 협상과정에서 미국과 다국적기업, 특히 다국적 제약회사들의 의지가 많이 반영되었으며,[50] 의약품 및 화학농약품 등 공중보건 및 영양과 관련되는 상품에 대한 최소기준의 특허보호를 부여하게 되었다.

TRIPs협정은 그 원칙에 있어 회원국들이 공중보건과 영양의 보호를 위하여 그리고 사회경제와 기술발전에 극히 중요한 부서의 공공이익을 촉진하기 위하여 필요한 조치를 채택할 수 있도록 허가하고 있으나, 동

---

49) TRIPs협정 제70조 9항.

50) TRIPs협정은 지적재산권 보호를 무역과 GATT/WTO골격작업에 연결하려는 사인과 미국의 하이테크기업 간의 성공적인 연합을 잘 증명하고 있다. 지적재산위원회(Intellectual Property Committee: IPC)라고 잘 알려진 동 연합의 1990년 초 설립목적은 지적재산권 보호를 미국 대외무역정책의 핵심으로 추진하는 것과 이런 국내 대외무역정책을 우루과이라운드 과정에서 새로운 국제적 구속력이 있는 최소표준으로 채택하게 하고 WTO에서 발효하도록 하는 것이었다. James Thuo Gathii, "Construing Intellectual Property Rights and Competition Policy Consistently With Facilitating Access to Affordable AIDS Drugs to Low-End Consumers", *Florida Law Review*, Vol.53, 2001, p.753.

조항은 미국 등 선진국들에 의하여 엄격하게 해석되었다.[51) 따라서 TRIPs협정의 이행과정에서 공중보건 보호를 위한 강제실시나 병행수입과 같은 유연성 조항이 상당히 훼손되었다. 특히 강제실시의 경우, 그 부여를 위한 조건을 많이 규정하고 있고 그 부여사유에 있어서도 명확하지 않은 규정을 두어 개도국들이 실제 공중보건을 보호하기 위하여 취할 수 있는 조치가 명확하지 않았다.[52)

또한 브라질과 남아프리카의 사례와 같이 공중보건 위기를 극복하기 위한 TRIPs협정의 유연성 조항에 따른 여러 노력들은 미국 등 선진국들의 무역 보복 및 정치적 압력을 받게 되었다. 따라서 공중보건 위기에 직면한 최빈개도국 및 개도국들은 동 위기의 해결을 위한 조치가 분쟁 대상 및 무역 보복, 또는 정치적 압력의 대상이 되지 않는다는 선언을 채택하고자 하였다.

---

51) 미국은 협정 제7조와 제8조는 다른 조항들을 이해함에 있어서 배경이라고 하는 개도국들의 주장은 착오가 있다고 한다. 이에 대하여 개도국들은 협정에 대한 엄격한 해석은 에이즈와 같이 공중보건의 위기를 극복하는 그들의 능력을 제한한다고 강조하였다. Cecilia Oh, Developing Countries Call for Action on TRIPs at Doha WTO Ministerial Conference, http://www.twnside.org.sg/title/twr131d.htm, 04-03-27 검색.

52) 물론 실험 예외, 조기실행 및 반경쟁관행 등 기타 공중보건 관련 유연성 조항이 있지만 연구개발능력의 결핍과 경쟁제도 등 체제의 미확립으로 개도국에서 적극적으로 활용할 수 있는 조항이 적으며 특히 공중보건 위기와 같은 급박한 수요를 만족시킬 수 없다.

제2절 도하공중보건선언

Ⅰ. 선언의 내용

1. 채택경과

공중보건과 기초약품의 수급에 관련된 문제는 WTO의 제3차 시애틀 각료회의에서 제기되었다. 공식적인 협상의제에는 포함되지 않았지만 TRIPs와 관련된 시애틀 각료보고서는 WHO의 필수의약품 목록에 나타난 의약품특허권에 대한 강제실시를 실행할 제안서를 포함하고 있다.[53] 동 제안서는 306개의 WHO의 필수의약품 모델리스트 상품 중 단지 11가지만 일부 국가에서 특허를 취득하였으므로, 금지가격과 같이 시장접근 장벽을 극복하는 유용한 도구라기보다는 강제실시의 사용을 제한하는 것에 그 목적이 있었다.[54] 한편 2000년 5월, 클린턴 미국 대통령은 에이즈 약품과 의료기술의 취득에 관한 행정명령을 반포하여 사하라 이남의 아프리카 지역에서 강제실시를 통하여 에이즈 치료약품을 취득하는 것을 지지하였다.[55] 이러한 정책이 공중보건 분야에서의 강제실시의 금기를 깨뜨렸다고 하지만, 시애틀 각료회의의 실패는 공중보건의 문제를 다음 각료회의인 도하 각료회의로 넘기게 되었다.[56]

한편 2001년 4월에 개최된 TRIPs이사회 회의에서 아프리카 그룹을

---

53) Ellen F. M. T. Hoen, TRIPs, Pharmaceutical Patents and Access to Essential Medicines: Seattle, Doha and Beyond, p.47, http://www.iaen.org/files.cgi/11062_part __1n1__'T_Hoen.pdf, 04-08-03 검색.
54) *Ibid.*
55) *Ibid.*
56) *Ibid.*, p.50.

대표한 짐바브웨가 공중보건문제를 제기하였고, 동년 6월 의약품 접근에 관한 특별회의를 개최하기로 한 TRIPs이사회의 결의는 도하선언을 출범시킨 진정한 시작이었다.[57] 6월 회의에서 아프리카 그룹을 필두로 다수의 국가[58]들은 'TRIPs와 공중보건'에 관한 제안서를 제출하였다.[59] 동 제안서는 다른 개도국들의 지지를 받았으며, 바티칸의 교황청도 성명을 발표하여 개도국 그룹의 입장을 지지하였다.[60] 동 회의에서 짐바브웨는 아프리카 그룹을 대표하여 재난 성격의 에이즈 위기와 동 문제에 대한 세계여론의 관심을 고려하여, 카타르에서 진행되는 각료회의에서 TRIPs협정과 약품의 취득문제에 대하여 단독성명을 발표하여 TRIPs협정의 어느 조항도 회원국이 공중보건을 보호할 목적으로 조치를 취하는 것을 저지할 수 없음을 확인할 것을 제의한다는 성명을 발표하였다.[61]

 미국은 강력한 특허제도는 모든 국가에게 이익을 창조하며 이는 개도국들이 필수의약품 접근과 관련한 이익을 고려한 것이라고 주장하면서, TRIPs협정의 혁신을 위한 인센티브와 필수의약품 접근과의 형평을 파괴한다고 반대하였다. 미국은 TRIPs협정 제31조에 따른 강제실시는 반

---

57) Frederick M. Abbott, "The Doha Declaration on the TRIPs Agreement and Public Health: Lighting a dark at the WTO", *Journal of International Economic Law*, 2002, pp.480-481.

58) 아프리칸 그룹은 다음과 같다: 바베이도스(Barbados), 볼리비아, 브라질, 도미니카공화국, 에콰도르, 온두라스, 인도, 인도네시아, 자메이카, 파키스탄, 파라과이, 필리핀, 페루, 스리랑카, 태국과 베네수엘라.

59) WTO, IP/C/W/296, June 29, 2001.

60) 옵저버 자격으로 TRIPs이사회에 참석한 교황청은 WTO가 인류의 복지와 경제발전을 동시 추구해야 할 필요성을 강조하면서 인권에 대한 존중과 WTO 설립취지를 감안하여 TRIPs 조항을 재해석할 것과 특히 사권인 지적재산권은 공익의 목적에 맞게 행사되어야 함을 지적하였다. 박진석, "뉴라운드 출범과 TRIPs협정의 과제", 「지식재산 21」, 특허청, 2001년 9월호.

61) WTO, Council for Trade-Related Aspect of Intellectual Property Rights, Special Discussion on Intellectual Property and Access to Medicines, IP/C/M/31, July 10, 2001.

드시 협정 제27조 1항과 함께 이해하여야 하는데, 강제실시는 회원국들이 공중보건을 보호하고 시민들이 필수의약품 접근을 보장하는 것을 제한하는 것이라고 주장하였다.[62]

미국의 입장은 자국 의약업계의 입장을 대변하여 강력한 지적재산권의 보호를 표명하고 있으며, TRIPs협정에 더욱 엄격한 문안을 적용할 것을 주장하였다. 병행수입과 관련해서 미 무역대표부(United States Trade Representative: 이하 'USTR'이라 함)는 TRIPs협정 제28조는 각 회원국의 국내법에서 제6조를 효과적으로 무효화시키고 있는데, 그것은 동 조항이 불법수입으로부터 보호할 의무를 부과하고 있기 때문이라는 제약업체들의 주장을 계속 견지하였다.[63]

이에 따라 아프리카 그룹 및 기타 19개의 국가[64]들은 2001년 9월 회의에서 TRIPs협정과 공중보건문제에 관한 선언문 초안을 제안하였다.[65] 동 초안은 TRIPs협정의 어느 조항도 WTO회원국들이 공중보건을 보호하기 위하여 필요한 조치를 취하는 것을 금지할 수 없으며, 강제실시, 병행수입, 데이터 보호와 충분한 생산능력을 갖고 있지 않은 국가들에게 약품을 수출하는 등의 문제에 대하여 해명을 하였다.[66] 개도국들이 제출한 초안은 TRIPS협정이 공중보건을 보호하기 위한 회원국들의 조치를 금지하지 않는다고 강력히 주장하면서, 협정은 자국 국경 내에서 공중보건 위기를 극복하기 위한 회원국들의 주권을 침해하지 않는다고 주장하였다.[67]

---

62) James T. Gathii, "The Legal Status of the Doha Declaration on TRIPs and Public Health Under the Vienna Convention on the Law of Treaties", *Harvard Journal of Law & Technology*, Vol.15, No.2, Spring 2002, p.297.

63) Abbott, *supra* note 57, p.485.

64) 방글라데시, 바베이도스, 볼리비아, 브라질, 쿠바, 도미니카공화국, 에콰도르, 아이티, 온두라스, 인도, 인도네시아, 자메이카, 파키스탄, 파라과이, 필리핀, 페루, 스리랑카, 태국, 베네수엘라.

65) WTO, IP/C/W/312, October 4, 2001.

66) *Ibid.*

2001년 10월 27일 도하 각료회의의 논의를 위한 골격구조가 마련되었으며,[68] 동 문안에 기초하여 협상이 이루어지게 되었다.[69] 결국 2001년 11월 14일, 카타르 도하에서 개최된 WTO 제4차 각료회의에서 3일 동안의 협상을 거쳐 채택된 도하공중보건선언은 10월 27일의 초안을 대부분 수용하고 있다.

2. 선언의 범위 및 TRIPs협정과 지적재산권의 역할

1) 범 위

도하선언은 전문(제1단락부터 제4단락까지), 기존의 TRIPs협정의 해석을 확인하는 조항(제5단락)과, 의약 분야에서 제조능력이 결핍하거나 또는 결여한 국가와 관련하여 TRIPs이사회의 행동을 요구하는 조항(제6단락) 및 의약품의 보호를 위한 최빈개도국들의 과도 기간의 연장에 관한 조항(제7단락)으로 구성되었다.

도하선언에 의하여 극복해야 할 문제는 제1단락에 넓은 범위로 정의되고 있다. 즉 동 선언에서 회원국들은 많은 개도국과 최빈개도국들에 미치는 공중보건의 문제, 특히 HIV/AIDS, 결핵, 말라리아와 기타 유행병(epidemics)[70]의 심각성을 인식한다고 포괄적으로 규정하고 있다.[71]

---

67) *Ibid.*

68) Abbott, *supra* note 57, p.488.

69) 공중보건과 의약품특허보호와 관련된 문제의 중요성과 개도국과 선진국 모두에 있어서 높은 정치적 특징은 미국 부시 대통령과 브라질 페르난도 앤리케 카르도소(Fernando Henrique Cardoso)가 TRIPs협정의 완전성을 보전하는 전제하에서 개도국들의 공중보건의 수요를 극복할 수 있는 절충안을 찾을 것을 외무장관에게 직접 지시하도록 촉진하였다. Jeffrey J. Schott, "Comment on the Doha Ministerial", *Journal of International Economic Law*, 2002, p.195.

일부 선진국들은 선언의 범위를 HIV/AIDS에 제한하려고 시도하였다.[72] 그러나 동 선언은 개도국과 최빈개도국들이 앞서 언급한 질병에 제한되지 않는 일반적인 공중보건을 고려한 TRIPs협정의 적용과 관련된 내용을 반영하고 있다. 비록 일부 특별한 유행병이 포함되어 있지 않지만, 이는 동 선언이 상술한 질병에만 한정됨을 의미하는 것은 아니다. '유행병'은 모든 공중보건의 문제를 포함하고 있고, 개도국뿐만 아니라 선진국에서도 사람들에게 영향 주는 질병들을 포함한다. 또한 동 선언은 의약품만을 포함하는 것이 아니라 보건을 위한 모든 상품, 방법 또는 기술을 포함한다. 따라서 Correa는 동 선언이 의약 상품, 절차와 사용 그리고 외과적, 치료적 및 진찰방법과 의료기기와 같은 진단시설도 포함하고 있다고 주장한다.[73]

2) TRIPs협정 및 지적재산권의 역할

도하공중보건선언 제2단락과 제3단락은 공중보건과 관련된 TRIPs협정과 지적재산권의 역할에 관한 회원국들의 시각을 보여주고 있다.

---

70) 유행병(epidemic)은 한 공동체 내에서 특정된 기간 내의 질병이 악화되기 전 상태이다. The Concise Oxford Dictionary, p.324 및 p.738.

71) 도하공중보건선언 para.1: We recognize the gravity of the public health problems afflicting many developing and least developed countries, especially those resulting from HIV/AIDS, tuberculosis, malaria and other epidemics.

72) 미국과 스위스는 협상과정에서 제안서의 선언의 범위를 보건 위기(health crisis), 유행병(pandemic) 및 전염병(infectious disease)으로 제한하였다. Ellen F. M. T Hoen, "The Declaration on TRIPs and Public Health: A Step in the Right Direction", *Bridges*, 2001, p.13.

73) 동 이슈와 관련하여 특허에 초점이 맞춰져 있지만 동 선언은 TRIPs협정에 의하여 모든 지적재산권 분야에 적용되는바 의약품의 시장성을 위한 추후의 데이터테스트의 보호도 포함하고 있다. Carlos M. Correa, Implications of the Doha Declaration on the TRIPs Agreement and Public Health, WHO, 2002, p.9.

도하공중보건선언은 제2단락에서 TRIPs협정이 이러한 문제점을 극복하기 위한 폭넓은 국내 및 국제적 행동의 한부분이 되기를 요구함을 강조한다.[74] 동 단락은 지적재산권은 공중보건에 영향을 주는 여러 가지 요인 중 하나이며, 특히 의약품 접근과 관련되어 있음을 설명하고 있다.[75] 도하공중보건선언 제3단락은 새로운 의약품의 개발을 위한 지적재산권 보호 역할의 중요성을 암시하고 있다.[76] 의약업계의 환영을 받은 동 문안은 제2단락과 형평을 이루는 것으로 특허보호의 문제가 되는 영향, 즉 가격에 대한 영향을 인정하고 있다.

특허체제는 특허권자가 경쟁시장에서 취득할 수 있는 가격보다 높은 가격을 취할 수 있도록 설계되었다. 그러나 도하선언은 특허보호로 인한 의약품의 높은 가격은 개도국과 최빈개도국에 영향을 미치는 극복하여야 할 심각한 문제임을 인식하고 있다.

3. 공중보건 보호 조치

도하공중보건선언의 제정과정에서 알 수 있는 것처럼 동 선언의 제4단락은 도하 각료회의 준비 및 협상과정에서 가장 논쟁이 많았던 조항이었다. 개도국들의 협상목표는 TRIPs협정의 어느 조항도 회원국들이

---

74) 도하공중보건선언 para.2: We stress the need for the WTO Agreement on Trade-Related Aspects of Intellectual Property Rights(TRIPs Agreement) to be part of the wider national and international action to address these problems.

75) 의약산업에 의한 다른 해석은 의약품 접근은 지적재산권과 무관한 사항에 의하여 기본적으로 결정되는데, 예를 들어 보건구조나 치료서비스 등에 의하여 결정된다고 한다. WTO, IP/C/W/340, March 14, 2002.

76) 도하공중보건선언 para.3: We recognize that intellectual property protection is important for the development of new medicines. We also recognize the concerns about its effects on prices.

공중보건을 보호하기 위하여 필요한 조치를 취하는 것을 저해하는 것으로 해석되어서는 안 된다는 것이었다.[77] 개도국들의 입장은 보건 수요에 대한 접근을 보장하기 위하여 전문적 경쟁능력이 있는 조치, 특히 강제실시와 병행수입을 포함한 조치를 시행할 권리를 인정하는 선언을 채택할 것을 원하였다. 이러한 개도국들의 희망은 막강한 자본을 앞세운 의약산업과 일부 선진국들의 반대와 압력을 받았다.[78] 결국 2001년 10월 27일 초안 중 제4단락에 관한 내용은 양자택일의 형태로 괄호로 묶여 있었으며, 다음과 같이 두 가지 옵션으로 구성되었다.[79]

〈표 4〉 도하라운드 협상 시 도하선언 제4단락에 대한 제안옵션

옵션 1: TRIPs협정의 어느 조항도 회원국들이 공중보건을 보호하기 위하여 조치를 취하는 것을 방해하지 못한다. 따라서 TRIPs협정에 대한 약속을 반복하면서 공중보건을 보호하고, 특히 모든 사람들의 의약품 접근을 보장하기 위한 WTO 회원국들의 권리를 지지하는 차원에서 협정은 해석되고 이행되어야 함을 확인한다.
이와 관련하여 회원국들은 이러한 목적을 위하여 유연성을 제공하는 TRIPs협정의 조항을 충분히 사용할 권리를 재확인한다.

옵션 2: 회원국들이 HIV/AIDS 및 기타 질병과 같은 공중보건의 위기를 극복하기 위하여 유연성을 제공하는 TRIPs협정의 조항을 충분히 사용할 능력을 확인하며, 최종적으로 회원국들이 이러한 공중보건의 위기를 극복하기 위하여, 특히 공급 가능한 의약품의 접근을 보장하기 위하여 필요한 조치를 취할 수 있음을 확인한다. 추가로 동 선언은 TRIPs협정에 규정한 회원국들의 권리와 의무를 추가하거나 또는 감소시키지 않음에 동의한다. 보다 큰 확실성을 제공하는 것으로 이러한 유연성의 사용을 촉진한다는 관점에서 다음의 설명에 동의한다.

옵션 2는 위기와 전염병을 극복함에 있어 실행가능한 모든 선언의 법적 효력을 저하시키려는 데 그 목적이 있다. 개도국의 입장에서 이는 현 상

---

77) Correa, *supra* note 73, p.10.

78) P. Drahos, Developing Countries and International Intellectual Property Standard-Setting, Study prepared for the UK Commission on Intellectual Property Rights, 2002, p.36, http://www.iprcommission.org/papers/pdfs/study_papers/sp8_drahos_study. pdf, 04-11-08 검색.

79) Abbott, *supra* note 57, p.488.

황의 유지와 마찬가지였다. 도하회의 과정에서 선진국들은 의약품에 관한 실질적인 결과가 없으면 투자 및 경쟁 분야의 위기가 발생할 것이라는 것을 점차 알게 되었다.[80] 따라서 옵션 1이 협상의 기초가 되었고, 결과적으로 미국은 개도국의 이익을 많이 지지하는 결과를 받아들였으며, 최종적인 문안은 "우리는 TRIPs협정은 회원국들이 공중보건을 보호하기 위한 회원국들이 조치를 취하는 것을 저해하지 않으며 또한 저해하여서도 안 된다는 점에 합의한다. 따라서 TRIPs협정에 대한 우리의 약속을 중복하면서 우리는 협정이 공중보건을 보호하기 위한, 특히 모두에 대한 의약품 접근을 촉진하려는 WTO 회원국들의 권리를 지지하는 것으로 해석되고, 이행될 수 있으며, 또한 해석되고 이행되어야 함을 확인한다. 이러한 차원에서 우리는 동 목적을 위하여 유연성을 제공하는 TRIPs협정의 조항을 충분히 사용하는 회원국들의 권리를 재확인한다"고 규정하고 있다.[81]

　도하공중보건선언 제4단락에 대한 가능한 해석은 TRIPs협정이 공중보건과 충돌하지 않는다는 것이다. 제4단락은 단지 사실을 서술하고 있을 뿐 공중보건이 상업적 이익을 무효화한다는 의미로 협정의 비형평을 구성하고 있는 것은 아니다. 그러므로 유럽위원회는 지적재산권이 공중보건을 무효화거나 또는 거꾸로 공중보건이 지적재산권을 무효화하느냐가 쟁점이 아니며, 지적재산권과 공중보건은 상호 지지할 수 있으며 또한 지지하여야 하는데, 이는 효과적인 의약품이 없다면 공중보건정책은

---

80) *Ibid.*

81) 도하공중보건선언 para.4: We agree that the TRIPs agreement does not and should not prevent members from taking measures to protect public health. Accordingly, while reiterating our commitment to the TRIPs Agreement, we affirm that the agreement can and should be interpreted and implemented in a manner supportive of WTO member's right to protect public health and, In particular, to promote access to medicines for all. In this connection, we reaffirm the right of WTO members to use, to the full, the provisions in the TRIPs Agreement, which provide flexibility for this purpose.

94

큰 타격을 받기 때문임을 지적하였다.[82] 유럽위원회의 관점에 의하면 제4단락의 서술은 매우 중요하다. 즉, 동 규정은 TRIPs협정의 영향을 받지 않는 공중보건의 목적과 정책을 추구하기 위한 회원국들의 권리(또는 실질적으로 의무)의 명확한 원칙에 의미를 부여하기 위함이다.[83]

4. 유연성 조항

TRIPs협정에 의하여 부과되는 의무에 적용되는 '유연성'의 개념은 TRIPs협정의 여러 해석의 기본이 되며,[84] TRIPs와 공중보건에 관한 TRIPs이사회 특별회의에서 개도국 입장의 기초가 된다. 도하공중보건선언은 공중보건을 보호하기 위한 조치를 취하는 목적을 위하여 '유연성'을 강조하고 있다. 제5단락 첫 문장은 "앞선 제4단락의 의미에서 TRIPs협정에서 우리의 약속을 유지하는 한편, 우리는 이러한 유연성이 다음을 포함함을 인식한다"고 서술하고 있다.[85]

1) 해석에서 제7조 및 제8조의 중요성

도하공중보건선언 제5단락(a)[86]는 회원국들이 TRIPs협정을 해석함에

---

82) European Commission, WTO Ministerial Declaration on the TRIPs Agreement and Public Health, Brussels, European Commission, November 19, 2001, http://europa.eu.int/comm/trade/csc/wtotrips.htm, 04-12-06 검색.

83) *Ibid.*

84) Jerome H. Reichman, "From Free-Riders to Fair Followers: Global Competition Under the TRIPS Agreement", *New York University Journal of International Law and politics*, Vol.29, 1997, pp.1-2.

85) 도하공중보건선언 para.5: Accordingly and in the light of paragraph 4 above, while maintaining our commitments in the TRIPs Agreement, we recognize that these flexibilities include: …….

있어 비엔나조약법협약 제31조에 비추어 협정의 목적과 취지에 따라 해석할 것을 요구하고 있다. 이는 TRIPs협정 제7조와 제8조의 중요성을 강조하기 위한 것이다.[87]

'EC-캐나다 특허의약품 보호사건'에서 패널은 TRIPs협정 제30조와 관련하여 조약법협약 제31조의 조건을 검토할 경우, 제7항과 제8항에서 선언한 목적과 한계는 다른 그 대상과 목적을 지시하는 TRIPs협정의 조항과 마찬가지로 명확하게 기억하여야 한다고 지적하였다.[88] EC와 그 회원국들도 제7조와 제8조가 TRIPs협정을 해석함에 있어 중요한 역할을 강조하고 있다. 또한 동 보고서는 제7조와 제8조가 일반 예외 조항으로 작성되지 않았지만, 보건목적을 해결하기 위하여 회원국들에 의하여 취하여진 조치를 포함하여 두 조항은 협정의 다른 조항을 해석함에 있어서 중요하다고 지적하고 있다.[89]

2) 강제실시 사유 결정의 자유

공공정책의 목적을 만족시키기 위하여 필요한 경우, 특히 낮은 가격의 의약품 공급을 위한 다양한 가능성을 보장하기 위하여 개도국들은 강제실시를 특허권자의 독점권을 제한할 수 있는 중요한 도구로 간주하였다.[90]

---

86) 도하공중보건선언 para.5(a) : In applying the customary rules of interpretation of public international law, each provision of the TRIPs Agreement shall be read in the light of the object and purpose of the Agreement as expressed, in particular, in its objectives and principles.

87) Correa, *supra* note 73, p.13.

88) WTO, Canada-Patent Protection of Pharmaceutical Products, WT/DS114/R, p.153, March 17, 2000.

89) WTO, The Relationship Between the Provisions of the TRIPs Agreement and Access to Medicines, IP/C/W/280, June 12, 2001, para.8.

90) G. Velasquez and P. Boulet, "Globalization and Access to Drugs: Perspectives on the WTO/TRIPs Agreement", WHO, 1999, p.36.

96

TRIPs협정은 강제실시를 부여하기 위한 수많은 조건과 그 부여사유를 열거하고 있지만 도하공중보건선언 제5단락(b)은 모든 회원국은 강제실시를 부여할 권리와 이러한 강제실시가 부여될 수 있는 사유를 결정할 자유를 가지고 있다고 규정하여 공중보건 위기 극복을 위한 강제실시 부여의 권리와 그 사유를 결정할 자유를 부여하고 있다.[91] 이는 TRIPs협정에 비하여 강제실시 부여사유 결정권에 대한 보다 명확한 서술이다. 또한 공중보건선언 제5단락(b)항은 TRIPs협정에서는 사용하지 않았던 '강제실시'라는 표현을 특별히 사용함으로써 공중보건 위기 극복을 위한 강제실시조치의 활용가능성을 향상시켰다고 평가할 수 있다.[92]

3) 공중보건 위기를 비상사태로 확정

공중보건선언 제5단락(c)항은 회원국들이 국가의 비상사태 또는 기타 극도의 긴급 상황을 형성하는 조건을 결정할 수 있는 권리를 설명하고 있다.[93] 또한 제5단락(c)항은 HIV/AIDS, 결핵, 말라리아와 기타 전염병을 포함한 공중보건 위기는 국가비상사태 또는 기타 극도의 긴급위기의 상황을 표시할 수 있는 것으로 양해된다고 규정하고 있다.[94]

TRIPs협정은 국가위기를 구성하는 요소를 명확히 하고 있지 않지만 공중보건선언의 동 조항은 공중보건 위기가 '국가비상사태 또는 기타 긴

---

91) 도하공중보건선언 para.5(b)：Each member has the right to grant compulsory licences and the freedom to determine the grounds upon which such licences are granted.

92) Correa, *supra* note 73, p.15.

93) *Ibid.*

94) 도하공중보건선언 para.5(c)：Each member has the right to determine what constitutes a national emergency or other circumstances of extreme urgency, it being understood that public health crisis, including those relating to HIV/AIDS, tuberculosis, malaria and other epidemics, can represent a national emergency or other circumstances of extreme urgency.

급위기의 상황'으로 표현될 수 있음을 명확히 하고 있다. 따라서 국내법에 의하여 공중보건 위기가 국가비상사태로 확정되었을 경우 강제실시를 부여할 수 있는 사유로 인용될 수 있으며, 또한 TRIPs협정 제31조 (b)호에 따른 특허권자의 사전협상의 의무가 필요 없다.

또한 'HIV/AIDS, 결핵, 말라리아 및 기타 전염병'에 대한 언급은 '비상사태'는 단기간의 문제일 뿐만 아니라 '장기적인 사태'로, 특히 앞서 언급한 목적을 위한 전염병의 경우임을 지적하고 있다.[95] 이러한 인식은 도하선언에서 개도국을 위한 중대한 성과로 간주되고 있다. 즉, 개도국은 비상사태를 해결하기 위한 특별한 조치를 채택할 수 있고, 그러한 상태가 지속되는 동안 조치는 시간의 구속 없이 보존될 수 있음을 의미하고 있기 때문이다.

4) 권리소진제도 양분화 확립

권리소진원칙에 따른 병행수입권한도 개도국들에 의하여 공중보건 위기의 해결을 위한 특허시스템의 중요한 요소로 인정되었다. TRIPs협정은 권리소진문제에서는 WTO 분쟁 해결절차가 적용되지 않고, 실질적으

---

95) 미국은 선언문이 채택되기 이전의 논의과정에서 오직 에이즈만이 비상사태로 간주된다는 취지의 주장을 하며 TRIPs협정 제31조(b)항의 규정도 기술분야의 차별 없이 특허권은 향유되어야 한다는 제27조(1)항의 규정과 함께 적용되어야 한다는 논리를 펴왔다. 그러나 이후 동 협정의 모든 규정은 협정의 목적과 원칙에 따라 해석되어야 한다는 동 선언문의 권고를 받아들이고 공중보건에 관한 비상사태를 수습하기 위해서 제27조 (1)항에서 규정하고 있는 특허권자의 향유 내용 및 제30조의 특허권자의 정상적인 실시나 특허권자의 합법적 이익에 관한 규정 내용이 제31조의 발동요건보다 우위라는 주장을 펴는 것은 실제적으로 난처한 상황이라는 것을 인식하여 최종적으로 다른 질병들도 포함되는 것에 합의하였다. 그러나 무엇보다도 미국을 비롯한 선진국이 미국의 9.11테러 이후 경험한 탄저병의 공포가 그들의 인식 변화에 큰 영향을 가져오게 했다는 것을 부정할 수 없다. 조명선, "의약품특허보호와 공중보건의 균형", 「지식재산21」, 통권 78호(2003. 5), 126면의 각주 26.

로 각국에 위임된 상황이다. 그러나 개도국들은 도하선언에서 TRIPs협정 제6조에 의하여 회원국들이 국제권리소진원칙을 채택할 수 있는 권리를 확인하기를 희망하였다. 그리하여 도하공중보건선언 제5단락(d)은 지적재산권의 권리소진과 관련된 TRIPs협정의 영향은 회원국들이 자체적인 권리소진제도를 확립하는 데 자유롭다고 규정하고 있다.[96] 동 조항은 권리소진원칙은 합법적이며 협정에 부합된다는 국제소진원칙의 적용을 희망하는 회원국들을 고려한 것이다.[97]

그러나 동 조항의 결과는 권리소진을 허용하는 국가는 계속하여 병행수입 제도를 채택하고, 권리소진을 반대하는 국가는 병행수입을 금지할 수 있는 두 가지 권리를 모두 인정함으로 사실상 권리소진제도의 양분화를 초래하였다.

5. 최빈개도국에 대한 기술이전과 과도 기간의 연장

1) 최빈개도국에 대한 기술이전

도하공중보건선언 제7단락은 선진국 회원국들이 TRIPs협정 제66조(1)항의 규정에 따라 최빈개도국에 대한 기술이전을 촉진하고 장려하기 위하여 그들의 기입이니 기구에게 인센티브를 제공함 약속을 확인한다고 규정한다.[98]

---

96) 도하공중보건선언 para.5(d)： The effect of the provisions in the TRIPs agreement that are relevant to the exhaustion of intellectual property rights is to leave each member free to establish its own regime for such exhaustion without challenge, subject to the MFN and national treatment provisions of Articles 3 and 4.

97) Correa, *supra* note 73, p.16.

98) 도하공중보건선언 para.7(앞부분)： We reaffirm the commitment of developed

　　최빈개도국들은 TRIPs이사회에서 협정 제66조(2)항의 이행을 위하여 선진국들의 효과적인 행동이 부족함을 반복하여 주장하였다.[99] 일부 선진국들이 지적재산권 관련 문제에서 여러 형태의 기술협력을 제공하였지만, 개도국들은 선진국들이 제66조(2)항에서의 특별한 의무를 이행하는 노력이 부족하거나 거의 없었음을 반복하여 지적하였다.[100] 이러한 의무에 대한 도하공중보건선언의 재확인이 동 분야에서 선진국들에게 어떤 실질적 영향을 줄 수 있을지에 대해서는 좀더 확인하여야 할 것이다.

2) 최빈개도국의 과도기 연장

　　도하공중보건선언은 최빈개도국들이 TRIPs협정 제66조(1)항의 과도기 연장을 선택하도록 허락하고 있다. 도하공중보건선언 제7단락은 최빈개도국들이 의약품특허에 한하여 과도 기간을 연장할 조건을 규정하고 있다. 최빈개도국들은 동 기간을 얻기 위하여 협정 제66조(1)항의 절차를 개별적으로 따를 필요는 없다. 그러나 동 선언은 협정 제66조(1)항의 절차에 따라 의약품특허와 무관한 기타 사안을 위하여 기간 연장을 요구할 최빈개도국들의 권리를 명확히 하고 있으며, 2016년 이후 의약품특허를 위한 기간 연장을 요구할 권리를 침해하지는 않는다.[101]

---

　　　country members to provide incentives to their enterprises and institutions to promote and encourage technology transfer to least- developed country members pursuant to Article 66.2.

99) WTO, Implementation of Article 66.2: Information from developed country members, IP/C/W/132, March 11, 1999, para.2.

100) Correa, *supra* note 73, p.30.

101) 도하공중보건선언 para.7(뒷부분): We also agree that the least- developed country Members will not be obliged, with respect to pharmaceutical products, to implement or apply sections 5 and 7 of part II of the TRIPs Agreement or to enforce rights provided for under these Sections until 1 January 2016, without prejudice to the right of least-developed country

동 기간 연장은 '의약품'에만 적용된다. 그러나 TRIPs협정 제28조(1)항에 따르면 특허절차의 보호는 동 절차를 거쳐 직접 취득한 상품의 보호도 포함하고 있다. 따라서 과도 기간의 연장은 절차특허에도 적용되는 것으로 간주되어야 한다.[102]

또 다른 중요한 문제는 어떤 최빈개도국이 도하공중보건선언 제7단락으로부터 이익을 얻는지에 대한 것이다. 아프리카의 30개 최빈개도국 중 3개 국가가 현재 의약품에 대한 특허보호를 하고 있지 않다.[103] 원칙적으로 오직 아프리카의 최빈개도국만 동 단락으로부터 혜택을 받을 수 있다.

그리고 최빈개도국들이 연장된 과도 기간 동안에 TRIPs협정 제70조(9)항에 따른 배타적 판매권의 부여의무가 있는지 여부 또한 중요한 문제이다. 도하공중보건선언 제7단락은 동 조항의 적용을 완전히 배제하지 않는다. 만약 최빈개도국들이 배타적 판매권의 부여의무를 부담하는 경우, 의약품과 기타 상품에 대한 접근이 적어도 5년간 심각하게 방해를 받기 때문에, 동 선언의 최빈개도국에 대한 약속의 가치는 많은 제한을 받게 될 것이다.

Members to seek other extensions of the transition periods as provided for in Article 66.1 of the TRIPs Agreement. We instruct the Council for TRIPs to take the necessary action to give effect to this pursuant to Article 66.1 of the TRIPs Agreement.

102) 모든 최빈개도국들은 물질 및 절차특허와 그 효력을 고려한 2006년 1월 1일부터 2016년 1월 1일까지(그리고 가능하게 초과하여) 과도 기간의 연장으로부터 이익을 받는다. European Commission, WTO Ministerial Declaration on the TRIPs Agreement and Public Health, Brussels, European Commission, November 19, 2001.

103) 앙골라와 에리트레아(Eritrea)가 여기에 해당한다. P. Thorpe, Study on the Implementation of the TRIPs Agreement in Developing Countries, Study prepared for UK Commission on Intellectual Property Rights, 2002, p.2.

한편 도하공중보건선언 제7단락에 대한 다른 해석이 가능하다. 배타적 판매권의 실시는 외국특허권 실시의 한 가지 방법을 제공한다. 앞서 언급한 것처럼 도하공중보건선언 제7단락은 최빈개도국의 경우 TRIPs협정의 특허 분야와 관련된 권리의 효력으로부터 면제해준다. 이러한 해석에 의하면 최빈개도국은 협정 제70조(9)항의 적용으로부터 제외된다.

이와 관련하여 WTO 일반이사회는 2002년 7월 8일 결의를 통하여 TRIPs협정 제70조(9)항의 최빈개도국들의 의무는 2016년 1월 1일까지 의약품과 관련하여 보류되며, 동 보류는 각료회의에 의하여 실행된 후부터 1년보다 늦지 않은 때에 재검토되고, 이후 보류가 철회될 때까지 WTO협정 제9조(4)항에 따라 매년 검토한다고 하여 최빈개도국들이 배타적 판매권의 의무로부터 보류됨을 명시하고 있다.[104]

Ⅱ. 선언의 법적지위

1. 문제 제기

도하공중보건선언의 체결 이후 공중보건선언은 에이즈와 같은 질병에 협정을 제한시키려 하였던 제약회사들의 의도에서 점점 멀어지고 있고, 그 대신 동 선언은 빈곤국가들이 암이나 당뇨병 및 천식으로부터 발생하는 질병의 치료를 위하여 특허권을 파괴하도록 허가하고 있다는 평가가 나왔다.[105] 또한 동 선언의 채택 이후 개도국들에게 가장 큰 선물은

---

104) WTO, Least-Developed Country Members-Obligations Under Article 70.9 of the TRIPs Agreement with Respect to Pharmaceutical Products, General Council Decision of 8 July 2002, WT/L/478, July 12, 2002.

105) H. Cooper & G. Wine Stock, "Poor Nations Win Gains in Global Trade Deal, As U.S Compromises", *Wall Street Journal*, November 15, 2001.

TRIPs에 관한 WTO규정이 특허법을 필수의약품의 공급에 대한 빈곤국가들의 접근을 저지하는 데 사용할 수 없도록 한 미국의 보증을 철회한 것이라는 평가도 있었다.[106] 이러한 표현들은 도하에서 공중보건에 관한 중요한 법적 결의가 이루어졌음을 의미하고 있다. 이에 반하여 Robert Zoellick 미 무역대표는 TRIPs협정과 공중보건에 관한 획기적인 정치적 선언(the landmark political declaration)의 채택은 선진국과 개도국이 문제를 공동으로 해결하고, 공동의 목적을 추진하는 데 있어 좋은 예가 되었다고 평가하고 있다.[107] 즉, 만약 공중보건선언이 미 무역대표의 표현처럼 단지 '정치적 선언'일 경우 법적결의의 성격이 아닐 가능성이 있다. 따라서 도하공중보건선언이 법적효력을 갖는지에 따라 동 선언 및 선언에 포함된 내용이 TRIPs협정의 발전에 미치는 영향이 달라질 수 있다.

2. 법적구속력 없는 선언으로서의 도하공중보건선언

1) WTO체제에서 도하공중보건선언의 지위

세계무역 기구설립을 위한 마라케쉬협정(Marrakesh Agreement Establishing The World Trade Organization; 이하 'WTO설립협정'이라 함)은 각료회의의 권한에 관한 여러 규정들을 두고 있다. WTO설립협정 제3조는 세계무역기구는 각료회의에 의하여 결정되는 바에 따라 회원국간의 다자간 무역관계에 관한 추가적인 협상을 위한 토론의 장 및 이러한 협상결과의 이행을 위한 틀을 제공한다고 규정하고 있으며,[108]

---

106) G. de Jonquieres, "All Night Haggling in Doha Ends in Agreement", *Financial Times*, November 15, 2001.

107) USTR, Press Release 01-100, November 14, 2001.

WTO설립협정 제4조에서 각료회의는 세계무역기구의 기능을 수행하며 이를 위하여 필요한 조치를 취한다. 각료회의는 회원국이 요청하는 경우, 이 협정과 다자간무역협정의 구체적인 의사결정 요건에 따라 다자간 무역협정의 모든 사항에 대하여 결정을 내릴 권한을 갖는다고 규정하고 있다.109) 또한 WTO설립협정은 세계무역기구는 1947년도 GATT에서 지켜졌던 총의(consensus)에 의한 결정의 관행을 계속 유지하며,110) 달리 규정되지 아니하는 한, 총의에 의하여 결정이 이루어지지 아니하는 경우에는 문제가 된 사안은 표결에 의한다고 하여 각료회의와 일반이사회의 의사결정에 관한 규정을 두고 있다.111)

그러나 WTO규범 어디에도 법률문서로서 '선언'을 규정하고 있지 않다. 그렇다고 도하각료선언이 WTO에서 처음으로 채택된 '선언'은 아니다. 우루과이라운드 당시 회원국들은 브레튼우즈(Bretton Woods) 기관과 보다 긴밀하게 협력할 방안을 논의하였다. 이러한 협력은 3개 기구에 의한 활동이 일관성과 상호 보완성을 확보하기 위하여 바람직하다는 점에 합의하였고, 때로는 상이한 방향으로 이루어지는 국제적인 통화, 금융 및 무역정책의 모순을 협력을 통하여 극복할 수 있다고 보았다. 이러한 논의에 따라 WTO에 대하여 '경제정책 결정의 세계적인 일관성 제고에 기여할 것을 요구하는 각료선언'112)이 추진되었고, 이는 우루과이라

---

108) WTO 설립협정 제3조 2항.

109) WTO 설립협정 제4조 1항.

110) 관련 기구는 결정을 하는 회의에 참석한 회원국 중 어느 회원국도 공식적으로 반대하지 않는 한 검토를 위하여 제출된 사항에 대하여 총의에 의하여 결정되었다고 간주된다.

111) WTO 설립협정 제9조 1항.

112) 'Declaration on the Contribution of the World Trade Organization to Achieving Greater Coherence in Global Economic Policymaking', LT/UR/DEC-1/1, April 14, 1994. 동 선언 이외에 'Declaration on the Relationship of the World Trade Organization with the International Monetary Fund'(LT/UR/DEC-1/2, April 15, 1994) 및 'Declaration on

104

운드 패키지의 일부로 마라케쉬에서 승인되었다.113) 그러나 여기에서도
'선언'의 법적지위에 대하여 언급한 문서는 찾아볼 수 없다.

  일부 연구자들은 도하각료선언에 대한 연구를 통하여 도하공중보건선
언이 각료회의의 결의가 아니라고 주장한다. 그 근거로 도하 각료회의에
서 채택된 이행문제와 관련된 결의문서는 '결의'라고 제목을 달고 있고,
그 서문에서 "각료회의는 WTO 설립협정 제4조1항, 제4조 5항 및 제9조
를 고려하여 ……"라고 시작하고 있으나, 도하공중보건선언에서는 이와
비슷한 서문을 찾아볼 수 없다고 주장한다. 따라서 이러한 누락은 도하
각료선언이 각료회의의 행위가 아니고 WTO 설립협정의 특별권한에 따
라 채택된 것이 아님을 의미한다고 한다.114)

  반면에 이와 상반되는 주장은 WTO 웹 사이트에 게재된 바와 같이
도하회의 폐막식 연설문에서 그 근거를 찾고 있다. 카타르 금융, 경제
및 무역 장관이자 도하 각료회의 의장인 Youssef Hussain Kamal은 폐
막식에서 "우선 저는 각료회의에서 문서 WT/MIN(01)DEC/W/1에 있
는 각료선언초안의 채택을 제안합니다. 회원국들이 동의한다고 인정해도
됩니까? 동의하였습니다"라고 기록되어 있다.115) 또한 이와 비슷한 논

---

the Dispute Settlement Pursuant to the Agreement on Implementation
of Article VI of the General Agreement on Tariffs and Trade 1994
or Part V of the Agreement on Subsidies and Countervailing
Measures'(LT/UR/DEC-2/1, April 15, 1994) 등 신인이 있다.

113) WTO, *Guide to the Uruguay Round Agreements*, 김의수 옮김, 대외경제
    정책연구원, 2000년, 21-22면.

114) Steve Charnovitz, "The Legal Status of The Doha Declarations", *Journal
    of International Economic Law*, 2002, p.208.

115) "First I should like to propose that the Ministerial Conference adopt the
    draft Ministerial Declaration in document WT/MIN(01)DEC/W/1. May I
    take it that this is agreeable to Members? It is so agreed." A Historic
    Moment: "May I take this is agreeable? Gravel, applause, congratulations
    ……" http://www.wto.org/english/the wto__e/minist__e/min01__e/min01__
    chair__speaking__e.htm, 04-09-14 검색.

의절차가 공중보건선언과 관련하여 사용되었다. 이는 도하공중보건선언이 도하 각료회의의 법적행위임을 강력히 증명하는 것이다.

따라서 도하공중보건선언은 모든 WTO회원국들이 TRIPs이사회를 통한 협상을 거쳐 이루어진 것으로 일반이사회에 권고되었으며, 일반이사회는 도하 각료회의에 이를 보고하고, 이는 도하선언에 반영되었다. 각료회의는 '모든 다자무역협정 하의 모든 문제에 관한 결정을 할 권한이 있다.'[116] 도하선언은 WTO의 의사결정구조에서 출발하였으며, 도하 각료회의에서 선포되었다. 이는 WTO가 예정하고 있는 '총의'에 의한 결정의 관행과도 일치한다. 도하선언을 협상한 WTO의 여러 기구들은 공적기구의 권한을 행사하기 때문에 동 선언은 GATT/WTO에 따른 협상과 합의에 따른 적법한 절차의 결과물이다.

2) 법적구속력의 판단

일반적으로 국제기구의 결의는 권고적 효력만을 가지며 국가들을 법적으로 구속하지 않는다. 그러나 이러한 결의가 국제법 규범을 창설하고자 하는 국가들의 합의로서 간주될 경우 '연성법'(soft law)[117] 형성과정의 한 유형이 될 수 있으며 이러한 결의로서 선언된 원칙들은 비록 약한 정도나마 구속력을 갖는다.[118] 다수의 국가들이 선언의 채택에 동의를 표시할 경우 국제관습법의 성문화와 동등한 효력을 가지며, 일부 UN에서의 결의는 국가들의 추후관행에 의하여 관습법 형성의 증거가

---

116) WTO 설립협정 제4조(1)항.

117) Soft Law란 국제법의 체계에 있어서 국제사회의 특수한 필요성에 의하여 또는 입법기술상의 한계에 의하여 불가피하게 "불완전한" 또는 "약한" 구속력을 가진 법규범이 존재하는데 이것이 바로 Soft Law이다. 즉 법은 법이되 구속력이 완전하지 못한 규범을 말한다. 김석현, "국제법에 있어서 Soft Law", 「국제법평론」, 통권 제8호(1997), 22면.

118) 앞의 주, 30면.

된다. 예를 들어 '1970년 국가 간 우호협력에 관한 선언'119)과 '1974년 침략의 정의에 관한 결의'120)가 좋은 예이다.

도하공중보건선언의 법적구속력 여부는 선언의 구성, 특정한 용어, 대상물과 지지수준에 근거하여 결정된다.121) 즉 결의의 제목, 결의의 문구 및 결의 내용에 있어서 법규범 창설의 의도가 있는지 확인해야 하고, 이런 법규범 창설 의도에 대한 국가들의 확인 및 지지가 필요하며, 국제법 정의 입장을 확인하여야 한다.122)

도하공중보건선언의 경우 제목의 구성부터 살펴보면 동 선언의 제목에는 '법원칙 선언'(Declaration of Legal Principles)이나 '원칙선언'(Declaration of Principles) 등의 법규범적인 표현을 사용하고 있지 않다.123)

선언의 내용 및 문구의 경우 공중보건을 보호하기 위하여 취하는 조치와 관련하여 의무를 부담하는 문구는 "~해야 한다(shall)", "~할 의무가 있다(obligation)" 대신 "does not and should not" 또는 "can and

---

119) UN General Assembly, Declaration on Principles of International Law concerning Friendly Relations and Cooperation among States in accordance with the Charter of the United Nations, A/RES/2625(XXV), October 24, 1970.

120) UN General Assembly, Definition of Aggression, A/RES/3314(XXIX), December 14, 1970.

121) Anthony Aust, *Modern Treaty Law and Practice*, CAMBRIDGE UNIVERSITY PRESS, 2000, pp.26-46.

122) 김석현, 앞의 주 117, 33-37면.

123) 유엔결의 중 '1963년 외기권의 개발 및 이용에 있어서 국가의 행위를 규율하는 법원칙 선언'(Declaration of Legal Principles Governing the Activities of States in the Exploration and Uses of Outer Space, UN, A/RES/1962 (XVIII) 13 December 1963)과 1970년 '국가관할권 이외의 해저 및 대양 그리고 그 하층토를 규율하는 원칙선언'(Declaration of Principles Governing the Sea-bed and the Ocean Floor, and the Subsoil thereof, Beyond the Limits of National Jurisdiction, UN, A/RES/ 2749(XXV), December 17, 1970) 등 결의들은 제목에서 보듯이 단순한 권고가 아니라 구속력 있는 법규칙을 선언하고 있는 것으로 이해할 수 있다. 앞의 주, p.34.

should be"라는 용어를 사용하고 있어 법적구속력이 감소되고 있다.

또한 도하공중보건선언을 채택하는 과정에서 선진국과 개도국 간의 이견 차이는 계속 존재하였으며, USTR은 도하회의 결과를 요약하면서 공중보건과 TRIPs에 관한 도하선언은 '정치적 선언'이라고 하였다. 앞서 언급한 것처럼 미국은 TRIPs협정에서 개도국의 의무가 중지될 것을 우려하여 동 선언에 서명하기를 바라지 않았다. 그러나 개도국들이 협정을 이행하고 새로운 WTO 라운드의 논의를 묵인하도록 하기 위하여 동 선언은 채택되었다.[124]

국제기구의 결의는 일반적으로 법적구속력이 없는 것으로 추정되며 그 채택에서도 이를 전제로 하므로, 그 속의 원칙들이 구속력 있는 것으로 인정되기 위해서는 그러한 의도가 적극적으로 확인되어야 한다. 우선 이러한 원칙을 포함하고 있는 결의의 채택 자체에 대하여 일반적 지지가 확인되어야 한다. 또한 이들 개별적 원칙들을 구속력 있는 법규범으로 받아들이고자 하는 의도가 입증되어야 한다. 즉 어떠한 결의에 포함된 원칙이 앞에서 언급된 것과 같은 문구 또는 내용과 같은 적극적 표시를 포함하고 있으며, 그 원칙을 결의 속에 포함시키는 데 대하여 일반적인 지지가 확인되는 경우 비로소 이는 구속력을 가지는 법원칙으로 인정될 수 있을 것이다. 반면에 결의 속 어떤 원칙이 이러한 적극적 표시를 갖지 않는 경우에는 물론이며, 그 같은 표시가 있다 하더라도 결의 속에 그 원칙을 포함시키는 것에 대하여 다수 국가들의 반대가 있거나 주요 이해관계국들의 적극적 반대가 확인되는 경우, 이러한 원칙은 구속력이 있는 것으로 받아들여질 수 없을 것이다.[125] 따라서 도하공중보건선언의 구성, 용어 및 결의에 대한 국가들의 엇갈린 입장에서 동 선언은 구속력이 있는 법으로 보기 어려우며, '연성법'으로 보기도 어렵다.

---

124) James Thuo Gathii, "WTO Spin Unconvincing", *African Business*, January 1, 2002, p.5.

125) 김석현, 앞의 주 117, 36면.

3) TRIPs협정에 대한 해석 또는 수정의 판단

WTO설립협정은 동 협정과 다자간 무역협정의 해석 및 수정과 관련하여 제9조 2항과 제10조에서 그 권한의 주체 및 절차 등을 규정하고 있다.

WTO설립협정은 각료회의와 일반이사회에게 설립협정과 다자간무역협정의 해석에 있어 그 채택 여부에 관한 독점적인 권한을 부여하고 있다. 또한 각료회의와 일반이사회는 상품무역에 관한 협정, 서비스 무역에 관한 협정 및 무역관련 지적재산권협정의 해석에 있어서 해당 협정의 운영을 감독하는 이사회의 권고에 따라 권한을 행사하고, 해석의 채택에 대한 결정은 회원국 4분의 3의 다수결에 의하도록 규정하고 있다.[126]

WTO설립협정 제10조에 따르면 세계무역기구 회원국은 각료회의에 개정안을 제출함으로써 이 협정 또는 부속서 1의 다자간무역협정에 대한 개정을 발의할 수 있다. 각료회의가 보다 긴 기간을 결정하지 아니하는 한, 각료회의에 개정안이 공식적으로 상정된 날로부터 90일 동안에 각료회의는 개정안을 회원국의 수락을 위하여 회원국에게 제출할 것인지 여부에 관하여 총의에 의하여 결정한다. 총의가 이루어지는 경우, 각료회의는 즉시 동 개정안을 회원국의 수락을 위하여 회원국에게 제출한다. 정해진 기간 내에 각료회의에서 총의가 이루어지지 아니할 경우, 각료회의는 동 개정안을 회원국의 수락을 위하여 회원국에게 제출할 것인지 여부를 회원국 3분의 2 다수결로 결정한다.[127]

그러한 개정안이 회원국의 권리와 의무의 변경을 가져올 경우 당해 개정안은 회원국의 3분의 2가 이에 대하여 찬성을 하였을 경우 이를 수락한 국가에 대해서만 발효한다.[128] 그러나 회원국의 권리와 의무를 변

---

126) WTO 설립협정 제9조 2항.
127) WTO 설립협정 제10조 1항.
128) WTO 설립협정 제10조 3항.

경시키지 아니하는 성격의 개정은 회원국 3분의 2 수락으로 모든 회원국에 대하여 발효한다.[129)

　도하공중보건선언의 채택과정을 살펴볼 때 동 선언은 의사결정에 있어서 4분의 3 다수결이 아닌 총의의 방식을 취하고 있어 WTO설립협정의 해석에 관한 규정에 따른 권위적인 해석이라고는 할 수 없다. 또한 수정에 관한 제안절차와 의결절차로부터 볼 때 동 선언은 TRIPs협정에 대한 수정이 아님이 명백하다.

3. TRIPs협정의 추후합의 및 추후관행으로서 도하공중보건선언

　1969년 비엔나조약법협약 제31조는 조약의 일반적 해석규칙을 다음과 같이 설명하고 있다. 동 협약 제31조는 그 표제에서 '해석의 일반규칙' (general rule of interpretation)이라 하여 복수가 아닌 단수로 명시하고 있다. 비엔나조약법협약 제31조 1항은 조약은 조약문의 문맥 및 조약의 대상과 목적으로 보아 그 조약의 문맥에 부여되는 통상적 의미에 따라 성실하게 해석되어야 한다고 규정하고 있으며, 제2항에서는 문맥에 포함되어야 할 내용과,[130) 제3항에서는 문맥과 함께 고려하여야 할 사항을 규정하고 있다.[131) 이는 조약을 해석함에 있어 반드시 3가지 중심요소,

---

129) WTO 설립협정 제10조 4항.

130) 비엔나조약법협약 제31조 2항: 조약의 해석 목적 상 문맥은 조약문에 추가하여 조약의 전문 및 부속서와 함께 다음의 것을 포함한다. (a) 조약의 체결에 관련하여 모든 당사국 간에 이루어진 그 조약에 관한 협의: (b) 조약의 체결에 관련하여 또는 그 이상의 당사국이 작성하고 또한 다른 당사국이 그 조약에 관련되는 문서로서 수락한 문서.

131) 비엔나조약법협약 제31조 3항: 문맥과 함께 다음의 것이 고려되어야 한다. (a) 조약의 해석 또는 그 조약규정의 적용에 관한 당사국 간의 추후의 합의: (b) 조약의 해석에 관한 당사국의 합의를 확정하는 그 조약 적용에 있어서의 추후의 관행: (c) 당사국 간의 관계에 적용될 수 있는 국제법의 관계규칙.

110

즉 문장, 문맥 그리고 조약의 대상과 목적을 고려할 것을 요구하고 있다.132) 여기서 문맥이라 함은 조약의 결과와 연관된 자료(material)를 의미하며, 2항과 3항에 있는 문맥에 대한 참고문헌(reference to context)은 1항과 연계하기 위하여 구성되었다. 이러한 3개 조항은 동 조항의 해석요소들의 관계에 관하여 법적 위계질서를 수립한 것이라기보다는 논리상의 고려에 의한 것이며 그 이상도 아니다.133) WTO DSU 제3조(2)항은 분쟁 해결 패널에게 WTO조항을 '국제법 해석의 관습규칙에 따라' 명백하게 설명할 것을 요구하고 있으며, 미국 1974무역법 제301-310조에 관한 WTO 패널보고서에서도 문장, 문맥, 대상과 목적 및 신의는 계층적 질서에 적용되는 별도의 검토과정이라기보다는 하나의 전체적인 해석규칙으로 보아야 한다고 평결하고 있다.134)

도하공중보건선언은 WTO설립협정의 해석 규칙에 따른 권위적 해석은 아니다. 그러나 비엔나조약법협약 제31조3항(a) 및 (b)에 따른 TRIPs협정을 해석 또는 적용함에 있어 문맥과 함께 고려하여야 할 WTO 회원국의 추후합의 또는 TRIPs협정의 해석에 관한 당사국 합의를 확정하거나, TRIPs협정을 적용함에 있어서의 문맥과 함께 고려하여야 할 추후관행의 증거이다.

1) 추후합의로서의 도하공중보건선언

추후합의는 조약 해석에 관한 명시적인 합의인 데 반하여, 추후관행은

---

132) Aust, *supra* note 121, p.187.

133) *Ibid.*

134) "The elements referred to in Article 31-text, context and object-and-purpose as well as good faith-are to be viewed as one holistic rule of interpretation rather than a sequence of separate tests to be applied in a hierarchical order." WTO, *United States-Sections 301-310 of the Trade act of 1974*, WT/DS152/R, December 22, 1999, para.7.22.

조약 해석에 관한 당사국 간의 합의가 확정되는 수단으로서 묵시적 합의이다. 이러한 추후합의를 체결하는 목적은 당사국이 특히 적절하다고 생각하는 그들의 합의를 해석할 수 있는 자유를 가능한 많이 부여하자는 데 있다.135) 코르푸해협 사건에서 ICJ는 조약 체결 이후 조항의 해석에 관한 합의는 그 해석의 목적을 위해 조약 내에서 이해되어야 하는 당사국들의 진정한 합의를 말한다고 설명하고 있다.136) 비엔나조약법협약 제31조3항(a)은 문장, 문맥, 대상과 목적 그리고 신의에 의하여 모호한 점을 해결하지 못하는 조약 당사국들의 의지를 창설하는 데 유용하다. 추후합의는 조약일 필요가 없으며, 당사국 회의에서 채택된 결의 등을 포함하며, 단지 목적이 명백하면 된다.137) 추후합의는 그 형식이나 기원에도 불구하고 해석상(또는 조약규정의 적용상) 조약문의 의미를 명백히 하고 그 조약의 범위를 결정하는 데 기여할 수 있다.138)

도하공중보건선언에서 WTO 회원국들은 TRIPs협정이 공중보건의 보호를 위하여 회원국이 조치를 취하는 것을 저해하거나, 저해하지 말아야 한다고 합의하였다.139) 도하공중보건선언은 총의에 의하여 채택된 만큼 WTO회원국들은 선언의 내용을 모두 받아들였다. 따라서 회원국들의 합의는 비엔나조약법협약 제31조3항(a)에 의한 추후합의를 구성하는 것으로 표현될 수 있으며, TRIPs협정의 해석과 실질적으로 동등할 수 있다.

---

135) McDougal, Lasswell and Miller, *Interpretation of Agreements and World Public Order: Principles of content and procedure*, Yale University Press, 1967, p.134.

136) *Corfu Channel, (U.K vs. Albania), Merits, Judgement, I.C.J. Reports 1949*, p. 25: An agreement as to the interpretation of a provision reached after the conclusion of the treaty represents an authentic interpretation by the parties which must be read into the treaty for purposes of its interpretation.

137) Aust, *supra* note 121, p.191.

138) McDougal, *supra* note 135, p.133.

139) 도하공중보건선언 para.4.

물론 동 단락이 WTO협정 제9조 2항에 의한 기술적 분야에서의 해석은 아니지만, 합의를 의미하는 것으로 표현된 결의는 해석에 제일 근접하는 것으로 고려될 수 있다.[140]

도하공중보건선언은 TRIPs협정에 포함된 일부 유연성에 대해 중요한 해석을 하고 있다. 즉, 강제실시와 관련하여 동 선언은 회원국들이 강제실시를 부여할 수 있는 사유를 결정할 자유가 있음을 명확히 하였고, 이는 몇몇 위기의 형태가 강제실시의 전제조건이 되어야 한다는 일부 관점을 수정하는 데 도움이 된다.[141] 또한 국가위기의 구성요소에 대한 결정과, 국내회사들의 특허의약품 생산을 위한 강제실시 사유의 결정 등 회원국들이 비교적 넓은 재량을 갖게 하였다.[142] 국제권리소진제도와 관련하여 도하공중보건선언은 협정의 비차별 의무를 수반한 각 회원국의 권리소진제도의 확립을 지지하고 있다. 이는 도하회의 이전 권리소진 제도의 범위를 고려한 논쟁에서 중요한 법적 설명을 제공한다. 예를 들어 공중보건위기 동안 의약품의 유용성 또는 필수의약품 접근을 위한 공중보건프로그램을 추진하는 국가들은 국제적 권리소진제도를 채택할 것이다. 국가들이 국가위기의 구성을 결정할 수 있다고 한 동 선언에 의하여 창설된 권리는 국제권리소진제도를 창설하는 주권을 강화하고 있다. 만약 어떤 국가가 보건 위기에 있다고 결정할 경우, 그 국가는 특허권자가 의약품특허 사용권을 제공한 국가로부터 해당 의약품을 병행수입 할 수 있다.[143]

---

140) Abbott는 상술한 주장과 함께 "제4단락을 이해하는 데는 서로 다른 방법이 있으며, 구체적 사례가 부족한 경우 이를 모험적으로 해석하는 것은 시기상조일 것"이라고 단서를 달고 있다. Abbott, *supra* note 57, pp.498-504.

141) WTO, http://www.wto.org/english/tratop_e/trips_e/healthdeclexpln_e.htm, 04-11-08 검색.

142) Schott, *supra* note 69, p.195.

143) Gathii, *supra* note 62, p.309. 그러나 선언의 이러한 설명은 국제권리소진제도에 대하여 WTO 내에서 두 가지 제도의 형성을 유발하게 된다. 즉, 개도국들이 중심이 된 제도와, 반대로 대형 의약품 산업이 있는 국가, 예

2) 추후관행의 증거로서의 도하공중보건선언

양자조약 및 다자조약 당사국의 추후관행이 조약체결 당사국의 의사를 밝혀주며, 그렇게 함으로써 해석의 정당한 기준을 제공한다는 것은 국제법 일반원칙이라고 주장되고 있다.144) 추후관행이란 당사국 간의 지속적 합의를 결정함에 있어 관련되거나 유익한 조약체결 이후 당사국의 행위를 가리키는 개념이다.145) 조약의 적용에 있어 조약의 문맥과 함께 고려하여야 할 추후관행은 모든 조약을 해석하는 데 매우 중요한 요소이며, 관행의 참조는 국제재판소의 판결에서 이미 확립되었다.146) 이러한 측면에서 Gerald Fitzmaurice는 "조약과 관련된 회원국들의 실제 행동양식은 조약의 정확한 해석을 위한 법적 증거가 된다. 회원국의 행위는 일반적으로 조약의 준비문서에서 찾을 수 있는 무엇보다 목적과 의도를 잘 나타내주는 더 많은 지침을 제공하고 있다. 이는 이러한 행위가 구체적이고 동적인 것으로, 단지 언어나 종이, 또는 양식에 그치지 않기 때문이다"라고 주장하였다.147) 예를 들어 미국과 프랑스의 1963년 항공서비스에 관한 중재판정에서 두 당사자의 추후관행은 1946년 양자협약을 다루는 해석에 사용되었다. 동 중재판정에서 추후관행은 1946년 협정의 효력이 아닌 그 뒤에 효력을 발생한 합의의 효력에 의하여 조약을 수정하는 묵시적 동의로 해석되었다.148)

를 들어 미국은 현재의 권리소진제도를 계속 사용할 것이므로 이로 인하여 특허권자는 병행수입에 대하여 행동을 취할 수 있게 된다.

144) McNair, *The Law of Treaties*, Oxford, Clarendon Press, 1961, p.424.

145) McDougal, *supra* note 135, p.133: 추후관행(subsequent practice)라는 말은 추후태도(subsequent attitude) 또는 추후행동(subsequent conduct)라는 용어로도 사용된다. *Ibid.*, p.425.

146) Aust, *supra* note 121, p194.

147) Gerald Fitzmaurice, *The Law and Procedure of The International Court of Justice*, Cambridge University Press, 1986, p.357 .

114

　도하공중보건선언은 어떠한 후속행위로 TRIPs협정을 수정하려는 데 목적이 있는 것이 아니다. 그보다 TRIPs협정은 회원국들의 공중보건정책의 관계를 명확히 하려는 데 그 목적이 있으며 협정하에 회원국들의 권리를 확인하려는 데 있다. 특히 일부 중요한 분야에서 허락된 유연성을 명확히 하려는 데 있다.149) 앞에서 천명하다시피 도하선언은 국가들이 협정의 유연성에 따라 강제실시, 국가 위기의 확정 및 권리소진제도의 확립 등 TRIPs협정 유연성의 불명확 내용을 명확히 하고 있다. 도하선언하의 이러한 유연성 조항이 WTO 회원국들에 의하여 이용되면 TRIPs협정을 해석하는 데 사용될 수 있는 추후관행의 증거를 형성할 수 있다. 예를 들면 WTO 사무총장 Mike Moore는 남아프리카와 다국적 의약회사분쟁의 해결과 관련하여 "동 해결은 TRIPs와 같은 WTO의 협정들은 개도국들의 보건 수요와 관련하여 필요한 유연성을 유지하고 있으며 필수의약품 접근과 관한 어려운 이슈들을 해결하는 기초로 사용할 수 있음"을 보여주고 있다고 지적한다.150) 양자 간 협상과 결정은 TRIPS협정의 유연성을 고려한 국가들의 이해를 창조하는 데 전례가 될 수 있는 가치를 가지고 있음을 지적하고 있다. Alan Sykes 교수는 도하공중보건선언의 지위와 관련하여 "WTO 내의 각료선언은 법적구속력이 없으며 분쟁에 있어서 회원국들에 의하여 증명된 조약의 언어(language)는 모든 각료선언을 부정할 수 있다. 하지만 도하선언은 TRIPs협정의 불명확한 의무의 초기해석(primarily interpretive)이며 어떠한 협정의 조항에 대한 부정을 형성하고 있지 않다. 그러므로 분쟁에 있어서 도하선언은 TRIPs협정을 해석

---

148) Decision of Arbitration Dispute Concerning International Air Transport Services Agreement(U.S *vs.* Fr.), Vol.58, *The American Journal of International Law*, 1964, pp.1023-1027.

149) Correa, *supra* note 73, p.36.

150) Mike Moore, "Moore Welcomes News of Settlement of South Africa Drug Lawsuit", April 19, 2001, www.wto.org/english/news__e/spmm__e/spmm58__e.htm, 04-03-18 검색.

함에 있어서 설득력 있는 권한을 가지고 있는 듯 하다"고 평가하고 있다.[151) 즉 도하공중보건선언이 TRIPs협정에 대한 직접적인 해석은 아니지만 진일보 해석을 위한 문맥(context)을 구성하고 있음을 설명하고 있다.

앞서 언급한 것처럼 도하공중보건선언은 WTO법에 따른 엄격한 의미에서의 권위적인 TRIPs협정에 관한 해석은 아니다. 그러나 동 선언은 비엔나조약법협약 제31조3항(a)에 따른 TRIPs협정의 해석 또는 적용에 있어서 문맥과 함께 고려하여야 할 추후합의이며, WTO 회원국들의 추후합의를 확정하는 제31조3항(b)에 따른 추후관행의 증거를 형성한 것으로 볼 수 있다. WTO의 모든 회원국은 도하선언에 포함된 문제와 관련하여 DSU에 제소할 수 있다.[152) 또한 회원국들이 공중보건 요건에 대하여 취한 조치가 분쟁으로 제소된다면, 동 선언은 패널이 TRIPs협정을 해석함에 있어 공중보건을 보호하기 위한 회원국들의 권리를 지지하는 것으로 해석하여야 한다고 주장할 수 있다.[153) 유럽위원회도 "예를 들어 WTO 분쟁절차 등과 관련된 분쟁사안에서 회원국들은 선언이 제공하는 안정성을 이용할 수 있다. 패널위원들은 TRIPs협정 자체의 조항을 고려하는 것을 선호한다. 비록 동 선언이 회원국들의 권리와 의무에 영향을 주지 않는다 해도, 패널위원은 회원국들의 관점과 목적을 표현하고 있는 동 선언도 함께 고려할 것을 선호한다. 따라서 동 선언은 TRIPs협정 문맥의 일부이며, 조약의 해석규칙에 근거하여 협정을 해석할 때 고려되어야 한다"고 지적하고 있다.[154) 이에 대하여 일부 학자들은 동 선언에 대하여 비

---

151) Alan O. Sykes, "TRIPs, Pharmaceuticals, Developing Countries, and the Doha 'Solution'", *Chicago Journal of International Law*, Vol.3, 2002, p.9.

152) White L. Gillespie, What Did Doha Accomplish?, 2001. http://mail.iipi.org/db/views/detail.asp?itemid=21 ,04-09-17 검색.

153) Paul Vandoren, "Medicaments sans Frontieres? Clarification of the relationship between TRIPs and Public Health Resulting from the WTO Doha Ministerial Declaration", *Journal of World Intellectual Property*, 2002, p.8.

엔나협약 제31조(3)항을 적용할 수 있으나, 도하공중보건선언의 법적지위가 아직 명확하지 않으며, 향후 패널과 상소기관이 구체적 사건과 관련하여 동 선언으로부터 어떤 지침을 이끌어 낼지는 여전히 불확실하다고 경고한다.[155] WTO의 분쟁해결제도는 국제법 해석의 관습규칙에 따라 동 협정의 기존조항을 명확히 하지만, DSB의 권고와 평결은 대상협정에 규정된 회원국들의 권리와 의무를 증가시키거나 감소시키지 않는다.[156]

1996년 싱가포르 WTO 각료회의에서는 사실상 무역환경위원회의 1996년 보고서를 요약한 싱가포르 각료선언 제16단락에 관한 문제가 제기되었다. 특히 '미국－새우 및 새우제품 수입금지 사건'에서는 상소기관의 결론을 지지하는 근거로써 '다자간 해결'에 관한 동 보고서의 강조점이 인용되기도 하였다.[157] 동 사건의 상소기관은 TRIPs협정 문안에 대

---

154) "In the case of dispute(e.g. in the context of WTO dispute settlement procedures), members can avail themselves of the comfort provided by this Declaration. Panelists are likely to take account of the provisions of the TRIPs Agreement themselves as well as of this complementary Declaration, which, although it was not meant to affect members' rights and obligations, expresses the members' views and intentions. Hence, the Declaration is part of the context of the TRIPs Agreement, which, according to the rules of treaty interpretation, has to be taken into account when interpreting the Agreements." European Commission, WTO Ministerial Declaration on the TRIPs Agreement and Public Health, Brussels, European Commission, November 19, 2001.

155) Jerome H. Reichman and Catherine Hasenzahl, Non-voluntary Licensing of Patented Inventions: Historical Perspective, Legal Framework under TRIPs and an overview of the practice in Canada and the United States of America, Case Study for UNCTAD/ICTSD Capacity Building Project on Intellectual Property Rights and Sustainable Developments, 2002, p.16.

156) WTO DSU, 제3조 2항.

157) WTO Report of the Appellate Body, United States-Import Prohibitions of Certain Shrimp and Shrimp Products, WT/DS58/AB/r, October 12, 1998, para.168.

하여 혼동이 있을 경우 각료선언이 협정해석을 지지하는 수단으로 사용될 수 있음을 강조하였다. 또한 각료회의 문서는 WTO의 최고 의사결정기구에서 작성된 문서이므로, 동 선언이 해석의 과정에서 갖는 잠재적 중요성을 추론할 수 있다.[158] WTO위원회의 결의가 WTO법을 해석하는 데 유용하다면, 각료회의의 결의는 더욱 유용할 것이다.[159]

제3절 도하공중보건선언 제6단락의 이행에 관한 일반이사회결의

Ⅰ. 결의의 내용

도하공중보건선언 제6단락은 의약산업 분야에서 생산능력이 결핍하거나 또는 결여한 회원국들이 TRIPs협정에 따른 강제실시의 유효한 사용의 어려움을 인식하고 있으며, 동 문제와 관련하여 2002년 말까지 일반이사회에 유효한 해결방안을 찾아내고 보고할 것을 지적하고 있다.[160]

TRIPs이사회는 2002년 3월과 2002년 6월 각각 2차례 회의를 소집하여 도하공중보건선언 제6단락 및 제7단락의 이행문제를 논의하였다. 동 회의에서 회원국들은 제6단락에 규정된 강제실시와 관련하여 각각의 해

---

158) Abbott, *supra* note 39, pp.32-35.

159) Charnovitz, *supra* note 114, pp.210-211.

160) 도하공중보건선언 para.6: We recognize that WTO members with insufficient or no manufacturing capacities in the pharmaceutical sector could face difficulties in making use of compulsory licensing under the TRIPs Agreement. We instruct the Council for TRIPs to find an expeditious solution to this problem and to report to the General Council before the end of 2002.

결방안을 제시하였다.[161] 2002년 12월 각 회원국들은 해결방안에 대한 이견에도 불구하고 도하공중보건선언에 따른 기간 내에 협상을 마무리 짓기 위하여 TRIPs이사회 의장에게 제출할 문안을 작성하였다. 그러나 동 문안은 미국의 반대로 제출되지 못하였고, 미국은 12월 말 분쟁해결 유예의 일방적인 임시방안을 제출하였다. 이후 유럽과 캐나다가 장기적인 다자간 해결방안 이전에 미국의 임시해결방안을 지지한다고 발표함으로써 협상은 일단 중지되었다.[162] 그러나 협상과정에서 동 문제의 해결방안으로 TRIPs협정 제30조에 대한 권위적 해석,[163] TRIPs협정 제31조에 대한 수정[164] 및 분쟁의 유예 또는 TRIPs협정 제31조(f)호 이행으로부터의 면제[165] 등 3가지 방안이 제시되었다.

---

161) 文希凱, "藥品專利与TRIPs協議", *專利法硏究*, 知識産權出版社, 2003, pp.27-28.

162) *Ibid.*

163) 동 해결방안은 개도국들이 주로 선호하는 방안이었다. 즉, 동 해결방안은 공중보건과 관련된 상품의 생산, 판매와 수출행위를 TRIPs협정 제30조의 예외로 인정하자는 것이었다. WTO, IP/C/W/356, June 24, 2002. 이에 대해 미국 등 선진국들은 제30조의 해석으로 회원국 정부가 강제실시를 통하여 특허의약품을 생산하고 수출하도록 허가하는 것은 특허의 정상적인 사용과 불합리한 충돌을 발생시킬 뿐만 아니라, 특허권자의 법적 이익도 불합리하게 침해하게 된다고 반대하였다. WTO, IP/C/W/358, July 9, 2002.

164) EC, 스위스 등 제약회사를 대표로 하는 선진국들은 동 문제를 해결하기 위한 가장 간편한 방법으로 TRIPs협정에 수출국이 수입국의 이익을 위하여 강제실시를 부여할 경우 TRIPs협정 제31조(f)호를 적용하지 않는다는 조항을 추가할 것을 주장하였다. WTO, IP/C/W/339, March 4, 2002. EC는 이러한 예외 조항의 도입이 도하공중보건선언 제6단락으로부터 발생한 문제를 지속적이고, 형평에 맞고, 실행 가능한 해결방안으로 개도국의 권리를 최상으로 보장하는 것이라 주장하였다. EC는 이러한 방법이 기존의 법률제도 내에서 직접적이고, 명확하며, 또한 합법적이고, 효과적이며, 영구적인 방안을 제공하는 것이라고 주장하였다. WTO, IP/C/W/352, June 20, 2002. 이에 대해 개도국들은 동 제안을 적용할 경우 수입국이나 수출국 모두 강제실시를 부여해야 하는데, 이는 절차적으로 너무 복잡하고 또한 비용의 중복을 효과적으로 방지할 수 없다고 반대하였다.

165) 미국은 TRIPs협정 제31조(f)호에 근거하여 특허의약품을 수입 또는 수출

이후 미국 국회는 국제여론의 압력과 칸쿤 각료회의에서의 성과를 위해 공중보건문제에서 양보를 하기로 결정하였다. 그리하여 2003년 8월 30일 일반이사회는 'TRIPs협정과 공중보건에 관한 도하각료선언 제6단락의 이행에 관한 결의'[166]를 채택하였으며, 동시에 WTO 사무총장도 동 문제와 관련하여 성명[167]을 발표하였다.

1. 대상의약품

우선 적용대상 의약품과 관련하여 선진국과 개도국, 그리고 선진국들 사이에 의견이 일치되지 않았다. 이는 각국이 대표하는 의약산업의 발전 수준과 연관되어 있기 때문이다.

EC는 공중보건선언 첫 번째 단락에서 많은 개도국과 최빈개도국에 영향을 미치는 공중보건문제의 심각성을 인식하고, 특히 HIV/AIDS, 결핵, 말라리아 및 기타 전염성 질병으로부터 발생하는 공중보건 위기라고

하는 국가에서 강제실시를 시행한 경우를 설정하여 분석하면서, 이러한 절차는 아주 복잡하고 또한 공중보건 위기를 해결하기 위한 긴박성을 즉각 해결할 수 없음을 지적하였다. 따라서 미국은 TRIPs협정의 관련 규정 적용의 잠정 중지나, 면제의 적용 등을 통하여 개도국 및 최빈개도국이 직면한 심각하고 긴박한 공중보건의 위기를 해결하자고 주장하였다. WTO, IP/C/W/340, March 14, 2002. 이에 대해 개도국들은 이러한 분쟁 해결 절차의 유예나, 도하공중보건선언에서 지정된 강제실시에 의한 수출의 면제는 장기적인 방안이 아니며, 법적 예측가능성 또한 부족하다고 반대하였다. Commission on Intellectual Property Rights(CIPR) Report, "Intellectual Property Rights: Integrating Intellectual Property Rights and Development Policy", September 2002, p.46.

166) WTO, Implementation of paragraph 6 of the Doha Declaration on the TRIPs Agreement and Public health, General Council, WT/L/540, September 1, 2003.

167) WTO, The general council chairperson's statement, JOB(03)/177, August 30, 2003.

적용범위를 규정하고 있고, 또한 제6단락에서 '의약산업 분야'라고 규정한 것을 상기시키면서, 적용범위는 특히 HIV/AIDS, 결핵, 말라리아 및 기타 전염성 질병으로부터 발생하는 많은 개도국과 최빈개도국에 영향을 미치는 공중보건의 문제를 해결하기 위하여 '의약품'(pharmaceutical products)으로 특허가 부여된 의약품과, 특허방법을 사용하여 제조한 의약품이라고 정의하고 있다.[168]

EC의 제안서와 달리 미국과 기타 일부 선진국들은 적용대상의 범위를 도하공중보건선언의 범위에 국한시키려 하거나, 또는 그보다 더 좁게 해석하려고 하였다. 특히 미국은 의약품에 대한 해석을 개도국 또는 최빈개도국에 영향을 미치는 HIV/AIDS, 말라리아, 결핵 및 기타 전염병으로부터의 공중보건 위기를 극복하기 위하여 필요한 특허가 부여된 의약품으로 제한하고 있으며,[169] 일본은 질병의 범위는 도하공중보건선언에 지적한 것에 제한되어야 한다고 주장하고 있다.[170]

반면에 개도국들은 동 선언의 적용범위를 비교적 넓게 해석하고 있다. 개도국들은 특허의약품과 특허방법을 이용한 의약품 이외에 제조에 필요한 기술도 포함시킬 것을 주장하고 있다. 예를 들어 아프리카 그룹은 의약품이란 의의가 있기 위해서는 광범위하게 해석되어야 하며, 치료나 의약품 구성요소로 엄격히 제한하는 좁은 해석을 해서는 안 되므로, '의약품'을 의약품 자체와, 관련 방법 및 관련 기술 장비를 모두 포함한 것으로 해석해야 한다고 주장하였다.[171] 또한 아랍 에미리트는 의약품 및 모든 공중보건과 관련된 상품으로 더욱 넓은 범위를 주장하고 있다.[172]

결과적으로 칸쿤 일반이사회 결의는 제1항(a)에서 그 적용대상 범위

---

168) WTO, IP/C/W/352, June 20, 2002.
169) WTO, IP/C/W/358, July 9, 2002.
170) WTO, IP/C/W/363, July 11, 2002.
171) WTO, IP/C/W/351, June 24, 2002.
172) WTO, IP/C/W/363, July 11, 2002.

를 의약 분야에서 도하공중보건선언 제1단락에서 승인한 공중보건문제의 수요를 해결하기 위하여 생산한 특허의약품 또는 특허방법을 사용하여 생산한 의약품으로, 의약품 생산에 필요한 활성성분 및 그 이용을 위한 진단도구를 포함한다고 규정하고 있다.[173]

주의할 것은 동 결의에서 적용대상 의약품은 도하공중보건선언의 표현을 따르지 않고 애매모호한 용어를 사용하고 있다는 점이다. 이는 적용대상에 대한 각 회원국의 의견이 아직 통일되지 않았으며, 민감한 문제임을 보여주는 반증이라 할 수 있다.

2. 수입적격회원국 및 수출회원국의 의무면제조건

1) 수입적격회원국

'도하공중보건선언6단락이행결의' 제1항(b)[174]는 수입적격회원국을 두 가지 유형으로 나누고 있다. 첫 번째 유형은 모든 최빈개도국을 지칭하며, 두 번째 유형은 '수입국 회원'이 되고자 TRIPs 이사회에 그 의사를 통지한 국가이다. 특히 두 번째 유형의 수입회원국은 다시 두 가지 유형, 즉 2003년 8월 당시 유럽공동체 가입을 앞둔 몇몇 동유럽 국가들과,

---

173) 도하공중보건선언6단락이행결의, para.1(a): 'Pharmaceutical product' means any patented product, or product manufactured through a patented process of the pharmaceutical sector needed to address the public health problems as recognized in paragraph 1 of the Declaration. It is understood that active ingredients necessary for its manufacture and diagnostic kits needed for its use would be included.

174) 도하공중보건선언6단락이행결의, para.1(b): 'eligible importing Member' means any least-developed country Member, and any other Member that has made a notification to the council for TRIPs of its intention to use the system as an importer …….

국가위기 또는 기타 긴급 상태에서 동 제도에 따른 수입회원국 자격을 신청하려는 국가로 나뉠 수 있다.

한편 WTO 사무총장은 호주, 오스트리아, 벨기에, 캐나다, 덴마크, 핀란드, 프랑스, 독일, 그리스, 아이슬란드, 아일랜드, 이태리, 일본, 룩셈부르크, 네덜란드, 뉴질랜드, 노르웨이, 포르투갈, 스페인, 스웨덴, 스위스, 영국 및 미국은 동 제도에서의 의약품 수입을 하지 않을 것이라고 선언하였다.175)

2003년 8월 당시 유럽공동체의 가입을 추진하고 있던 체코, 키프로스, 에스토니아, 헝가리, 라트비아, 리투아니아, 몰타, 폴란드, 슬로바키아 및 슬로베니아 등 동유럽 국가들은 유럽공동체 가입 전에 국가의 긴급사태 또는 기타 특별히 긴급한 상황에서 동 제도를 선택하여 의약품 수입회원국이 될 것임을 선언하였으며, 유럽공동체에 가입한 후 동 제도에서의 의약품 수입국 자격을 선택하지 않을 것이라고 선언하였다.176)

그 밖에 홍콩, 이스라엘, 대한민국, 쿠웨이트, 마카오, 멕시코, 카타르, 싱가포르, 대만, 터키, 아랍에미리트 등은 국가의 긴급사태 또는 기타 특별히 긴급한 상황에서 동 제도에서의 의약품 수입국의 자격을 선택할 것임을 WTO 사무국에 통보하였다.177)

한편 수입회원국 자격과 관련하여 스위스는 세계은행의 기준에 따라 재정 수입이 높은 국가들에게는 동 조항에 따른 수입국 자격을 부여하지 말 것을 주장하였으며,178) EC는 심각한 공중보건 위기를 당하지 않은 국가에 강제실시 의약품을 수출하지 않을 수 있는 안전조치를 마련

---

175) WTO, The general council chairperson's statement, *supra* note 167.
176) European Union in the US, 2004년 5월 1일부터 유럽연합은 상기 10개 국가를 유럽회원국으로 받아들였다. http://www.eurunion.org/states/home.htm, 04-12-20 검색.
177) WTO, The general council chairperson's statement, *supra* note 285.
178) WTO, IP/C/W/363, July 23, 2002.

할 것을 TRIPs이사회에 거듭 요청하였다. TRIPs 이사회의 2002년 12월 결의초안과, 2003년 8월 30일 결의는 모두 '의약분야생산능력평가'라는 문서를 첨부하고 있다.[179] 동 문서에서는 '의약 분야 생산능력의 결핍 또는 결여'의 기준을 정하고 있으나, 동 기준에 대해서는 여전히 향후 분쟁의 소지가 많다.

2) 수출회원국의 TRIPs협정 제31조(f)호의 의무면제 조건

'도하공중보건선언6단락이행결의' 제1항(c)은 "'수출회원국'을 동 결의가 설립한 제도에 따라 수입적격회원국을 위하여 의약품을 제조하고, 동시에 수입적격회원국에 의약품을 수출하는 회원국"이라고 정의하고 있다.[180]

협상과정에서 수출회원국의 자격과 관련된 논의는 많이 이루어지지 않았지만, 대체로 개도국에만 한정시키자는 주장과,[181] 개도국이 그런

---

179) 의약 분야 생산능력의 평가와 관련하여 동 결의는 다음과 같이 규정한다. 최빈개도국은 의약 분야 생산능력이 결핍하거나 또는 결여된 것으로 간주된다. 기타 '수입적격회원국'의 의약 분야의 생산능력 결핍 또는 결여는 다음의 방식을 이용하여 확정할 수 있다. 1) 관련된 회원국 스스로가 의약 분야의 생산능력이 없다고 확정할 때, 또는 2) 관련된 회원국이 동 분야에서 일부 생산능력을 가지고 있고, 그 자체로 이러한 능력을 조사하고, 동시에 특허권자가 보유하거나 또는 통제하고 있는 생산능력을 배제한 후 현재의 수요를 만족시킬 수 없음을 발견하였을 경우, 생산능역이 관련 회원국의 수요를 만족시킬 수 있다고 확정되면 관련 제도는 더 이상 적용되지 않는다. WTO, WT/L/540, September 2, 2003, 첨부.

180) 도하공중보건선언6단락이행결의, para.1(c): 'Exporting Member' Means a Member using the system set out in this Decision to produce pharmaceutical products for, and export them to, an eligible importing Member.

181) EC는 모든 WTO 회원국에게 수출국 자격을 부여해야 한다고 주장하였다. 반면에 미국은 수출국 자격을 최빈개도국과 개도국에 한정시켜 그들의 국내 의약산업에 대한 투자를 격려하는 수단으로 사용하자고 주장하였다. 특히 미국은 선진국을 수출국으로 허가할 경우 기술이전과 개도국에 대한

124

능력이 없을 경우 선진국도 포함시켜야 한다는 주장[182] 등이 있었다.

　수출회원국의 TRIPs협정 제31조(f)호 의무면제와 관련하여, 동 결의 제2항(a)은 다음과 같은 조건을 제시하고 있다. 즉, 수입자격회원국은 TRIPS 이사회에 통고하여[183] 첫째, 필요한 상품의 명칭 및 동 상품의 예정수량을 설명해야 하고, 둘째, 최빈개도국을 제외한 동 결의 부록에 열거한 방식 중 한 가지 방식과 관련된 '수입적격회원국'이 의약 분야에서 관련 의약품을 생산할 능력이 결핍하거나 또는 결여한 점을 확인하였음을 설명하며, 셋째, 그 역내에서 특허보호를 취득한 의약품에 TRIPs협정 제31조 및 동 결의의 관련 규정에 근거하여[184] 이미 강제실시를 부여하였음을 확인함을 설명하여야 한다.[185]

　　의약산업의 투자가 제한될 것이라 주장하였다. WTO, IP/C/W/358, July 9, 2002. 체코의 주장도 이러한 유형에 속한다. WTO, IP/C/W/363, July 11, 2002.

182) 예를 들어 짐바브웨, 브라질 및 노르웨이 등의 주장이 여기에 속한다. WTO, IP/C/W/363, July 11, 2002.

183) 이러한 통고는 WTO 어느 기관의 통과를 필요로 하지 않는다.

184) 동 단락은 TRIPs협정 제66.1조에 대한 침해가 되지 않는다. TRIPs협정 제66.1조: 최빈개도국 회원국의 특별한 필요 및 요건, 경제적, 재정적 및 행정적 제약 및 자생력 있는 기술적 기초를 조성하기 위한 신축성의 필요를 고려하여 최빈개도국 회원국은 제3조, 제4조 및 제5조 이외의 이 협정의 규정을 제65조 제1항에 규정된 적용일로부터 10년 동안 적용하지 아니할 수 있다. 지적재산권위원회는 최빈개도국 회원국의 정당한 요청에 따라 동 기간의 연장을 허용한다.

185) 도하공중보건선언6단락이행결의, para.2(a): the eligible importing Member (s) has made a notification to the Council for TRIPS, that: (i) specifies the names and expected quantities of the product(s) needed; (ii) confirms that the eligible importing Member in question, other than a least developed country Member, has established that it has insufficient or no manufacturing capacities in the pharmaceutical sector for the product(s) in question in one of the ways set out in the Annex to this Decision; and (iii) confirms that, where a pharmaceutical product is patented in its territory, it has granted or intends to grant a

3. 무역이전의 방지를 위한 회원국들의 의무

선진국들이 '도하공중보건선언6단락이행결의'에 따른 최빈개도국의 강제실시에 의하여 생산된 의약품의 수출에서 가장 우려하는 것은 해당 의약품이 선진국 의약품 시장에 역수출되는 경우이다. 강제실시에 따라 생산된 의약품 가격이 선진국 시장의 특허의약품 가격과 현저하게 차이가 나므로 가격 차이를 노린 병행무역(parallel trade)이 범람할 가능성이 많다는 것이 선진국의 생각이다. 특히 미국은 의약품의 최대 판매시장으로 연간 판매액이 1,260억 달러에 달하고, 의약품 가격이 높으므로 동 결의에 따라 생산되고 수출된 의약품이 미국으로 역수출될 가능성이 크다. 그렇게 되면 동 결의의 '의약품 생산능력이 결핍하거나 또는 결여한 국가의 공중보건 위기의 해결'이라는 취지에 위배되기 때문에 이에 상응하는 방지조치 및 의약품 수출입 과정에 대한 투명성이 확보되어야 한다고 주장한다.[186]

따라서 동 결의는 제2항(b)과 (c)에서 무역이전을 방지하기 위한 규정을 마련하고 있다. 동 규정의 내용은 주로 강제실시에 의하여 생산된 의약품에 대한 통제와 구별, 그리고 투명성을 위한 TRIPs 이사회의 통고조치, 수출회원국의 의무, 수입회원국의 행정감시조치 및 기타 회원국들의 협력의무 등이 포함되어 있다.

1) 통고의무 및 투명성 보장조치

강제실시에 의하여 생산된 의약품의 역수출을 원천적으로 봉쇄하기

---

compulsory licence in accordance with Article 31 of the TRIPS Agreement and the provisions of this Decision.

186) WTO, IP/C/W/358, July 9, 2002.

위하여, 선진국들은 협상과정에서 수입적격회원국의 공중보건 위기를 극복하는 데 필요한 양만큼 생산하고 또한 생산한 전량을 수입적격회원국에 모두 수출할 것을 요구하였다.[187] 이러한 요구는 '도하공중보건선언6단락이행결의'에 그대로 반영되었다. 즉, 강제실시에 근거한 생산은 '수입적격회원국'이 필요를 만족할 수 있는 양의 의약품이어야 하며, 생산한 의약품은 반드시 TRIPs이사회에 의약품 수요를 통보한 '수입적격회원국'에 전부 수출하여야 한다.[188] 또한 생산된 의약품의 유통을 보장하기 위하여 모든 합리적 조치는 이러한 이전을 방지하기 위하여 동 결의의 관련 단락에 의하여 채택될 수 있다.[189]

또한 의약품이 유통과정에서 재포장되거나, 또는 표식을 변경하여 역수출될 수 있는 경우를 고려하여, 강제실시에 따라 생산된 의약품과 원특허의약품을 구별하기 위하여 포장, 색깔, 형태 및 특정된 표식을 사용할 것을 요구하고 있다. 다만 이러한 구분은 가격에 현저한 영향을 미치지 않을 것을 전제로 한다.[190]

의약품의 구분과 관련하여 WTO사무총장의 '의장성명'은 일부 의약산

---

187) *Ibid.*

188) 도하공중보건선언6단락이행결의, para.2(b)(ⅰ): Only the amount necessary to meet the needs of the eligible importing member(s) may be manufactured under the license and the entirety of this production shall be exported to the member(s) which has notified its needs to the council for TRIPs.

189) WTO, http://www.wto.org/english/news_e/news03_e/trips_stat_28aug03_e.htm, 04-11-25 검색.

190) 도하공중보건선언6단락이행결의, para.2(b)(ⅱ): products produced under the licence shall be clearly identified as being produced under the system set out in this Decision through specific labelling or marking. Suppliers should distinguish such products through special packaging and/or special colouring/shaping of the products themselves, provided that such distinction is feasible and does not have a significant impact on price.

업 대표기업들의 관행을 지침으로 추천하고 있다[191]. 예를 들어 Bristol Myers Squibb사는 아프리카 사하라 사막 이남 지역에 의약품을 증정할 때 의약품의 캡슐에 상이한 표식 또는 인쇄도안을 설정하였으며, Merck 사는 HIV/AIDS 치료 항생제 CRIXIVAN에 대하여 의약품의 캡슐에 금색인을 찍고, 병마개는 진한 녹색, 병 표시의 배경은 밝은 녹색을 채택하는 등 특별한 포장과 표식을 하여 구분하고 있다.

또한 동 결의는 강제실시에 따른 의약품의 생산과 수출입 과정의 투명성을 확보하기 위하여 의약품 수출국의 TRIPs 이사회 통고 및 인터넷 공개의무를 규정하고 있다.

동 결의 제2항(c)은 TRIPs 이사회에 대한 통지의무와 관련하여 의약품 수출회원국은 강제실시를 허가한 결정 및 관련 조건을 TRIPs 이사회에 통지하여야 하며, 강제실시에 따른 특허권 사용자 명칭과 주소, 생산된 상품, 수량, 상품을 공급받는 국가의 명칭과 기간 등의 내용을 포함하여야 하며, 제2항(b)에 포함된 인터넷주소도 통보하여야 한다고 규정하고 있다.[192]

인터넷 정보공개와 관련하여 동 결의는 의약품 운송 전 강제실시 특허사용자는 모 인터넷 사이트에 모든 수입적격회원국에 제공하는 의약품의 수량과 제공하는 상품의 구별되는 특징을 제공할 것을 요구하고 있다.[193] 여기에서 인터넷 사이트는 특허권 사용자가 이용하고 있는 자

---

191) WTO, http://www.wto.org/english/news_e/news03_e/trips_stat_28aug03_e.htm, 04-11-25 검색.

192) 도하공중보건선언6단락이행결의, para 2(c): the exporting member shall notify (8) the Council for TRIPS of the grant of the licence, including the conditions attached to it (9). The information provided shall include the name and address of the licensee, the product(s) for which the licence has been granted, the quantity(ies) for which it has been granted, the country(ies) to which the product(s) is (are) to be supplied and the duration of the licence. The notification shall also indicate the address of the website referred to in subparagraph (b)(iii) above.

체 사이트, 또는 WTO 사무국의 협조 하에 동 결의에 따라 WTO 사이트를 사용할 수 있다.

2) 수입회원국의 의무

수출회원국이 강제실시를 부여하여 생산한 물품을 전부 수입적격회원국에 수출할 의무를 이행하였다면, 해당 의약품의 기타 회원국들에 대한 역수출 감시의무는 수입회원국에 전가된다.

따라서 '도하공중보건선언6단락이행결의'는 동 결의의 조건에 따라 수입된 의약품이 공중보건의 목적으로 진정으로 사용되기 위하여, 수입적격회원국은 그들의 행정능력과, 이러한 체제에서 실제 수입된 상품의 재수출을 방지하기 위한 무역이전의 위험에 비례하여 합리적인 조치를 취하여야 한다고 규정하고 있다. 또한 최빈개도국 및 개도국들이 동 조치를 이행함에 있어 능력의 결여를 고려하여, 만약 수입적격회원국의 요청이 있을 경우 그리고 양측이 동의한 조건에 따라, 선진국은 동 결의의 이행을 촉진하기 위하여 기술을 제공하고 재정적인 협력을 해야 하는 선진국의 협력의무도 규정하고 있다.194)

---

193) 도하공중보건선언6단락이행결의, 각주 7: The licensee may use for this purpose its own website or, with the assistance of the WTO Secretariat, the page on the WTO website dedicated to this Decision.

194) 도하공중보건선언6단락이행결의, para.4: In order to ensure that the products imported under the system set out in this Decision are used for the public health purposes underlying their importation, eligible importing Members shall take reasonable measures within their means, proportionate to their administrative capacities and to the risk of trade diversion to prevent re-exportation of the products that have actually been imported into their territories under the system. In the event that an eligible importing Member that is a developing country Member or a least-developed country Member experiences difficulty in implementing this

3) 기타 회원국의 의무

앞서 언급한 것처럼 각국의 가격 차이로 인한 무역이전의 발생은 예방이 어려우며, 가격 차이가 존재하고 수요가 존재하는 한 동 결의의 조건에 따라 수입된 의약품이 다른 회원국으로 유입되는 것을 방지할 수 없다.

따라서 '도하공중보건선언6단락이행결의'는 동 결의에 따라 생산된 의약품을 TRIPs협정에 부합되지 않는 방식으로 그 역내시장에 수입하고 판매하는 행위를 효과적인 법률수단을 이용하여 방지할 수 있도록 하는 회원국들의 의무를 규정하고 있으며, 만약 이러한 조치가 목적에 도달할 수 없을 경우 회원국의 요구에 근거하여 TRIPs 이사회는 심의를 할 것임을 명시하고 있다.[195]

4. 중복보상의 방지

TRIPs협정 제31조(h)호는 강제실시를 부여할 경우 특허권자에게 적절한 경제적 보상을 할 것을 규정하고 있다. '도하공중보건선언6단락이행결의'에서 의약품 수입 및 수출국이 모두 특허보호제도가 있을 경우,

---

provision, developed country Members shall provide, on request and on mutually agreed terms and conditions, technical and financial cooperation in order to facilitate its implementation.

195) 도하공중보건선언6단락이행결의, para.5: Members shall ensure the availability of effective legal means to prevent the importation into, and sale in, their territories of products produced under the system set out in this Decision and diverted to their markets inconsistently with its provisions, using the means already required to be available under the TRIPS Agreement. If any Member considers that such measures are proving insufficient for this purpose, the matter may be reviewed in the Council for TRIPS at the request of that Member.

130

수입적격회원국과 수출회원국은 모두 해당 의약품특허에 대한 강제실시를 부여하여야 하며, 만약 모두 부여할 경우 TRIPs협정 제31조(h)호에 따르면 특허권자는 강제실시로 인하여 두 번 보상받는 결과가 발생한다. 이는 동 결의의 협상과정에서 개도국들이 TRIPs협정 제31조(f)호의 수정안에 동의하지 않았기 때문이기도 하다.[196]

따라서 동 결의는 수출회원국이 동 결의의 조건에 따라 강제실시를 결정할 경우, 사용이 허가된 상품의 수입회원국에서의 경제적 가치를 고려하여 특허권자에게 적절한 보상을 할 것을 규정하고 있으며, 만약 수입적격회원국이 동일한 상품에 대하여 강제실시를 하였을 경우, 수출회원국의 의무는 면제된다고 규정한다.[197]

동 결의는 강제실시로 인한 수출회원국과 수입회원국의 특허권자에 대한 중복보상의 가능성은 배제하였지만 TRIPs협정에 확정되지 않은 '적절한 보상'에 대하여 어떤 답안도 제시하지 못하고 있다.

5. 개도국의 능력 양성

공중보건 위기를 극복하기 위한 궁극적인 대안은 개도국이 스스로 의약품개발 및 생산능력을 형성하는 것이다. 따라서 개도국들은 협상과정

---

196) WTO, IP/C/W/356, June 24, 2002.
197) 도하공중보건선언6단락이행결의, para.3: Where a compulsory licence is granted by an exporting Member under the system set out in this Decision, adequate remuneration pursuant to Article 31(h) of the TRIPS Agreement shall be paid in that Member taking into account the economic value to the importing Member of the use that has been authorized in the exporting Member. Where a compulsory licence is granted for the same products in the eligible importing Member, the obligation of that Member under Article 31(h) shall be waived in respect of those products for which remuneration in accordance with the first sentence of this paragraph is paid in the exporting Member.

에서 선진국들이 TRIPs협정 제67조 및 공중보건선언 제7단락을 이행하여 공중보건 위기에 직면한 최빈개도국 및 개도국들에게 기술을 이전할 것과, 자국 기업들이 기술이전을 하도록 촉진할 것을 요구하였다.[198]

'도하공중보건선언6단락이행결의'는 이러한 개도국들의 의사를 반영하여, 선진국들이 TRIPs협정 제67조에 규정에 따라 기술협력을 제공할 것을 약속하였다.[199] 또한 동 결의는 각 회원국들이 도하공중보건선언 제6단락에 확인한 공중보건 위기를 극복하기 위하여 의약품 생산 분야의 기술이전 및 능력 배양의 필요성을 인정하였다.[200] 이러한 목적을 달성하기 위하여 수입적격회원국 및 수출회원국들은 동 목표의 실현을 추진하는 방식으로 동 결의에 설정된 강제실시 제도를 운영해야 한다. 회원국들은 TRIPs협정 제66조 2항, 도하공중보건선언 제7단락 및 TRIPs 이사회 관련 사업 중 제약 분야의 기술이전과 능력 배양에 관한 규정에 특별히 주의할 것에 동의하였다.[201]

---

198) WTO, IP/C/W/351, June 24, 2002: IP/C/W/355, June 24, 2002.

199) 도하공중보건선언6단락이행결의, para.6(ii): It is recognized that the development of systems providing for the grant of regional patents to be applicable in the above Members should be promoted. To this end, developed country Members undertake to provide technical cooperation in accordance with Article 67 of the TRIPS Agreement, including in conjunction with other relevant intergovernmental organizations.

200) 도하공중보건선언6단락이행결의, para.7: Members recognize the desirability of promoting the transfer of technology and capacity building in the pharmaceutical sector in order to overcome the problem identified in paragraph 6 of the Declaration. To this end, eligible importing Members and exporting Members are encouraged to use the system set out in this Decision in a way which would promote this objective. Members undertake to cooperate in paying special attention to the transfer of technology and capacity building in the pharmaceutical sector in the work to be undertaken pursuant to Article 66.2 of the TRIPS Agreement, paragraph 7 of the Declaration and any other relevant work of the Council for TRIPS.

132

6. 예외 사항

WTO의 개도국 또는 최빈개도국 회원국 중 GATT 1994 제XXIV조의 의미 및 1979년 11월 28일 채택된 '개발도상국에 대한 차별적이고 더욱 특혜적인 대우, 상호혜택과 심층적인 참여에 대한 결정' 내에서의 지역무역협정의 당사국이고, 적어도 그 당사국의 반수 이상이 UN최빈개도국 목록에 포함되면, 어떤 회원국이 강제실시에 근거하여 생산 또는 수입한 의약품을 동 지역에 속하는 무역협정 회원국에 수출하고, 동시에 동 회원국이 같은 공중보건의 위기에 처하여 있는 개도국 또는 최빈개도국일 경우, 동 회원국은 TRIPs협정 제31조(f)호의 의무에서 면제된다. 그러나 동 규정은 특허권의 지역성에는 영향을 미치지 않는다.202)

동 규정은 관세동맹이나 자유무역협정에 소속되어 있는 최빈개도국들을 위한 특별한 예외를 의미한다. 즉 동 결의에 따르면 회원국이 강제실시를 통하여 생산된 의약품 또는 수입된 의약품은 오직 국내 생산능력이 결핍하거나 또는 결여한, 강제실시를 청구한 회원국에 수출하도록 제

---

201) *Ibid.*

202) 도하공중보건선언6단락이행결의, para.6(ⅰ): Where a developing or least-developed country WTO Member is a party to a regional trade agreement within the meaning of Article XXIV of the GATT 1994 and the Decision of 28 November 1979 on Differential and More Favourable Treatment Reciprocity and Fuller Participation of Developing Countries (L/4903), at least half of the current membership of which is made up of countries presently on the United Nations list of least developed countries, the obligation of that Member under Article 31(f) of the TRIPS Agreement shall be waived to the extent necessary to enable a pharmaceutical product produced or imported under a compulsory licence in that Member to be exported to the markets of those other developing or least developed country parties to the regional trade agreement that share the health problem in question. It is understood that this will not prejudice the territorial nature of the patent rights in question.

한되어 있고, 수입한 회원국은 타 회원국으로의 재수출을 금지하고 있다. 그러나 만약 관세동맹이나 자유무역협정에 포함되어 있는 회원국이 상기 생산 또는 수입국이고, 또한 관세동맹 및 자유무역협정의 과반수 회원국이 UN최빈개도국 목록에 포함된 국가일 경우, 이러한 제한을 적용받지 않는다는 뜻으로, 언급한 조건에 부합될 경우 TRIPs협정 제31조 (f)호의 의무면제가 적용됨을 뜻한다.

UNCTAD에 따르면 2004년 현재 최빈개도국은 49개 국가이며, 그중 미주와 중동 지역에 각각 1개 국가가 있고, 아시아 지역에 13개의 최빈개도국이 있으며, 나머지 34개 국가는 모두 아프리카에 위치한다.[203] 또한 2004년 5월 1일까지 GATT/WTO에 통보되고, 이미 발효한 지역협정은 총 208개에 달하지만,[204] 이러한 조건에 부합될 수 있는 지역협정은 '동부 및 남부 아프리카 공동시장'(Common Market For Eastern and Southern Africa: COMESA)[205]과, '동부아프리카공동체'(East African

---

203) 개발도상국에 대한 기준은 없지만 국제연합(United Nations, 이하 'UN'이라 함)은 최빈개도국(Least Developed Countries: LDCs) 목록을 작성하는데 1인당 GDP, 물질적 생활수준지표, 경제적 취약성 지표 및 추가적인 사항을 고려하여 UN경제사회이사회(UN Economic and Social Council: ECOSOC)의 개발정책위원회(Committee for Development Policy: CDP)가 결정한다. 유엔무역개발회의(United Nations Conference on Trade and Development, 이하 'UNCTAD'라 함)에 의하면 최빈개도국은 총 49개 국가로 아시아에 13개 국가, 아메리카와 중동에 각 1개 국가, 그리고 아프리카에 34개의 국가가 있다. UNCTAD, The Least Development Countries Report, 2004.

204) 관세동맹, 자유무역협정, 특혜협정(preferential arrangement) 및 서비스협정(services agreement)을 포함한다. WTO, http://ww.wto.org/english/tratop_e/region_e/type_e.xls, 04-11-07 검색.

205) COMESA는 1994년 12월 8일에 발효되었으며 GATT/WTO에는 1995년 6월 29일에 통보된 특혜협정이다. COMESA는 앙골라, 부룬디, 코모로, 콩고, 지부티, 이집트, 에리트레아, 에티오피아, 케냐, 마다가스카르, 말라위, 모리셔스, 나미비아, 르완다, 세이셸, 수단, 스와질란드, 우간다, 잠비아 및 짐바브웨 등 20개 국가로 구성되었다. 그중 이집트, 케냐, 모리셔스, 나미

Community: EAC)[206]밖에 없다. 즉, 동 조항은 기존의 지역무역협정에 있어서 적용될 수 있는 여지는 크지 않다.

Ⅱ. 결의의 의의

도하공중보건선언 제6단락의 이행에 관한 일반이사회 결의는 의약품 특허권에 대한 강제실시를 활용함에 있어 국내 의약품 생산능력이 결핍하거나 결여된 개도국의 경우 의약품 접근을 향상시키기 위해 동 최빈개도국 및 개도국들을 배려한 결의이며, 제3국으로부터 의약품을 수입할 수 있도록 허락하고 있다. 그러나 동 결의는 TRIPs 이사회에서 정식으로 논의되어 TRIPs협정에 반영되기 전까지 적용되는 잠정적 성격을 갖는다. 즉, 동 결의는 WTO 회원국들이 2003년 말부터 6개월 내에 협상을 하여 TRIPs협정 자체를 수정할 것을 규정하고 있다.[207] 이러한 수정은 동 결의를 직접 TRIPs협정에 포함시키며, 결의의 잠정적 성격을 종료하고 영구적으로 하기 위함이다.[208] 또한 동 단락은 새로운 수정안이

비아, 스와질란드, 세이셸 및 짐바브웨를 제외한 나머지 국가는 모두 UNCTAD 최빈개도국 목록에 포함된 국가이다. COMESA, http://www.comesa.int/about, 04-10-19 검색.

206) EAC는 2000년 7월 7일에 발효되었으며, 2000년 10월 11일에 GATT/WTO에 통보된 특혜협정으로, 우간다, 케냐, 탄자니아 3국이 회원국이며, 그중 우간다 및 탄자니아는 UNCTAD 최빈개도국 목록에 포함된 국가이다. http://www.eac.int, 04-10-19 검색.

207) 도하공중보건선언6단락이행결의, para.6.

208) Keith E. Maskus, "TRIPs, Drug Patents and Access to Medicines-Balancing Incentives for R&D with Public Health Concerns", DG Expert Perspective: September 4, 2003. http://www.developmentgateway.org/download/206719/Maskus_on_TRIPS,_Drug_Patents,_Medicines.pdf, 04-10-20 검색.

'적절하게 동 결의에 기초할 것'임을 지적하고 있는데, 이는 결의의 내용이 TRIPs협정의 수정안에 그대로 반영되지 않음을 뜻한다.[209]

물론 동 결의의 채택은 선진국들이 최빈개도국 및 개도국들에 존재하는 공중보건의 위기와 그 해결을 위한 강제실시 제도의 활용을 긍정하고, 도하공중보건선언에 따른 합의를 이행하였다는 점에서는 그 의미를 가질 수 있다. 그러나 한편으로는 동 결의의 실효성에 대한 많은 회의적인 의견들이 제시되고 있다. 예를 들어 최빈개도국은 수입회원국 자격을 그대로 인정받고 있지만, 최빈개도국들은 2002년 6월 27일 TRIPs이사회 결의를 통하여 의약품특허보호에 대한 의무이행 기간을 2016년까지 유예하도록 되어 있다. 즉, 아직 의약품특허보호를 하지 않는 최빈개도국들은 동 결의에 따라 제3국으로부터 강제실시를 통하여 생산된 의약품에 접근할 수 없다는 결론에 이르게 된다. 결과적으로 동 결의를 따르려면 의약품특허보호를 진행할 것을 요구받게 되는 결과가 발생하게 된다.

또한 다른 의약 분야 생산능력이 결핍하거나 또는 결여된 개도국의 경우는 '의약 분야 생산능력의 결핍 또는 결여'를 입증해야 하지만, 이에 대한 명확한 기준이 없어 분쟁의 소지는 여전히 존재하게 된다.

그 밖에 수입회원국에 부과되는 각종 의무와 통보절차의 번잡함은 동 결의의 실효성에 영향을 미치며, 거래과정에 대한 투명성 보장 요구는 실질적으로 미국 등 선진국들이 관련 의약품의 유통경로를 파악함으로

---

209) 도하공중보건선언6단락이행결의, para.11: This decision, including the waivers granted in it, shall terminate for each Member on the date on which an amendment to the TRIPs Agreement replacing its provisions takes effect for that member. The TRIPs council shall initiate by the end of 2003 work on the preparation of such an amendment with a view to its adoption within six months, on the understanding that the amendment will be based, where appropriate, on this Decision and on the further understanding that it will not be part of the negotiations referred to in paragraph 45 of the Doha Ministerial Declaration.

써 강제실시를 간접적으로 방해하는 권한을 행사하게 된다.[210] 또한 동 결의는 잠정적인 면제로 법적 예측성을 결여하고 있다. 또한 23개 선진 국들은 동 결의를 통하여 의약품 수출을 할 수 있는 권리를 취득하는 반면, 개도국들로부터 의약품의 수입을 금지함으로 전통적인 보호무역주 의를 취하고 있다고 비판을 받고 있다.[211]

제4절 소 결

TRIPs협정 체결이전 국제협약은 의약품에 대하여 특허를 부여할지, 물질특허 또는 제법특허를 부여할지, 아니면 양자에 대하여 모두 특허보 호를 부여할지 여부에 대한 규정이 없었고 각국은 자국 국내법에 근거 하여 자유롭게 규정하였다. 대다수 개도국들은 의약품 발명을 상품특허 보호 범주에서 제외하거나 또는 특허보호 기간을 짧게 하였다. 그러나 TRIPs협정은 특허보호에 있어서 각국의 최저보호표준을 규정하고 있으 며, 더 이상 회원국들이 지적재산권 보호수준을 선택할 수 있도록 허락 하지 않고 있다.[212]

공중보건과 관련된 TRIPs협정 조항 중 의약품의 특허보호와 공중보건 보호를 위한 적절한 형평은 본 논의의 핵심이며, 이는 새로운 의약품의 지속적인 발명 및 촉진과, 의약품의 취득과 관련하여 적절한 형평을 모색 하는 형태이다. TRIPs협정의 체결로 의약품 발명에 대한 특허보호를 규

---

210) Joint NGO Statement on TRIPs and Public Health, WTO Deal on Medicines: A 'Gift' Bound in Red Tape, http://www.cptech.org/ip/ wto/p6/ngos09102003.html, 04-08-10 검색.
211) *Ibid.*
212) 파리협약 제21조는 회원국이 자신의 무역상대국에게 그 자신보다 나쁘지 않은 지적재산권 보호를 할 것을 요구하고 있다.

정하고, 의약품 가격을 규제함으로 개도국의 유연성 정책이 많이 훼손되었지만, 동 협정은 공중보건을 보호하기 위한 조치를 포함한 공공이익을 보호하기 위한 조치를 취할 수 있는 여지를 여전히 남겨 놓고 있다.[213] 즉, 연구 및 조기 사용의 예외, 실험데이터에 대한 보호확장 제한, 반경쟁 행위의 통제, 및 의무이행의 잠정유예 등이 그 예이다. 그러나 이러한 TRIPs협정의 유연성 조항은 어떤 국가에서 광범위하고 긴박하게 발생하는 공중보건의 위기를 적시에 해결할 수 있는 대안을 제시하지 못하고 있다. 개도국들은 의약품특허권에 대한 강제실시와 특허의약품의 병행수입을 최선의 대안으로 생각하고 있었다. 그러나 TRIPs협정의 강제실시는 자발적 실시를 위한 사전협상의 실패와, 강제실시를 통하여 생산한 상품의 국내공급제한 등 유연성을 제한하는 조치를 규정하고 있으며, 병행수입과 관련하여 권리소진과 관련된 분쟁이 분쟁 해결대상이 아님을 명시하고 있다. 그러나 동 협정은 병행수입조치에 대해서는 명확한 입장을 보이지 않고 있어 병행수입조치의 적용을 희망하는 일부 국가들의 관심사항이 되었다. 또한 미국과 다국적 제약회사들은 개도국들의 강제실시 부여와 병행수입 허락에 대하여 감독을 하고 있으며, 소송 등 방식으로 개도국들이 유연성 조항을 사용하는 것을 실질적으로 제한하고 있다.

결국 2001년 11월, 카타르 도하에서 진행된 각료회의는 공중보건 위기 해결을 위하여 개도국들의 우려를 해소하는 선언문을 채택하여 TRIPs협정이 공중보건의 보호를 위하여 조치를 취하는 것으로부터 저해하거나 저해하지 말아야 함에 합의를 하였으며, 강제실시 및 병행수입과 관련하여 명확하지 않은 부분을 해명하고, 공중보건 위기 해결을 위한 대안임을 지적하였다. 그러나 동 선언은 WTO설립협정 제9조 2항에 따른 엄격한 의미에서의 권위적인 해석이 아닌 '선언'이라는 형식을 취하고 있어 그 법적지위에 대한 논란이 있다. 따라서 본 장에서 도하공중보건

---

213) Musungu, *et. al.*, *supra* note 40, p.11.

선언의 법적지위에 대한 분석을 통하여 TRIPs협정의 해석 또는 TRIPs협정을 적용함에 있어 동 선언은 협정의 문맥과 함께 고려하여야 할 추후합의이며, 추후관행의 증거를 형성하였음을 보았다.

도하라운드의 연장선에서 2003년 8월 30일 칸쿤 일반이사회 결의는 도하선언 제6단락에 규정한 의약산업 분야에서 생산능력이 결핍하거나 또는 결여된 최빈개도국 및 개도국의 의약품 접근문제를 해결하기 위한 잠정적 면제 규정을 두고 있다. 동 결의 이행의 전제 조건 중 하나는 의약품 수입자격을 가지고 있는 수입국가들이 의약품특허권에 대한 강제실시를 부여하는 것이다. 이는 도하공중보건선언에 규정한 공중보건 위기 극복을 위한 의약품특허권에 대한 강제실시를 확인하는 것이다. 또한 이는 비록 예외적이고 제한적이지만, 강제실시를 통하여 생산한 또는 수입한 의약품을 같은 지역협정 내의 다른 회원국에 수출하도록 허가함으로 해당 지역협정 내의 회원국의 병행수입 및 강제실시에 의하여 생산된 의약품의 병행수입을 허용하는 결과를 초래하게 된다.214) 그러나 실질적으로 동 결의는 강제실시에 의하여 생산된 저가 의약품이 선진국 시장으로 역수입되는 것을 막기 위한 조치이며, 최빈개도국 및 개도국을 위한 의약품 접근문제를 해결함에 있어서는 복잡한 절차를 요구함으로써 실질적인 효율성이 저하되는 결과를 초래하고 있다.

WTO는 도하공중보건선언에 대한 해석을 하면서 회원국들이 TRIPs협정의 유연성과, 그러한 유연성을 충분히 사용할 그들의 권리를 명확히 하였으나 이로서 끝나는 것이 아님을 강조하고 있다.215) 이는 해당 국가에서 직접적인 법적효력을 지니는 것은 해당 국가의 국내법이기 때문이다. 개도국의 특허법에 대한 조사를 살펴보면, 많은 국가들이 TRIPs

---

214) 단, 동 결의는 상술한 규정이 특허권의 지역성에는 영향을 미치지 않는다는 단서를 두고 있다. 도하공중보건선언6단락이행결의, para.6(i).

215) WTO, http://www.wto.org/english/tratop_e/trips_e/healthdeclexpln_ e.htm, 04-11-08일 검색.

협정에서 허락하고 있는 유연성 조항을 사용하지 않았거나, 또는 부분적
으로 사용한 것으로 나타난다.216) 그러므로 WTO의 개도국 및 최빈개
도국들은 TRIPs협정에 의하여 허락되고, 도하선언에 의하여 확인된 유
연성의 이익을 취득하기 위하여 자국의 국내법에 강제실시, 병행수입,
및 예외 조항의 형태로 적절한 규칙을 창설하여야 한다.

---

216) Thorpe, *supra* note 103, p.22.

제3장 의약품특허권의 강제실시

파리협약을 비롯하여 TRIPs협정 등 지적재산권 관련 국제협약은 특허권의 강제실시를 금지하는 것은 아니며, 선진국과 대부분 개도국 등 많은 국가는 특허권에 대한 강제실시의 근거를 보유하고 있다. 비록 강제실시가 실행된 경우는 적지만, 동 제도의 중요성은 강제실시의 빈도에 의하여 좌우되지는 않는다.[1] 특히, Ladas는 특허법상 강제실시 조항의 실질적 존재가치는 강제실시의 압력을 통해 합리적인 기간 중 일반적으로 계약의 이행을 증대하며, 그 결과 발명 실행의 실질적인 목표에 도달하는 것이라고 하였다.[2] 강제실시는 선진국과 개도국에서 최근의 법제도의 변화를 통하여 증명된 것처럼 과거의 흔적만은 아니며, 최근의 판례법(case law)은 지적재산권의 여러 분야에서 강제실시의 사용을 격려하고 있다.[3]

미국 등 선진국들은 반경쟁행위 규제를 위한 강제실시를 가장 많이 부여하였음에도 불구하고, 개도국들이 부여하는 강제실시에 대해서는 감시를 통하여 무역 보복 및 외교 등의 방법으로 이를 제한하도록 압력을 행사하고 있다.

본 장에서는 강제실시와 관련된 기본원리와, 국제협약의 관련 규정과 주요 국가의 법규정 및 관행에 대한 연구를 통하여 미국을 비롯한 선진국들이 개도국의 강제실시를 제한하는 행위의 부당성을 제시하고자 한

---

1) Carlos M. Correa, Intellectual Property Rights and The Use of Compulsory Licenses: Options for Developing Countries, South Centre, October 1999, p.35.
2) Stephen P. Ladas, *Patents, Trademarks and related rights-National and International protection*, Harvard University Press, Cambridge, 1975, p.427.
3) Correa, *supra* note 1, p.34.

다. 또한 최근에 나타난 강제실시의 관행을 살펴봄으로써 공중보건 위기
극복을 위한 의약품특허권에 대한 강제실시는 대다수 국가에 의하여 인
정된 적법한 조치임을 입증한다.

제1절 강제실시의 일반이론

Ⅰ. 강제실시제도의 일반 현황

1. 강제실시의 정의 및 원리

1) 정 의

강제실시(compulsory license)[4]란 특허상품과 관련하여 권력기관 또는
사법당국이 특허권자의 동의 없이 제3자에게 특허상품을 생산하거나 또
는 특허권이 부여된 절차를 사용하도록 하는 행위를 의미한다.[5] 특허의

---

4) 강제실시, 즉 'compulsory license'에 대한 한국, 중국 및 일본의 漢字표기는
   조금씩 다르다. 일본의 경우 강제실시는 '농상산업성 장관 또는 특허청장의
   재정에 의하여 특허권자의 의사를 의제하는 실시권'을 의미한다(中山信弘,
   著, 韓日知財權研究會 譯, 工業所有權法 (상) 特許法, 법문사, 2001년, p.451:
   일본특허법 제83조)고 하여 '裁定實施權'이라고 표기한다. 중국의 경우 강제
   실시는 '강제허가증은 행정조치를 취하여 특허권자가 독점권 남용을 제한하
   는 일종의 형식'(鄭成思, 知識産權法, 法律出版社, 1997年, p.271: 中國專利法
   第6章－專利實施的强制許可)으로 '强制許可'라고 표기하고 있다. 한국의 경우
   강제실시는 '특허청의 행정처분에 의하여 또는 실시권 허여의 심판에 의하여
   이해관계인의 당해 특허발명을 실시할 수 있는 권리를 취득하는 것으로서,
   법정실시권, 약정실시권과 구별된다'(황종환, 특허법, 한빛지적소유권센터,
   1991년, p.576.)고 하여 '强制實施'로 표기를 하고 있다.

강제실시는 특허권의 절대적인 파괴와, 특허권을 자유롭게 사용할 특허권자의 절대적 재산권 간의 타협이다.[6] 이러한 형태의 실시는 일반적으로 특허권자의 동의 없는 비자발적인 실시를 의미한다.

강제실시는 새로운 개념이 아니며, 또한 지적재산권의 특정된 분야에만 적용되는 개념도 아니다. 미국의 경우 강제실시와 관련된 사례는 첨단기술, 제약, 음악 그리고 보다 많은 분야와 관련되어 있으며, 각 분야에서 강제실시를 사용하는 이유는 서로 다르다. 첨단기술 분야에서 강제실시는 회사들의 반경쟁행위를 방지함으로 경제발전을 촉진하는 데 이용될 수 있다.[7] 제약 분야에서 강제실시는 경제촉진에 사용되기도 하지만, 그보다 국가위기의 경우 죽음의 질병으로부터 사람들의 생명을 보호한다.[8]

강제실시 조항은 특허법 분야에서 세계적으로 전형적인 특징으로 형성되었으며, 1990년대 초반까지 약 100여 개의 국가들이 강제실시를 인정하였다.[9]

2) 강제실시의 원리

강제실시 조항의 제정은 다음과 같은 4가지의 원리, 즉 적절한 공급,

---

5) WHO and WTO, WTO Agreements and Public Health, A Joint Study by the WHO and the WTO Secretariat, 2002, p.45.

6) Rafael V. Baca, "Compulsory Patent Licensing In Mexico in the 1990's: The Aftermath of NAFTA and the 1991 Industrial Property Law", *The Journal of Law and Technology*, 1994, p.183.

7) Richard H. Marschall, "Patents, Antitrust and the WTO/GATT: Using TRIPs as a Vehicle for Antitrust Harmonization", Vol.28, *Georgetown Journal of International Law*, 1997, pp.1165-1171.

8) Mitchel B. Wallerstein, Mary E. Mogee, and Robin A. Schon, *Global Dimensions of Intellectual Property Rights in Science and Technology*, National Research Council, National Academies Press, 1993, pp.164-165.

9) Correa, *supra* note 1, p.6.

144

공공이익, 국내 실행과 종속특허의 원리에 근거하여 분류된다.

(1) 적절한 공급

발명품 생산의 요구가 너무 방대하여 특허권 소유자가 특허권이 부여
된 상품으로 시장공급을 충족할 수 없을 경우, 동일한 영업을 하는 제3
자는 특허권 소유자에게 강제실시를 할 것을 요구할 수 있다. 특허권자
에게는 자발적 실시에 비하여 강제실시가 유리하지 않기 때문에, 정부는
적절한 공급에 기초한 강제실시를 특허권자의 자발적 실시를 위한 유인
책으로 활용하고 있다.[10]

(2) 공공이익

공공이익에 기초한 강제실시는 국가가 공공복지에 중대하다고 간주하
고 있는 특허들을 통제하기 위하여 부여된다.[11] 공공이익은 아직 모호하
고 유연성이 있는 용어로 자국 시민들에게 영향이 미칠 결정에 기초한 정
책의 이행을 위하여 정부가 허락하는 것을 지칭한다. 이와 같이 정부는
일반적으로 기술의 발전과 보급을 위하여 공공정책의 목표를 실행할 수
있다.[12] 일반적으로 정부는 국가방위, 복지, 보건, 안전 및 환경과 관련한
특허와 여관된 '공공이익'에 기초하여 강제실시를 부과한다.[13]

---

10) Cole M. Fauver, "Compulsory Patent Licensing in the United States: An
    Idea Whose Time Has Come", *Northwestern Journal of International Law
    & Business*, Vol.8, 1988, p.668.
11) Correa, *supra* note 1, p.19.
12) *Ibid.*
13) Fauver, *supra* note 10, p.669.

(3) 국내 실행

많은 강제실시 조항은 특허발명의 국내 실행을 요구하고 있다. 국가들은 특허의 국내 실행을 촉진함으로 인하여 이익을 취득하게 된다. 즉, 많은 시민들이 특허의 국내 실행을 통하여 새롭고 더 좋은 상품을 공급받을 수 있도록 보장할 수 있기 때문이다.[14] 국내 실행에 관한 학설은 특허권자에게 특허를 사용할 의무를 부과하나 특허실행의 독점권은 침해하지 않으며, 실행에 대한 각국의 해석은 다양하다. 예를 들어 캐나다는 특허의 잠재적 상업성의 충분한 실행을 요구하는 반면, 일본은 발명의 일부가 일본에서 진행되기를 요구하고 있다.[15]

(4) 종속특허

종속특허 또는 개량특허에 기초한 강제실시는 개량된 발명특허가 정부에 의하여 특허보호를 받고 있는 원천특허 또는 주요 특허에 비하여 더 큰 이익을 가지고 있다고 결정할 경우, 그리고 원천특허의 발명자가 실시를 요구받을 경우 부과된다.[16] 그동안 종속특허의 강제실시는 극히 드물게 부여되었다. 그 주된 원인은 실질적 실행의 번거로움 때문이다. 즉, 강제실시를 위한 신청에 앞서 발명은 반드시 창조되어야 하고, 특허신청이 부여되어야 하며, 개진된 특허의 신청은 이의절차의 긴 기간을 지속하여야 하고, 또한 자발적 실시를 위한 협상을 반드시 시도해야 한다. 이러한 시간과 자금을 소모하는 절차는 강제실시를 위한 신청을 단념시키게 하기도 한다.[17]

---

14) Bhatnager, "GATT IPP Proposals in Context with Developing Countries and the Paris Convention", *Patent World*, 1992.

15) *Ibid.*

16) Gianna J. Arnold, "International Compulsory Licensing: The Rationales and The Reality", *The Journal of Law and Technology*, 1993, p.350.

146

2. 특허의 독점권 예외와 강제실시

특허는 지적재산권의 중요한 한 부분이다. 특허는 개발과 발명이 격려되는 역사적 활동이었으며, 발명에 의하여 생산될 이익에 대한 제한된 독점적인 통제를 통하여 개발과 발명자에게 혜택을 부여한 것이다. 즉, 특허권은 법률이 발명가에게 그 특허상품 또는 특허제법에 대하여 부여한 독점권의 향유이다.

그러나 특허권은 절대적인 것은 아니다. 각 국가의 국내법은 전통적으로 특허가 부여되지 않는 일반적인 예외 조건을 명시하고 있다. 특히 의약품특허와 관련하여 많은 국가들은 의약품을 특허권으로부터 배제하고 있었다.[18] 그러나 지적재산권의 최저보호표준을 요구하고 있는 TRIPs협정의 실행은 이러한 관행을 변화시켰다. TRIPs협정이 특허보호의 제외대상을 결정할 회원국들의 자유를 제한하고 있지만[19] 도덕 또는 공공질서에 위반되는 모든 발명과, 식물과 동물, 진단, 치료와 외과수술방법은 특허의 보호범주에서 제외된다.[20]

특허독점권에 대한 예외를 규정한 대다수 국가의 특허법의 보편적인 특징은 특허발명과 관련된 행위의 범주를 특화하는 것으로, 특허권자의 수권 없이 제3자가 자유롭게 이용할 수 있게 하는 것이다. 예들 들어 일반적으로 사적인 목적으로 발명의 사용과, 학습 및 과학연구의 목적에서 사용은 독점권의 예외로 인정된다. 과학적 연구의 목적에서의 사용 이외에 상업적 목적의 실험은 많은 국가에서 허락되고 있다.[21] 예를 들면 의약품

---

17) *Ibid.*, p.351.
18) 사실상 1980년까지 65개에 달하는 국가들이 의약품에 대한 보호를 인식하지 못하고 있다. Carlos M. Correa, *Intellectual Property Rights: the WTO and Developing Countries*, Zed Books Ltd., 2000, p.50.
19) Correa, *supra* note 1, p.11.
20) TRIPs협정 제27조 2항.

특허일 경우 일부 국가에서는 특허권의 보호 기간이 만료되기 전 제3자에 의한 의약품의 등기절차의 개시를 허락하고 있는데, 이는 특허권 보호기일 만료 이후 제너릭 의약품의 상업화를 촉진하기 위함이다.[22]

독점권의 예외는 자동적으로 이루어지는 것으로 특허권자, 법원 또는 기타 권력기관으로부터 특허의 사용을 위한 수권이 필요하지 않다. 그 밖에 어떠한 제3자도 특허권의 존재 기간 동안 그 예외로부터 혜택을 받을 수 있으며, 그러한 사용은 어떠한 형태의 보상의 대상이 아니다.[23]

강제실시도 특허권의 사용을 제한하지만, 독점권의 예외와는 또 다른 형태이다. 강제실시는 권력기관(법원 또는 행정부)에 의하여 법에 규정된 요건을 충족할 경우, 결정에 의하여 허가된 자에 한하여 발명의 사용이 허락된다. 강제실시와 그 사용에 대한 요구는 시간규제의 대상이며, 특허권자에게 보상을 하여야 한다.

만약 예외에 해당하는 조건이 더욱 제한될 경우, 강제실시는 더욱 다양한 조건과 대상에 기초하여 실시될 수 있다. 이러한 강제실시는 그 적용과 사용의 양상과 관련된 조건을 포함하고 있다. 따라서 강제실시는 일반적으로 비독점적이며, 특허권 소유자에게 보상을 하여야 할 대상이다.[24]

---

21) Correa, *supra* note 1, p.11.

22) 이런 제외는 일반적으로 '조기실행'(early working) 또는 'Bolar 예외'(Bolar exception)라고 한다. *Ibid.*

23) 하지만 독점권의 예외는 반드시 다음 3가지 조건을 만족시켜야 한다. 첫째, 예외는 반드시 제한적이어야 한다. 둘째, 특허의 정상적인 이용에 대하여 비합리적인 저촉이 있어서는 안 된다. 셋째, 특허소유권자의 합법적 이익을 비합리적으로 침해하여서는 안 된다. 그 밖에 이러한 조건을 적용할 때 제3자의 합법적 이익을 고려하여야 한다. TRIPs협정 제30조.

24) Correa, *supra* note 1, p.11.

Ⅱ. 특허 및 기타 지적재산권에 대한 강제실시

1. 특허의 강제실시

강제실시 개념의 시작은 특허발명의 현지 실행(local working)의무와 연관되어 1623년 영국의 독점법(Monopoly Act)에 처음으로 도입되었으며, 19세기 많은 국가의 특허법에서 인정되었다. 예를 들어 프랑스 특허법은 발명특허의 비실행(non-working)을 특허권 상실의 직접조건으로 규정하였다.[25]

강제실시의 부여는 특허권의 상실과 같은 과격한 조치를 완화하기 위한 수단으로 출현하였다. 강제실시제도 자체는 1883년 영국 특허법에 의하여 처음 채택되었으며, 특허의 영국 국내에서의 비실행, 공공요구의 불충족 및 발명의 실행 또는 사용으로부터 금지를 강제실시의 조건으로 규정하였다.[26] 동 조항은 이후 채택된 영국 및 다른 국가의 특허법에 커다란 영향을 미쳤으며, 파리협약의 발전에도 중대한 영향을 미쳤다.

파리협약의 협상과정은 19세기의 말 강제실시와 현지 실행의 충돌을 잘 반영하고 있다. 1883년 파리협약은 미국과 기타 국가의 반대에도 불구하고 '실행의무'(working obligation)를 협약에 포함시켰다. 어려운 협상과정을 거쳐 1925년 헤이그에서 개최된 회의는 강제실시를 특허의 이용을 보장하기 위한 중요한 수단으로 채택하였다. 특허권의 상실은 단지 강제실시가 특허의 비실행을 극복하는 수단으로 효과적이지 아닐 경우에만 적용된다.[27]

국내법에 의한 강제실시의 확산과정은 강제실시가 허락되는 사유의

---

25) *Ibid.*, p.5.
26) 영국 특허법 제22조. 참조.
27) 파리협약 제5A조.

확장과 더불어 진행되었다. 즉, 동 사유는 불충분한 실행 이외에 공공이
익, 정부 사용 및 반경쟁행위 등으로 확장되었다. 그 밖에 영국이나 캐
나다는 식품,[28] 의약품, 수술용 시설 및 치료설비와 같은 특정제품에 강
제실시를 특별히 부여하기도 하였다.[29]

2. 기타 지적재산권의 강제실시

1) 저작권의 강제실시

특허에 대한 강제실시 이외에 지적재산권 분야에서 강제실시가 가장
많이 사용되고 있는 분야는 저작권 분야이다. 저작권의 강제실시는 '법
정실시(허락)'(statutory license)의 개념으로 적용되고 있다.

'법정실시'는 저작권자와 이용자 사이에 자발적인 계약체결이 불가능
하거나 극히 곤란한 경우, 저작권자의 허락은 받지 않지만 정부 또는 그
위탁을 받은 자가 정한 이용료를 지급하고 저작물 등을 이용하는 경우,
저작권 침해로 인정되지 않는 것을 의미한다. 다시 말해, 저작권자 또는
이용료산정 등에 관한 정보가 없거나 부족해서 당사자 간의 자발적인
이용허락계약을 체결하는 데 지나치게 많은 시간과 비용이 소요되는 경
우, 법정실시는 제3자로 하여금 이용료를 정하도록 하고, 그 이용료의
지급과 함께 적법하게 저작물 등을 이용할 수 있도록 함으로써, 결과적

---

28) 예를 들어 *Cangene Corp. vs. GD Searle & Co of Canada Ltd.*사건은 아
   스파르테임(aspartame, 저칼로리 인공 감미료)의 강제실시 신청과 관련된
   것으로, 캐나다 특허위원은 아스파르테임이 식품은 아니지만 식품의 생산
   에 사용됨으로 강제실시를 부여하지 않을 이유가 없다고 판단하였다.
   Arnold, *supra* note 16, 각주 20.

29) Carlos M. Correa, "TRIPs: An Asymmetric Negotiation", *The Third
   World Economics*, September 1993, p.10.

으로 그 거래비용을 제거하여 저작물 등의 이용을 활성화하고, 궁극적으로 문화의 발전에 기여하기 위함이다.[30]

'문학적·예술적 저작물의 보호를 위한 베른협약'[31] (Berne Convention for the Protection of Literary and Artistic Works: 이하 '베른협약'이라 함)은 일정한 조건에서의 법정 강제실시를 규정하고 있다. 이는 작품을 라디오, 전화 또는 기타 이와 상당한 기구를 통하여 전송되는 실행자의 권리와 관련된 경우이다. 동 협약에서 실행자는 이러한 이용의 형식을 금지할 독점권리가 없으며, 다만 사용으로부터의 형평적인 보상을 받을 자격이 있다.[32] 비슷한 권리는 음반제작자(phonogram producer)가 그의 음반을 라디오, 영화, 텔레비전 및 공공지역에서 방송할 때도 부여된다.[33] 그 밖에 베른협약에 따라 각 동맹국은 어느 가사의 저작자가 그 가사를 음악저작물과 함께 기록하도록 이미 허락한 경우, 음악저작물의 저작자 및 그 가사의 저작자에게 그러한 가사와 함께 해당 음악저작물의 녹음을 허락하도록 부여한 배타적 권리에 대한 유보와 조건을 스스로 부과할 수 있다.[34] 다만, 그러한 모든 유보와 조건은 이를 부과한 국가에 한하여 적용되고, 어떠한 경우에도 합의가 없는 한 권한 있는 기관이 확정할, 정당한 보상을 받을 권리를 해치지 말아야 한다.[35]

국가적 차원에서 법정실시의 예로 음악저작물의 녹음을 위한 법정실시가 미국에서 부여된 경험이 있다. 미국 저작권법은 일정한 조건하에서 음반을 재생산하기 위하여 비각본(non-dramatic) 음악에 대한 법정실시

---

30) 정상조, 「지적재산권법」, 홍문사, 2004년, 406면.
31) '문학적예술적저작물의보호를위한베른협약'은 1886년 9월 9일 스위스 베른(Berne)에서 체결되었으며, 여러 차례의 수정을 거쳐서 최종적으로는 1979년 9월 28일 수정되었다.
32) 베른협약 제80조.
33) 베른협약 제73조.
34) 베른협약 제13조.
35) *Ibid.*

를 규정하고 있다. 즉, 강제실시는 다만 저작권자가 음악작곡을 포함한 음반의 배급을 처음으로 허가한 후에 가능하다. 그러므로 권한이 부여된 배급이 완성되었을 경우에는 그 음반작품을 만들고 배급하기 위하여 누구나 강제실시를 구할 수 있다. 이는 작곡가들에게 노래를 녹음할 첫 번째 가수를 선택할 권리를 부여한다. 그러나 다른 가수들이 사용료를 내는 이상 그 노래를 녹음하는 것을 금지할 수는 없다.[36]

2) 의장권의 강제실시

의장권도 강제실시의 영향을 받는다. 1988년 영국의 저작권, 특허권 및 의장법에 도입된 '권리의 실시'(license of right)가 좋은 예이다. 동법에 따른 강제실시는 의장권 보호 기간의 남은 5년 동안에 얻을 수 있으며, 의장권자는 보호를 받는 의장권을 이용한 후 5년 동안만 독점적 권리를 가진다.[37] 영국 법률에 근거한 의장권에 대한 강제실시는 이미 여러 차례 부여되었다.[38]

유럽위원회는 의장권에 대한 지침(directive)은 강제실시를 포함해야 하고, 상품의 수리를 위한 의장의 사용을 허가해야 하며, 시민들은 상품의 출처에 대한 정보를 취득할 수 있고, 의장권의 소유자는 의도된 사용에 대한 정보를 취득하고 공평하고 합리적인 보상을 요구할 수 있음을 제안하고 있다.[39] 동 제안서는 *British Leyland vs. Armstrong* 사건에서 서술한

---

36) Michael Scott, "Compulsory Licensing of Intellectual Property in International Transactions", *European Intellectual Property Review*, Vol.11, 1998, pp.319-325.

37) Hector MacQueen, *Copyright, Competition and Industrial Design*, Edinburgh University Press, 1996, p.80.

38) David Barron, "Copyright and Design Right Licenses of Right: ten years on", *Copyright World*, May 1999, p.90.

39) David Latham, "Should competition law be used to compel the grant of

152

바와 같이 예비부품(spare part)을 의장권의 범위에서 제외할 필요에 근거
한 통상적인 관점을 따르고 있다. 영국 상원(House of Lords)은 동 사건
에서 자동차 부품 소유자의 저작권은 예비부품의 생산자에 대항하여 저작
권을 주장할 수 없으며, 이는 만약 예비부품을 경쟁적인 출처로부터 자
유롭게 취득하지 못할 경우, 예비부품은 실질적으로 수리를 위한 자동차
의 소유자가 그 권리행사를 금지당할 수 있기 때문이라고 판시하였다.[40]

3) 상표의 강제실시

상표의 강제실시는 TRIPs협정에 의하여 금지되고 있지만,[41] 아주 예
외적인 사례로 상표와 관련하여 강제실시가 실행된 적이 있다. 미국 연
방무역위원회(Federal Trade Commission: 이하 'FTC'이라 함)는 *FTC
vs. Cereal Companies* 사건에서 5개의 완전히 새로운 회사의 설립을
제안하고, 기존에 존재하고 있는 회사에게 그들의 상표를 허가할 것을
요구하였다. 또한 *FTC vs. Borden Company* 사건에서 판사는 상표
'Realemon'의 강제실시를 결정하였다.[42]

4) 노하우(know-how) 및 정보의 강제실시

어떤 경우 노하우 또는 정보의 강제실시는 특허의 강제실시와 더불어 또
는 단독으로 강제실시의 대상이 되기도 하였다. 예를 들어 1994년 7월 6일

licenses of intellectual property rights?" *International Review of
Competition Law*, Bruxelles, Vol.2, 1996, p.26.

40) Sally Field, "Copyright in Industrial drawings, Availability of Licenses of
Right", *Copyright World*, 36, 1993/1994, pp.47-49.

41) TRIPs협정 제21조.

42) Sol Goldstein, "A Study of Compulsory Licensing", Licensing Executive
Society(LES), 1997, pp.122-125.

미국 FTC는 Dow사에게 잠재적 무형자산의 실시를 요구하였다. 여기에는 모든 화학공식(formulations), 특허, 영업비밀, 기술, 노하우, 특허설명서(specification), 의장, 도면(drawings), 제조공정(processes), 품질통제데이터, 연구자료(research materials), 기술정보, 관리정보시스템, 소프트웨어, 의약품지배파일 및 미국 식품의약국(United States Food and Drug Administration) 승인과 관련된 모든 정보를 포함하고 있다. 또한 새로운 시장 진입자가 식품의약국에서 자신의 승인을 취득하는 과도 기간 동안 Dow사는 'dicyclomine' 알약과 캡슐을 새로운 시장 진입자에게 평균 판매 가격의 48%를 초과하지 않는 가격으로 공급할 것을 FTC는 요구하였다.[43]

<h2 style="text-align:center">제2절 특허강제실시 관련 국제규범
및 주요 국가의 관행</h2>

Ⅰ. 관련 국제규범

1. 파리협약

1) 1883년 파리협약

파리협약은 특허권의 강제실시를 규정한 최초의 국제협약이며 강제실시를 규정한 1883년 영국 특허법의 영향을 많이 받았다. 1883년 파리협약은 특허의 '실행의무'(working obligation)를 포함시켰으나, '실행'(working)의 의미를 정의하지 않았으며, 모든 회원국들은 국내법에 의하여 그 의

---

43) Correa, *supra* note 1, p.9.

154

미를 확정하였다.[44)

실행에 대한 요구는 외국의 특허권 소유자와 관련하여 논란이 계속되었다. 외국 특허권 소유자들은 특정한 기간 내 특허의 실행을 요구받을 뿐만 아니라, 특허권을 신청한 국가 내의 발명특허의 산업적 사용 또는 생산하는 특허의 현지 실행을 요구받았다. 외국 특허권자에게 모든 특허를 현지 실행하도록 의무를 지우는 것은 많은 이유에서 경제적으로 비효율적이었음에도 불구하고 많은 국가들은 국내 산업의 발전과 국내 산업을 보호하기 위한 차원에서 국내 실행을 요구하였다.[45)

2) 1925년 파리협약(헤이그 개정안)

비실행으로 인한 제재와 같은 특허권의 취소는 여전히 다른 사회적 비용을 초래하게 되었다. 예를 들어 경쟁자들이 자체적인 방법으로 이미 공개된 발명을 생산하기 위한 투자비용 또는 노하우가 불충분 경우가 존재하였다. 그리하여 최종적으로 국가들은 특허권 취소 대신 강제실시 제도를 주된 제재로 채택하였다.[46)

1925년 헤이그회의 동안 강제실시의 비효과적인 제재와 더불어, 비실행에 대한 특허권 취소를 위한 노력이 있었다. 그 결과 동 회의에서 채택된 타협안은 회원국들이 '실행실패'와 같이 특허권자의 독점권 남용을 방지하기 위한 필요한 법적 조치를 취하는 것을 허락하였다.[47)

그러나 1925년 개정의 난점은, '남용'에 대한 구제로서의 취소는 강제실시의 부여가 그러한 남용의 방지에 실패하였을 경우에만 허락되는 것이었다. 따라서 모든 사건에서 제재는 특허가 부여된 날로부터 적어도 3

---

44) 파리협약(1883), 제5A(1)조. Ladas, *supra* note 2, p.524.
45) *Ibid.,* pp.522-523.
46) *Ibid.,* pp.523-524.
47) 1925년 파리협약(헤이그 수정안) 제5조.

년 동안은 적용할 수 없을 뿐만 아니라, 특허권자가 '법적근거'의 존재를 증명할 경우에도 제재는 적용할 수 없었다.[48]

만약 1925년 개정의 효과 중 다른 의도하지 않은 결과는 특허의 현지실행의 실패를 포함하여 폭넓고 다양한 남용을 구제하기 위하여 강제실시의 사용을 합법화하는 것이었다. 1925년 파리협약의 제5조에 대한 개정의 결과는 강제실시 조항이 없는 국가들로 하여금 자국의 특허법에 강제실시제도를 채택하도록 고무하는 것이었다.[49]

3) 1958년 파리협약(리스본 개정안)

1958년 리스본 회의를 준비하는 과정에서 파리협약의 운영을 책임진 국제사무국은 특허의 독점권 남용이 없는 사건에 대하여 협약 제5(A)조의 적용가능성에 대한 회원국들의 의지를 확인한 바 있다. 사무국은 15개 국가[50]들이 협약 제5(A)(3)조와 (4)조에 규정한 '기간의 경과 없이 수시로 강제실시를 부여하기 위하여 공공이익의 권리를 유보'하고 있음을 발견하였다. 또한 강제실시는 비독점적으로 부과되어야 한다는 것에 동의함을 발견하였다. 따라서 이러한 연구결과는 1958년 협약문안의 제5A(4)조에 포함되었다.[51]

4) 1967년 파리협약(스톡홀름 개정안)

남용 이외에 강제실시를 부과할 수 있는 이유에 대한 조건을 명문화

---

48) Ladas, *supra* note 2, pp.526-527.

49) *Ibid.*, p.530.

50) 15개 국가들은 다음과 같다: 벨기에, 캐나다, 덴마크, 핀란드, 프랑스, 독일, 이스라엘, 일본, 노르웨이, 네덜란드, 로디지아, 루마니아, 남아프리카, 스웨덴 및 유고슬라비아.

51) Ladas, *supra* note 2, p.535.

156

하고 제한하려는 노력들이 1960-1966년 동안 특허변호사들이 참여한 국제회의에서 추진되었다. 그러나 동 회의에서 어떤 제안서도 1967년 스톡홀름 개정안에 채택되지 않았으며,[52] 강제실시와 관련된 조항은 일부 용어만 수정되었다. 1967년 파리협약 제5A조는 강제실시에 대하여 다음과 같이 규정하고 있다.

(1) 특허권 소유자가 동 동맹의 어느 회원국 내에서 생산한 상품을 동 특허권을 부여한 국가로 수입할 경우 동 특허권의 취소를 초래하지 않는다.

(2) 동 동맹의 각 회원국은 강제실시를 부여할 입법조치규정을 취할 권한이 있으며, 특허권 비실행과 같은 특허권이 부여한 독점권을 행사함에 있어서 발생 가능할 피해를 방지하기 위함이다.

(3) 강제실시의 부여가 상술한 권리남용을 방지하는 데 충분하지 않을 때를 제외하고 특허권의 취소를 규정하여서는 아니 된다. 첫 강제실시를 부여한 때부터 2년 내 특허권의 취소 또는 철회 절차를 진행하여서는 아니 된다.

(4) 특허 신청일부터 4년 또는 특허권 부여일부터 3년 내, 특허권의 비실행 또는 불충분한 실행을 이유로 강제실시를 신청하여서는 아니 되며 특허권 소유자가 정당한 이유를 제출할 경우 강제실시의 신청을 거부할 수 있다. 이러한 강제실시는 동 실시를 사용하는 기업 또는 상호와 함께 양도되는 경우 이외에 강제실시의 부여형식을 포함하여 독점권이 없으며 또한 양도할 수 없다.

---

52) *Ibid.*, pp.536-538.

(5) 상술한 각종 규정에 필요한 수정을 하여 실용신안에 적용한다.

2. TRIPs협정

TRIPs협정은 강제실시의 조건에 대하여 비교적 상세한 규정을 두고 있다. 그러나 강제실시의 부여 사유에 대하여서는 제한을 두고 있지 않으며, 단지 회원국의 법이 기타 사용을 허용한다는 조건만을 규정하고 있다.[53]

1) 강제실시의 조건

TRIPs협정은 제31조(a)에서 (i)까지 강제실시의 실체적 요건과 절차적 요건을 다음과 같이 명시하고 있다.

(1) 개별적 필요성의 고려

강제실시의 결정은 일반적인 원칙, 예를 들어 특정한 기술유형의 모든 권리 등에 의하여 결정되는 것이 아니라 그 신청심사에서 개별적인 사안의 내용에 따라 심사하여야 한다는 규정이다.[54]

1990년 브뤼셀 각료회의의 최종선언에서는 그러한 사용의 각 사안은 개별적인 평가에 기초하여 고려되어야 한다고 규정하였다. 그러나 이에 대하여 인도와 미국이 반대 입장을 표명하였다. 인도는 공공이익을 이유로 하여 의약품 등 일정 범주의 발명 전반에 대해 강제실시권을 설정하

---

53) Michael Blakeney, *Trade Related Aspects of Intellectual Property Rights: A Concise Guide to the TRIPs Agreement*, London, Sweet & Maxwell, 1996, p.60.
54) TRIPs협정 제31조 a호.

는 것이 금지되는 것은 아니라고 주장하였다. 한편 미국은 군사적 기술 개발 등에 관한 정부 사용의 경우에는 각각의 특허마다 허락을 받도록 하고 있지 않고, '그러한 사용의 각 사안'이라고 하는 형태로 매 특허마다 또는 서로 기술적으로 밀접한 관련이 있는 몇 건의 특허에 대해 개별적인 판단을 하여야 한다는 의무를 발생시키는 것으로 해석될 수 있기 때문에 이는 수용할 수 없다고 주장하였다. 결국 미국의 이러한 주장은 받아들여졌다.[55]

(2) 사전협상요구

강제실시의 사용예정자가 합리적인 상업적 조건에 따라 권리자로부터 승인을 얻기 위한 노력을 하고 그러한 노력이 합리적인 기간 내에 성공하지 못한 경우에 한하여 강제실시는 허용될 수 있다.[56] 즉, 정상적으로 실시를 취득하려고 시도하였으나 특허권자의 권리남용으로 인해 실시를 취득할 수 없는 경우에 국가가 강제적으로 실시를 부여한다는 것이다.

예를 들면 비상사태와 공공의 비상업적 사용의 경우, 협정 제31조(b)호에 따른 특허권자의 자발적인 실시를 위한 사전요구가 필요하지 않다. 그 밖에 공공의 비상업적 사용일 경우라도 특허권자는 발명의 사용이 발생한 후 합리적으로 실행할 수 있는 시간 내에 동 정보를 통보받아야 한다.

(3) 강제실시의 범위와 기한

강제실시의 범위 및 그 기간은 승인된 목적에 한정된다.[57] 이는 강제실시권의 설정이 남용되는 것을 방지하고자 한 것이다. 여기서 '범위'란

---

55) 김순석, "특허권의 국제적 보호에 관한 연구", 성균관대 박사학위논문, 1998, 144면.
56) TRIPs협정 제31조 b호 제1문.
57) TRIPs협정 제31조 c호.

강제실시 등이 부여된 특허의 객관적 범위뿐만 아니라, 실시권을 부여받은 자의 주관적 범위를 포함하는 것으로 해석된다. 따라서 어떤 특허가 복수의 요청을 받을 경우, 목적 달성에 불필요한 요청에 대해서까지 강제실시권 등을 부여하는 것은 허락되지 않는다. 또한 일정한 목적을 위하여 강제실시권의 부여가 필요한 경우에도 그 특허이용과 이해관계가 없는 자에게까지 실시권을 부여하는 것도 허락되지 않는다.[58]

한편 반도체기술과 관련된 특허에 대한 강제실시의 부여는 비상업적 공공사용의 경우와, 사법상 또는 행정상의 절차에 의한 심사의 결과 반경쟁적인 것이라고 판정된 행위를 시정하기 위한 경우에 한하여 인정된다.[59]

(4) 비배타성 및 비양도성

강제실시는 비배타적인 것이며,[60] 기업 또는 영업권의 일부와 함께 양도되는 경우에 한하여 양도할 수 있다.[61] 만약 강제실시를 부여하면서 원 특허권과 동일한 실시권을 부여한다면 권리자의 권리를 과도하게 저해하게 된다. 따라서 강제실시는 비배타적이어야 한다고 규정한 것으로, 권리자는 제3자에게 실시권을 부여할 수 있다.

(5) 국내 시장에 대한 공급

강제실시는 주로 그 실시를 승인한 회원국의 국내 시장에 대한 공급을 위하여 허락되어야 한다.[62] 이는 강제실시의 범위를 주로 국내 시장으로

---

58) 김순석, 앞의 주 55, 149면.
59) TRIPs협정 제31조 c호. 동 조항은 미국 반도체 업계의 압력에 의하여 채택된 것으로 이는 기술 분야에 의한 차별을 금지하는 TRIPs협정 제27조1항에 저촉되는 것으로 평가된다.
60) TRIPs협정 제31조 d호.
61) TRIPs협정 제31조 e호.

의 공급을 위해서 하는 행위에 한정하려는 취지이다. 그러나 강제실시는 '주로 국내 시장으로의 공급을 위해서'라는 표현으로 정면으로 인정되고 있는 것은 아니지만 또한 완전히 부정되고 있는 것도 아니다. TRIPs협정은 반경쟁행위 구제를 위하여 강제실시를 부여할 경우 이러한 제한을 받지 않음을 규정하고 있다.[63] 미국도 반독점행위 구제를 위하여 강제실시를 부여할 경우 피허가인의 수출을 명확히 허락하고 있다.[64]

(6) 보 상

강제실시가 부여되는 경우에도 특허권자는 특허권의 경제적 가치를 고려하여 개별 상황에 따라 적절한 보상을 받는다.[65]

보상수준의 '적절성'에 대한 판단은 회원국 국내법에서의 문제이다. 그러나 이러한 판단은 반드시 개별사안에 의하여 확정되어야 하며, 구체적인 상황과 시장 및 실시의 목적 등이 동시에 고려되어야 한다.[66]

2) 강제실시의 사유

(1) 거래거부

특허권 소유자가 제3자에 대한 특허권 실행을 자유롭게 허가할 권리는 일반적으로 인정된다. 예를 들어 미국의 Berkey Photo vs. Eastman Kodak Co. 사건에서 특허권자의 동 권리는 지적재산권의 중요한 요소로 인정되기도 하였다.[67][68] TRIPs협정에 따르면 이러한 사용은, 동 사용에

---

62) TRIPs협정 제31조 f호.
63) TRIPs협정 제31조 k호.
64) 孔祥俊, *WTO知識産權協定及其國內適用*, 法律出版社, 2002, p.260.
65) TRIPs협정 제31조 h호.
66) 孔祥俊, *supra* note 64, p.260.

앞서 사용예정자가 합리적인 상업적 조건하에 권리자로부터 승인을 얻기 위한 노력을 하고, 이러한 노력이 합리적인 기간 내에 성공하지 아니하는 경우에 한하여 허용될 수 있다고 규정하고 있다.[69] 사실상 동 규정은 반독점규정과 연관되어 있다. 즉, 특허권은 합법적인 독점권임에도 불구하고 특허권 소유자가 그 독점지위를 이용하여 타인의 합리적인 사용요구를 거부할 경우 거래거부성격의 독점지위 남용에 해당한다.[70] WTO 사무국도 거래거부를 강제실시를 부여하는 자동적인 사유로 인정하고 있다.[71]

1995년 4월 6일 Magill 사건에 관한 유럽법원(European Court)의 결정에서 '거래거부'에 기초한 강제실시의 사례를 찾아볼 수 있다. 법원은 판결문에서 프로그램에 관한 기본정보의 유일한 원천인 Radio Telefis

---

67) *Berkey Photo vs. Eastman Kodak (1979).* 1954년 전 코닥은 소비자에게 판매하는 필름원가에 처리비용을 포함시켰다. 필름과 처리비용의 끼워 팔기는 코닥의 시장점유율을 1954년의 96%부터 1976년의 10%까지 인하시켰다. 1972년 코닥은 포켓 아마추어 카메라를 출시하였으며, 동 카메라를 위한 특별 제작된 필름을 사용하였다. Berkey Photo와 같은 경쟁자들은 코닥의 신상품 출시에 대하여 어떠한 경고를 받지 못하였으므로 코닥은 그때부터 카메라, 필름 및 필름발전에서 순조로운 출발을 하게 되었다. 법원은 코닥이 경쟁자들에게 동 제품에 대한 정보를 제공할 의무가 없다고 하였다. 신제품의 출시를 위한 연구개발과 위험은 회사가 동 발명으로부터 이익을 취득할 권리를 가지게 한다. 발명과 발전은 독점을 취득하는 완전히 합법적인 방법이다. Victor A. Matheson, *The Anti-Trust Casebook,* University of Minnesota, Department of Economics and Lake Forest College, 1998. http://www.holycross.edu/departments/economics/vmatheso/antitrust.htm #Berkey%20Photo%20v. %20 Eastman%20Kodak, 04-11-25 검색.

68) 미국반독점법에 의하면 실행(work)의 실패 또는 실시의 거부는 강제실시의 실행에 의하여 제재될 수 없다. Friedrich K. Beier, "Exclusive Rights, Statutory Licenses and Compulsory Licenses in Patent and Utility Model Law", *International Review of Industrial Property and Copyright Law(IIC),* Vol.30, No.3, 1999, p.265.

69) TRIPs협정 제31조 b호.

70) 孔祥俊, *supra* note 64, p.257.

71) WTO, WT/CTE/W/8, June 8, 1995.

162

Eireann(RTE)와 Independent Television Publications Limited(ITP)는 국내저작권조항에 따라 제3자에 대한 정보의 공급을 거부할 수 없다고 판시하였다. 또한 법원은 이러한 거부는 특정적 대상물을 초월하여 지적 재산권을 행사하는 것이며, 로마협약 제86조하의 지배적지위의 남용을 구성한다고 판시하였다.[72]

'거래거부'는 강제실시를 부여하는 근거로 이미 중국, 독일 및 이스라엘 등 여러 국가의 국내법에서 확인되었다.[73] 중국 專利法 제51조는 특허법의 규정에 따라 강제실시 허가를 신청한 단위, 개인은 합리적인 조건으로 특허권자와 실시허가계약을 체결할 수 없음을 증명하여야 한다고 규정하고 있으며,[74] 독일 특허법 제24조 1항은 발명의 상업적 사용을 위한 비독점적 권한은, 만약 무역에서의 일반적이고 합리적인 조건하에서 발명의 실시를 위한 특허권자의 동의를 취득하기 위한 허가의 신청이 합리적인 기간 내에 노력이 실패하였을 경우, 개별사건에서 특허법원에 의하여 부여될 수 있다고 규정한다.[75] 영국의 경우에도 합리적인 기간 내 특허권자가 특허권의 실시를 거부할 경우 강제실시를 부여할 수 있음을 규정하고 있다.[76]

이처럼 거래거부를 사유로 하는 강제실시를 부여받으려면 이해관계자는 그가 합리적인 상업조건하에서 특허권자의 자발적 실시를 요구하였으나 합리적인 기간 내에 답변을 받지 못하였거나, 아니면 거부되었음을 입증하여야 한다.

---

72) Correa, *supra* note 1, p.15.
73) Michael Cohn, "Compulsory License for the Manufacture of a Hepatitis B Vaccine : Exploitation of the invention for R&D prior to compulsory licence proceedings in Israel", *Patent World*, 1997, pp.22-27.
74) 중화인민공화국 전리법(1995) 제51조.
75) Germany Patent Law, December 16, 1980, (last amended by the laws of July 16 and August 6, 1996.)
76) 영국 특허법, 1977년 수정, 제48.3.d조.

(2) 비실행과 불충분한 공급

앞서 설명한 것처럼 강제실시의 기원은 특허의 실행과 관련된다. 파리협약 후 많은 선진국과 개도국들이 비실행 또는 불충분한 실행을 강제실시의 사유로 규정하였다. 오스트리아, 프랑스 및 일본의 법률은 특허실행의 의무를 발명의 산업적 사용으로 이해하고 있으나, 많은 선진국에서 동 개념은 점차적으로 발명의 상업적 이용에 의하여 대체되었다.[77]

TRIPs협정은 제2조 1항에서 동 협정 제2부분, 제3부분 및 제4부분과 관련하여 전체 회원국들은 파리협약(1967)의 제1-12조 및 제19조의 규정에 부합되어야 한다고 규정을 하고 있다. 즉, TRIPs협정도 회원국들이 특허권 비실행을 강제실시를 부여하는 이유로 인정하고 있음을 알 수 있다. 그런데 문제는 '실행'의 정의가 무엇이며 '현지 실행'의 금지 여부, 또는 수입을 통하여 '실행'할 수 있는지 여부 등이다.

1996년 브라질 산업재산권법은 '실행'을 브라질 국내에서의 실행으로 정의를 하고 있다.[78] 한편 '비실행'은 특허보호를 받는 상품을 부분 또는 전체적으로 제조할 수 없거나, 또는 특허보호를 받는 방법을 완전히 이용할 수 없는 것을 의미하며, 만약 특허등록 후 3년 내 이러한 비실행 상황이 있을 경우 특허권자의 동의 없이 브라질 정부는 기타 기업에 동 특허를 실행하도록 강제실시를 부여하거나, 또는 저렴한 국제수입원으로부터 동 특허상품을 수입하는 것을 허락할 수 있다고 규정하고 있다.[79] 그러나 미국은 브라질의 조치가 TRIPs협정 제27조 1항의 특허권은 상품의 수입 또는 현지 생산에 무관하게 차별되어서는 안 된다는 규정에

---

77) Fauver, *supra* note 10, p.672.
78) 국내 실행은 특허권 소유자의 자체 기업을 통하여 실행하거나, 또는 브라질 역내의 기타 기업에 실행을 허가하든지 모두 가능하다. Brazilian Industrial Property Law No.9279/96 of 14th May 1996, 제68조.
79) *Ibid.*

위배된다고 주장하였다.[80]

TRIPs협정은 수입과 현지 제조를 차별하지 않을 것을 규정하며, 특허 상품에 대한 현지 실행을 금지하고 있지는 않다. 그러나 선진국들은 특허의 실행의무는 특허보호를 받은 상품의 단순수입에 의하여 만족될 수 있다고 인정하고 있다.[81]

예를 들어 1992년 유럽법원은 EC의 다른 회원국에서 제조된 상품의 국내 시장 수입은 실행의 요구를 충족시킨다고 판정하였다. 즉, 법원은 만약 특허권을 부여받은 날로부터 3년 내, 또는 특허출원을 한 날로부터 4년 후 특허소유권자 또는 그 상속인이 직접, 1인 또는 여러 명의 특허권 사용권자에게 해당 국가 영토 내에서 생산하는 방식 또는 유럽공동체 회원국으로부터 수입하는 방식으로 발명을 실행하지 않거나 또는 그 실행 정도가 해당국의 수요와 심각히 부합되지 않을 경우, 허가를 신청한 자에게 비독점적인 강제실시를 부여할 수 있다고 판시하였다.[82] 스페인도 이와 비슷한 규정을 두고 있는데, 스페인 특허법은 WTO회원국에서 수입의 방법으로 발명특허를 이용하는 것은 자국 영토 내에서 발명의 사용과 똑같은 효과를 가진다고 규정하고 있다.[83]

(3) 공공이익

'공공이익'은 강제실시의 사유로 많은 법률에서 규정하고 있다. 그러나 '공공이익'의 구성요소에 대하여 각국은 서로 차이를 나타내고 있다. 예

---

80) Oxfam, Drug Companies vs. Brazil: The Threat to Public Health, May, 2001, p.9,http://www.Oxfam.org.uk/what__we__do/issues/health/downloads/ drugcomp__brazil.rtf, 04-03-27 검색.
81) Correa, *supra* note 1, p.17.
82) Giovanni Grippiotti, "Working Patents and the Compulsory licence regime in Italy: a recent development", *Patent World*, 1994, p.40.
83) Correa, *supra* note 1, p.17.

를 들어 브라질은 공공이익에 대한 정의를 공중보건, 영양수요의 만족, 환경보호 및 기타 브라질 기술, 사회와 경제발전에 대하여 근간이 되는 중요한 분야를 포함한다고 규정하고 있다.[84] 미국에서는 불충분한 실행, 종속특허 또는 저가상품에 포함된 소비자의 이익이 공공이익을 사유로 한 강제실시의 부여를 위한 충분한 기초를 구성하지 않는다고 주장된 적이 있다.[85] 결국, 산업발전이 제한된 국가에서 '공공이익'은 국내 산업발전을 위한 기회를 포함시키기 위한 것으로 간주될 수 있다.[86]

한편 국가의 공공이익이 위태롭다고 간주될 경우, 미국 정부도 강제실시를 부여한 경험이 있다. '원자에너지법'[87]과 '청정공기법'[88]의 경우 사인단체가 미국특허권 소유자로부터 강제실시를 요구할 수 있는 특별한 조건을 만들어냈다. 또한 1973년의 에너지 위기도 또 다른 좋은 예를 보여주고 있다. 1974년에 제정된 '연방비핵에너지연구및발전법'[89]은 ERDA의 운영하에 강제실시와 관련하여 권고를 하도록 규정하고 있다.[90]

독일 특허법은 공공이익을 위하여 절대 필요할 경우 강제실시를 부여하도록 하고 있다. 강제실시는 1991년 6월 7일 독일연방특허법원에 의하여 한 번 부여된 적이 있다.[91]

---

84) Beier, *supra* note 68, p.265.

85) *Ibid.*

86) Fauver, *supra* note 10, p.671.

87) Atomic Energy Act of 1954, (PL 83-703).

88) Clean Air Act of 1970, (PL 91-604).

89) Federal Non-Nuclear Energy Research and Development Act of 1974, (ERDA, PL 93-557)

90) Marcus Finnegan, "The folly of compulsory licensing", *Licensing Executive Society(LES)*, June, 1977, p.147.

91) 자세한 내용은 Von Meibom, Wolfang and Pitz, Johann, "Experimental use and compulsory licence under German Patent Law", *Patent World*, 1997, p.33. 참조.

166

(4) 반경쟁적 관행

TRIPs협정은 반경쟁적 관행을 극복하기 위하여 강제실시를 부여할 수 있도록 규정하고 있다. 즉, TRIPs협정에 따라 회원국의 지적재산권 남용이 경쟁체제에 대한 불리한 경우를 확정할 권한이 있으며, 강제실시 등 관련 조치를 취할 수 있다.[92] 그 밖에 TRIPs협정 제31조(k)호는 "회원국은 이러한 사용이 사법 또는 행정절차의 결과 반경쟁적인 것으로 판정된 관행을 교정하기 위해서 허용되는 경우에는 (b)호 및 (f)호에 규정된 조건을 적용할 의무가 없다"고 규정함으로써 제40조와 강제실시를 부여할 수 있는 강력한 법적 기초를 제공하고 있다.[93]

미국은 세계에서 반경쟁행위 구제에 강제실시를 사용하는 주요 국가 중 하나이다. 미국 특허법은 강제실시를 규정하고 있지 않지만, 반경쟁행위를 구제하기 위한 강제실시에 대하여 풍부한 경험을 가지고 있다.[94]

(5) 정부 사용 또는 비상업적 공공사용

정부 사용 또는 비상업적 공공사용은 정부기관이 본래의 기능을 위하여 보호를 받는 특허를 사용하는 과정에서 발생한다. 1883년 영국 특허법에 따르면 왕실은 특허권자에게 호의에서 보수를 주는 것이 관행임에도 불구하고 발명특허를 특허권자의 동의 없이 또는 보상 없이 사용할 수 있다. TRIPs협정에서는 비상업적인 공공사용의 경우에도 사전의 특허권 사용 협상을 하지 않고 강제실시권을 실행할 수 있으나, 정부 또는

---

92) TRIPs협정 제40조 2항.
93) Jonathan Hepburn, "Implementing the paragraph 6 decision and Doha Declaration: Solving practical problems to make the system work", Report of a seminar organised by the QUNO, 21-23 May 2004, Jongny-Sur-Vevey, Switzerland, p.26.
94) 보다 자세한 내용은 동 장 Ⅱ. 주요 국가의 관행 중 미국 부분 참조.

계약자가 특허조사를 하지 아니하고, 정부에 의해 또는 정부를 위해 유효한 특허가 사용되고 있거나, 사용될 것이라는 사실을 알고 있거나, 알 수 있는 명백한 이유가 있을 경우에는 특허권자에게 신속하게 통보하여야 한다고 규정하고 있다.[95]

1965년 영국에서 항생제는 그 특허권자인 Pfizer사에 의하여 높은 가격에 판매되고 있었다. 영국 보건부는 영국 특허법에 규정된 '왕실사용'(Crown service) 조항에 근거하여 Pfizer사의 허가 없이 이탈리아 생산업체로부터 항생제를 수입하여 공중보건의 수요를 만족시켰다. Pfizer사는 영국 보건부를 상대로 소송을 제기하였으나, 법원은 의료서비스의 목적으로 보건부가 특허권자가 생산하지 않은 의약품을 수입하도록 수권할 수 있다고 판시하였다.[96] 1977년 영국 특허법에 따라 영국 정부는 국가안전, 돌발사태, 공중보건 등 공공의 비상업적 목적에 기초하여 특허사용을 수권할 수 있으며, 이에 따른 조건은 영업이익을 목적으로 하지 않고, 특허권자에게 합리적인 특허사용료를 지급하는 것이다.[97]

(6) 종속특허 사용의 촉진

TRIPs협정은 세계 각국의 국내 법률과 마찬가지로 종속발명의 사용이 다른 선발명에 대한 위반이 없이는 불가능할 경우 강제실시의 부여를 허락하고 있다.[98] 동 협정은 이러한 강제실시가 부여되기 위한 3가지 조건들을 규정하고 있다. 첫째, 후특허에서 청구된 발명은 선특허에서 청구된 발명과 관련하여 상당한 경제적 중요성이 있는 중요한 기술

---

95) TRIPs협정 제31조 b호.

96) William R. Cornish, *Intellectual Property: Patents, Copyright, Trade Marks and Allied Rights*, 4th ed., London, Sweet Maxwell, 1999, pp.296-298.

97) *Ibid.*

98) TRIPs협정 제31조 1호.

적 진보를 포함하여야 하며, 둘째, 선특허권자는 합리적인 조건하에 후특허에서 청구된 발명을 사용할 수 있는 교차특허를 받을 수 있는 권리를 가지며, 셋째, 선특허와 관련하여 승인된 사용은 후특허의 양도와 함께 하는 경우를 제외하고는 양도되지 아니한다.[99]

이러한 강제실시에서 후특허는 반드시 '중대한 경제적 의의가 있는 중요한 기술적 진보'가 있어야 한다. 일부 국가에서 개량특허는 전자 등 많은 산업의 발전에 중대한 의의를 가진다. 선특허에 대한 개량특허의 강제실시의 취득은 양 특허 간의 경제와 기술가치의 가치대비에 의하여 결정된다. 동 가치대비의 표준은 특허를 부여하는 국가의 경제와 기술조건 및 관련된 원 특허권자의 규모와 실력에 의하여 결정된다.[100]

(7) 국가비상사태 및 극도의 긴급 상황

TRIPs협정은 국가의 비상사태 또는 극도의 긴급 상황일 경우 강제실시권을 부여받기 위한 특허권자와의 사전협상의무를 면제하고 있다.[101] 이는 시간적으로 절박하여 사전의 협상이 곤란하기 때문이다. 다만 강제실시권을 부여한 후 합리적으로 실행 가능한 빠른 시간 내에 특허권자에게 강제실시권 부여사실을 통보하여야 한다.[102]

국가의 비상사태 또는 긴급 상황은 개도국은 물론 선진국에서도 강제실시를 부여하는 근거로 인정되고 있다. 한국의 경우, 1995년 12월에 개정된 특허법 제106조 제1항은 "정부는 특허발명이 전시, 사변 또는 이에

---

99) *Ibid.*, (ⅰ)-(ⅲ).

100) 孔祥俊, *supra* note 64, p.259.

101) TRIPs협정 제31조 b호.

102) *Ibid.* 동 예외는 우루과이라운드에서 미국에 의하여 제안되었다. Draft Agreement on the Trade-Related Aspects of Intellectual Property Rights Communication from the United States, MTN.GNG/NG.11/W/70, May 11, 1990.

준하는 비상시에 있어서 국방상 필요한 때에는 특허를 수용하거나 정부 외의 자로 하여금 실시하게 할 수 있다"고 규정하고 있다. 이는 종전에 '국방상 필요한 때'라는 문구 대신 '전시, 사변 또는 이에 준하는 비상시에 있어서'라는 표현으로 보다 한정적으로 규정하여 TRIPs협정 제31조 (b)호를 수용하고 있는 것이다.[103]

Ⅱ. 주요 국가의 관행

1. 선진국의 경우

1) 미 국

미국은 다른 국가와 달리 일반적으로 강제실시에 대하여 명확한 입장을 가지고 있지 않다.[104] 그 증거로 미국은 특허의 비사용으로 인한 강제실시를 위한 일반적인 규범조항이 없고, 외국저작물의 강제적 번역에 관한 규범조항도 없으며, 교육적 목적의 강제실시를 동의하는 조항도 없다.[105] 같은 맥락에서 미국 대법원은 미국의 특허제도에 있어서 강제실시는 아주 드물며, 강제실시는 넓은 범위에서 실행된 바가 없다고 확인한 경우도 있다.[106]

그러나 사실상 미 연방정부는 정부 자체 또는 정부가 위임한 대리인을 통하여 강제실시를 실행한다.[107] 1950년부터 1960년 사이 미국 국방

---

103) 김순석, 앞의 주 55, p.146.
104) Jay Dratler, *Licensing of Intellectual Property*, Law Journal Press, 1994.
105) *Ibid.*
106) *Dawson Chemical Co. ET AL vs. Rohm & Haas Co.*, LEXSEE 448 U. S. 176, June 27, 1980, p.217.

170

부는 특허의약품을 특허권자가 아닌 다른 경로를 통하여 인하된 가격으로 취득하였는데, 대부분의 경우 이탈리아와 같이 의약품에 대한 특허보호를 하지 않는 국가의 생산자로부터 취득하였다.[108] 이러한 관행은 특허의약품의 수입을 금지하는 조항이 1961년 8월 외국경제원조법의 한 조항으로 추가된 후 종료되었다.[109]

'남용'에 대한 강제실시와 관련된 미국의 관행은 캐나다를 포함한 기타 많은 국가들과 차별된다. 즉, 미국에서 강제실시는 일반적으로 특허권자의 독점권 남용을 구제하기 위하여 사용되지 않았으며, 오직 반독점법 위반의 차원에서 오용(misuse)의 문제로 다루어졌다.[110]

미국 법원과 규제기관(regulatory agency)은 넓은 범위 내의 활동을 규제하기 위하여 지적재산권에 대한 비자발적 실시를 부과할 권한이 있다. 합병 또는 잠재적 반독점 위반의 경우가 이러한 예이다. 그 밖에 비록 미국은 강제실시의 공공이익원칙을 성문화한 적이 없지만, 특정한 공공이익의 목적, 예를 들어 농촌의 관개수로와 전기선로 부설을 위하여 강제실시의 사용을 성문화한 경우가 있다.[111]

1950년대 경쟁에 대한 전문 감시가 의회와 연방상소법원에서 우세하였으며, 그 시기 동안 특허에 대한 반대도 믿기 어려울 정도로 대단하였다. 상대적으로 약세였던 특허보호와, 상대적으로 강한 반독점시행 패턴은 1970년대까지 지속되었으며, 1990년대에 이르러서야 특허보호와 반독

---

107) CPTech, http://www.cptech.org/ip/health/cl/us-1498.html, 04-07-18 검색.

108) Pentagon Discloses Policy on Drug Buying Abroad: Announces 3 Purchases, *Wall Street Journal*, January 20, 1961.

109) Foreign Economic Assistance Bill(P L 87-195), Sec 606(c) 참조.

110) Jerome H. Reichman & Catherine Hasenzahl, Non-Voluntary Licensing of Patented Inventions: Historical Perspective, Legal Framework under TRIPs, and an Overview of the Practice in Canada and the USA, UNCTAD & ICTSD, June 2003, p.19.

111) Jay Dratler, *supra* note 104.

점의 지위가 바뀌게 되었다.[112] 이런 제도하에서 폭넓은 범위에서 특허
보호는 추후연구에 대한 방해로 작용하였다. 일부에서는 강력한 특허보
호의 동향은 1982년의 연방순회법원의 창설로부터 유래된다고 주장한다.
그 원인으로 연방순회법원이 미국 특허상표국(United States Patent
and Trademark Office)과 특허침해와 관련된 민사행위에 관한 연방지
방법원으로부터 상소된 사건에 대하여 배타적인 사법관할권을 가지고
있는 것을 지목하고 있다. 결과적으로 연방순회법원은 이러한 사건에 대
하여 특허권자의 이익을 위하는 판정을 내리는 경향이 나타났고, 특허권
가치의 보호를 발명보호의 차원으로 향상시켰다.[113]

미국은 반독점법의 위반이 발견되었을 경우, 또는 반독점사건의 해결
을 위한 협상에서 경쟁 촉진을 위한 강제실시를 이끌어내었다. 1950년대
말까지 약 4만~5만 개의 특허를 포괄하고 있는 약 100여 개의 반독점
사건에서 강제실시를 문제 삼았다.[114] 그중 한 사건에서만 1,500개의 특
허가 강제실시되었으며,[115] GE 백열등 특허와, AT&T가 포함된 8,600
여 개의 특허를 포함한 일부 특허사건에서 미국은 특허사용료를 지급하
지 않을 것을 요구하였다.[116]

특허의약품 강제실시와 관련된 가장 최근의 사례는 2004년 1월 29일

---

112) Susan De Santi, The Intersection of Antitrust and Intellectual Property
    Issues: A Report from the FTC Hearing, Remarks before the Conference
    on Antitrust for High-Tech Companies Business Development Associates,
    San Francisco, February 2, 1996.

113) *Ibid.*

114) 반독점법에 따라 1941년 8월부터 1959년 1월까지 특허가 제한된 판결이
    도합 107건 있었다(그중 13건은 소송을 제기하고 94건은 동의). F. M.
    Scherer and Jayashree Watal, "Post-TRIPs Options for Access to
    Patented Medicines In Developing Nations", *Journal of International
    Economic Law*, 2002, pp.913-939.

115) Finnegan, *supra* note 90, p.139.

116) Scherer and Watal, *supra* note 114.

Nonprofit Corporation Essential Inventions사가 미국 HHS에 Latanoprost (Xalatan)과 Ritonavir(Norvir)의 생산을 위한 강제실시와, 저렴한 제너릭 의약품을 판매할 수 있도록 하는 탄원서를 제출한 사례이다. 두 가지 의약품은 연방기금으로 개발되었고, 정부는 'Bayh-Dole법'[117]을 통하여 해당 특허권에 접근할 수 있으며 기타 생산자에게 이를 허가할 수 있다. 2004년 8월 4일 미국 국립보건원(National Institutes of Health: NIH)은 Ritonavir에 대한 청구를 각하하였으며, Latanoprost에 대한 청구는 04년 11월 13일 현재 아직 회답이 없다.[118]

또한 2004년 10월 16일 Charles E. Schumer 미 상원의원은 정부는 제너릭 의약품 생산업자들로부터 직접 Cipro를 공급받을 수 있게 된다고 발표하였다.[119] Schumer는 HHS에 제너릭 생산업자들과 대량의 제너릭 의약품 판매계약을 체결할 것을 요청하였다. 즉, Schumer는 미국 연방법이 미국 정부로 하여금 특허권자 이외의 생산자로부터 정부 사용의 목적으로 상품을 구입할 수 있도록 허가하고 있지만, 이에 대해서는 합리적이고 충분한 보상을 지불하여야 한다고 지적하였다.[120] 미국 28

---

117) Bayh·Dole Act of 1980 (P L 96-517). 1980년 12월 20일 제정한 '대학과 소기업의 특허 절차법'(The University and Small Business Patent Procedure Act: USBPPA)을 Bayh-Dole Act (P. L. 96~517, Patent and Trademark Act Amendments of 1980)라 한다. 동 법은 당시 Dole 의원(캔사스 주)과 Birch Bayh 의원(인디아나 주)의 이름을 따서 'Bayh Dole 법'이라고 불린다. 동 법은 정부자금에 의한 발명에 대하여 대학, 비영리기관 및 중소기업이 소유권을 취득하는 것을 허용하였다. 또한 정부소유·정부운영연구소(GOGO)가 특허에 대한 배타적 실시권을 설정하는 권한을 주었다. 김홍균, "국가재정지원으로 획득한 특허의 효과적인 소유권 모델", 「고분자과학과 기술」, 제15권 4호(2004. 8), 468면.

118) CPTech, http://www.cptech.org/ip/health/cl/recent-examples.html # United, 04-11-13 검색.

119) 미국상원(United States Senate), http://www.senate.gov/~schumer/Schumer Website/pressroom/press_releases/PR00728.html, 04-11-13 검색.

120) Ibid.

USC §1498의 어떤 규정도 제너릭 생산자들이 정부에게 판매를 목적으로 Cipro를 생산하고, 정부에게 판매하는 것을 금지하지 않고 있다.[121]

2) 캐나다

1992년 캐나다가 NAFTA에 가입하기 전까지 캐나다의 정책은 특허 상품의 현지 생산을 격려하는 것이었다.[122] 식품과 의약품에 대한 강제실시 조항은 1923년부터 캐나다 특허법의 한 부분을 구성하고 있었다.[123] 1930년대 말까지 동 법은 특허가 부여된 후 2년 내에 현지 실행을 요구하고 있다. 이러한 요구에 대한 비승인은 특허권의 취소로 이어졌다.[124]

이러한 정책은 1935년 특허법 개정에서 개선되었으며, 개정안은 실행 실패 또는 특허의 허가 실패를 특허권자의 독점권 남용으로 규정하였다. 만약 위원회가 남용임을 증명하면 남용에 대한 구제는 합리적인 로열티에 의한 강제실시와, 최후의 수단으로 특허의 취소도 가능하다.[125] 캐나다 현지 실행의 요구를 반영한 법률조항은 1970년과 1985년 두 차례 개정안에서 계속 유지되었으며, 이는 '캐나다 정책을 위한 캐나다 산'(made-in-canada for canada policy)을 잘 반영하고 있다.[126]

1992년 캐나다가 NAFTA에 가입할 때 캐나다는 남용과 관련하여 '현

---

121) *Ibid.*

122) David Vaver, *Intellectual Property Law: Copyright, Patents, Trademarks,* Toronto, Irwin Law, 1997, p.169.

123) Edward Hore, "A comparison of United States and Canadian Laws as They Affect Generic Pharmaceutical Market Entry", *Food & Drug Law Journal,* 2000, p.381.

124) David Vaver, *supra* note 122, p.169.

125) *Ibid.*

126) *Ibid.,* p.170.

지 실행'의 내용을 폐기하였다. 이는 NAFTA가 특허권자의 해외 실행을 허락하고 수입을 통한 현지 실행을 허락하고 있기 때문이다.127)

이 밖에 캐나다는 공공이익의 촉진을 위하여 강제실시를 사용하였으며, 특히 식품과 의약품특허에 대하여 특별한 조항을 설정하였다.128) 의약품과 관련하여 강제실시제도는 제너릭 의약품의 생산을 촉진하기 위하여 적극적으로 사용되었으며, 이러한 제도는 소비자들에게 낮은 가격으로 의약품을 공급할 수 있게 되었다.129) 1983년 강제실시는 의약품 소비자의 가격을 211백만 달러를 인하하였으며, 의약산업에 관한 연구위원회는 강제실시를 의약산업을 위한 적절하고 효과적인 특허정책의 구성요소로 확인하였다.130) 한편 1991~1992년간 실행된 강제실시는 동등한 브랜드 의약품 가격을 55.6%로 낮게 책정하게끔 하였으며, 이를 통

---

127) NAFTA협정 Article 1709 (7): Patents shall be available and patent rights enjoyable without discrimination as to the field of technology, the territory of the Party where the invention was made and whether products are imported or locally produced.

128) 캐나다의 의약품 관련 강제실시는 1923년부터 1969년 사이에 총 22건이 부여되었으며, (총 49건이 신청되었으나 그중 23건은 철회되었으며, 4건은 거부되었다) 앞서 언급한 바와 같이 캐나다 법은 1969년에 개정되어 의약품 수입을 위한 강제실시는 허가되었다. 따라서 1969년부터 1992년 동안 1,030건의 신청이 의약품의 수입 또는 제조를 위하여 제기되었고, 그중 613건에 대하여 강제실시가 부여되었다. Gunars Gaikis, "Pharmaceutical Patents in Canada, An update on compulsory licensing", *Patent World*, 1992, p.19.

129) Christopher Scott Harrison, "Protection of Pharmaceuticals as Foreign Policy: The Canada-U.S. Trade Agreement and Bill C-22 versus the North American Free Trade Agreement and Bill C-91", *North Carolina Journal of International Law and Commercial Regulation*, Vol.26, 2001, p.457.

130) Stephen Schondelmeyer, The cost of Bill C-91: an economic impact analysis of the elimination of compulsory licensing of pharmaceuticals in Canada, PRIME Institute, Minneapolis, 1993, pp.3-4.

해 소비자는 약 171백만 달러를 절약하게 되었다.[131]

C-91법안은(Bill C-91) TRIPs협정에 의한 회원국들의 약속을 이행하기 위하여 1993년 2월에 채택되었으나, 1991년 12월 20일까지 소급하여 적용되었다. 동 법을 통하여 강제실시제도는 폐기되었으며, 특허의약품 가격에 대한 감독과 통제로 대체되었다. 대신 특허의약품 가격재심위원회의 권력은 확장되어 새로운 의약품과 기존의 의약품 가격 모두에 대한 심사를 포함하고 있으며, 의약품 가격의 인하를 특허권자에게 명령할 수 있도록 심사위원회에게 권한을 부여하고 있다.[132]

3) 영 국

영국도 의약품특허권의 강제실시 사례를 제공하고 있다. 1949년 영국 특허법 제41조는 강제실시를 위하여 식품, 의약품과 수술용 설비를 논리적 추정을 거쳐 기타 특허보호를 받는 제품과 구별하고 있다. 이는 그런 상품들을 특허권자의 합리적인 이득과 분리하여 제일 낮은 가격에 공중에게 유용하도록 보장하기 위한 것이었다. 영국의 경우 1950년부터 1972년 동안 76번의 강제실시가 영국 특허법 제41조하에 신청되었으며, 그중 25번에 대하여 강제실시가 부여되었다.[133] 여기에는 chloromycetin, librium 및 valium과 같은 중요한 상품에 대한 강제실시가 포함되었고,[134] 1988~1990년 동안에는 9번의 신청이 제기되었다.[135]

---

131) *Ibid.*

132) Sheldon Burshtein, "Sublicense or Supply Agreement? Supreme Court of Canada Interpretation Benefits Generic Pharmaceutical Industry", *Food & Drug Law Journal*, Vol.54, 1999, pp.73-75.

133) Goldstein, *supra* note 42, p.125.

134) F. M. Scherer and Jayashree Watal, "The Economics of TRIPs Options for access to Medicines' in Brigitte Granville", *The Economics of Essential Medicines*, London: Royal Institute of International Affairs

우루과이라운드 최종협정에 서명을 한 후 강제실시에 관한 영국 법률은 다시 개정되었다. WTO 회원국의 국민이 보유하고 있는 영국 특허에 대하여, 영국 내에서 실행하지 않는 발명의 강제실시의 부여조항은 폐기되었다. 또한 강제실시 대상으로서 논리적 추정을 거쳐야 하는 식품, 의약품과 수술용 설비와 관련된 조항도 삭제되었다. 그러나 발명특허에 대한 영국의 요구가 '합리적 기간'에 충족되지 않거나, 특허권 소유자가 '합리적 기간'에 특허이용권 부여를 거부하거나, 또는 공공이익에 반하여 진행되고 있는 독점이 '합리적 기간 내'에 특허허가를 거부할 경우 영국 특허법 제48조에 의하여 WTO 회원국의 특허에 대하여 강제실시를 할 수 있다.[136]

2002년 3월 1일에 발효된 영국의 '2002년 특허및식물다양권리규칙'은 새로운 품종의 경우 선특허권을 침해하지 않고, 식물육종가의 권리 또는 공동체 식물품종 권리를 취득할 수 없거나 이용할 수 없을 경우, 동 규칙에 따라 특허심사관(comptroller general of patents)에게 특허이용권을 신청할 수 있으며, 이러한 신청은 지정된 비용을 지불하여야 한다고 규정하며 식물품종권리에 대한 강제실시를 허락하고 있다.[137]

2002, pp.32-56.

135) James Love, Health Care and IP: Compulsory Licensing, Compulsory Licensing of Patents and Other Intellectual Property, 1999. www.cptech.org/ip/health/cl, 04-08-10 검색.

136) Scherer and Watal, *supra* note 134.

137) 영국, The Patents and Plant Variety Rights[compulsory Licensing] Regulations 2002, http://www.legislation.hmso.gov.uk/si/si2002/20020247.htm, 04-11-13 검색.

2. 개발도상국의 경우

1) 인 도

인도는 강제실시에 대하여 일관적인 접근을 하고 있다. 지난 30여 년 동안 인도의 의약품회사들은 특허권자의 이익보호보다는 공공이익의 보호에 중점을 두고 있는 1970년 인도특허법 규정에 근거하여 경영을 하였다.[138] 따라서 인도 법률은 식품, 의약품, 또는 화학 제조공정에 대한 강제실시를 자동으로 허가하고 있었다. 그러나 특허권자에게는 3년이라는 독점 기간이 주어졌다. 3년이라는 기간이 완료된 후 모든 사람들은 특허발명과 관련된 공공의 합리적인 요구를 만족시키지 않았거나, 또는 공중이 합리적인 가격으로 특허발명을 이용할 수 없을 경우 강제실시를 신청할 수 있었다.[139] 이러한 규정은 TRIPs협정 체결 이후에도 계속하여 적용되었는데, 이는 인도를 포함한 개도국들에 대한 동 협정 적용의 유예기간이 2006년 1월 1일까지이기 때문이다. 따라서 인도 입법부는 자국의 특허법을 TRIPs협정에 부합되는 방식으로 아직 수정하지 않고 있다.

자유로운 강제실시 조항을 규정하고 있음에도 불구하고 인도는 사실상 강제실시를 부여한 경우는 극히 예외적이었다.[140] 그러나 강제실시는 외국인과 협상에서 협상도구로 주로 활용되었다.[141] 인도를 비롯한 많은 개도국들에 있어서 전형적인 문제는, 인도 특허의 절대다수는 외국인이 보유

---

138) Elizabeth Henderson, "TRIPs and the Third World: The Example of pharmaceutical Patents in India", The International Intellectual Property System: Commentary and Materials Part One, 1997, pp.712-716.
139) *Ibid.*
140) Frederick M. Abbott, Thomas Cottier & Francis Gurry, *The Intellectual Property System: Commentary and Materials*, KLUWER LAW International, 1999, p.711.
141) *Ibid.*

178

하고 있고 다수의 특허는 상업적으로 실행되지 않았다는 것이다.[142]

인도 특허법상 입법목표는 현지산업의 확립을 격려하여 외국 화학 산업의 소유 집중을 중단시키는 것이었다. 1988년 인도 정부는 이러한 입법목표의 실현 여부를 검증하기 위한 그룹을 설립하였으며, 동 그룹은 일부 특허를 제외하고 특허법은 인도의 이익을 위하여 봉사하였다고 평가하고 있다.[143]

2) 필리핀

얼마 전까지만 해도 필리핀은 특허법에 강력한 강제실시제도를 규정하고 있었다. 공화국법(Republic Act) 제165호는 동 법 자체가 사실상 모든 신청자에 대한 강제실시가, 특허권 상품을 생산하거나, 또는 유용한 상품의 제조에서 특허상품을 사용할 또는 특허절차를 이용할 수 있도록 보장하고 있다.[144] 따라서 필리핀의 경우 강제실시와 관련하여 일반적으로 문제가 되는 것은 강제실시의 허가 여부가 아니라 그 허가에 필요한 시간이었다. 공화국법 제165호에 의하면 필리핀 내의 특허실행, 특허이용권 부여의 거부, 그리고 식품, 의약품 또는 식품과 의약품에 사용되는 물질과 관련된 발명특허 및 공중보건 또는 공중안전에 필요한 경우 강제실시를 부과할 수 있도록 규정하고 있으며, 특허부여 일로부터 2년의 시간이 경과된 후 이러한 근거에 의한 모든 강제실시는 신청이 가능하였다.[145]

---

142) Henderson, *supra* note 138, p.712.
143) Ruth L. Gana, "Prospects for Developing Countries Under the TRIPs Agreement", *Vanderbilt Journal of Transnational Law*, Vol.29, 1996, pp.746-747.
144) 필리핀 공화국법 제165호(Philippine Patent Law 1947), 제34조 2항.
145) Ma. Rowena R. Gonzales, Compulsory Licensing and Pharmaceuticals:

그러나 동 법은 이후 대통령령 제1263호에 의하여 수정되었다. 동 대통령령 제34조(A)는 국가경제발전국(National Economic Development Agency)이 특정한 특허상품 또는 특허절차가 국가방위, 경제 또는 공중보건에 아주 중요함을 증명할 경우 강제실시를 명령할 수 있도록 규정하고 있다. 동 령 제34조(B)는 또한 '투자장려법'(Investment Incentives Act)에 따른 투자위원회(Board of Investment)에 의하여 입증된 모든 산업프로젝트에 포함된 모든 상품, 부속품 및 공정이 국가방위, 경제 또는 공중보건에 중요한 상품, 부속품 및 절차로 인정된다고 규정하고 있다. 따라서 이러한 두 정부기관이 결정하면, 강제실시는 2년이라는 기간을 기다릴 필요 없이 부과될 수 있다.[146]

　TRIPs협정 체결 이후 필리핀은 TRIPs협정의 내용을 반영하여 개정된 지적재산권법(The Intellectual Property Code-Republic Act 8293)을 1998년 1월 1일부터 시행하였다. 지적재산권청 사법국의 조사에 의하면 새로운 지적재산권법이 발효 이후 신청된 강제실시의 건수는 없다고 한다. 반면, 자발적 실시 계약의 등기가 선택적임에도 불구하고 그 수는 증가하는 추세를 보여주고 있다.[147]

3) 중　국

　의약품과 화학물질에 관한 특허는 중국에서 1993년부터 보호를 받았으며, 기타 지적재산권에 대한 특허보호는 1985년부터 진행되었다.[148]

Emerging Issues in Philippine Trade, A paper presented at the conference on East Asia and options for the WTO 2000 Negotiations, July 19-20, 1999.

146) *Ibid.*

147) *Ibid.*

148) 중화인민공화국전리법은 1984년 3월 12일에 반포되어 1985년 4월 1일부터

의약품과 관련된 대부분의 법률은 2001년 12월부터 실행되고 있는데, 이는 중국이 WTO 가입 시기와 일치한다.[149] 중국의 의약품 도매상은 약 16,000여 곳이 있으나 그중 1,000개에 미치지 못하는 기업들만이 대형기업이며, 연간 판매총액이 3,000만 달러를 초과하는 곳은 70여 곳에 미치지 못한다. 중국에서 개발한 의약품 중 국제적으로 확인받은 의약품은 오직 2종류뿐이며, 97% 이상의 의약품들이 제너릭 의약품이다.[150]

중국 專利法은 특허권의 강제실시제도와 관련된 조항을 가지고 있다. 그러나 중국의 1987-1995년 GATT회원국 지위회복 노력과, 그 후 WTO 가입 과정에서 강제실시제도는 점차 변화하였다.

1985년 專利法은 특허권의 국내적 실행을 의무로 규정하고 있으며,[151] 특허권자가 특허권을 취득한 일부터 3년 내 정당한 이유 없이 상술한 국내적 실행의무를 이행하지 않을 경우, 실행조건을 구비한 단위의 신청에 의하여 강제실시를 부여할 수 있음을 규정하고 있다.[152] 그 밖에 종속특허의 경우, 특허권을 취득한 발명 또는 실용신안이 그에 앞서 특허권을 취득한 발명 또는 실용신안에 비하여 기술적으로 선진적이고 그 실행에 있어서 앞의 발명 또는 실용신안의 실행에 의거하여야 할 경우, 專利局은 후특허권자의 신청에 의하여 선발명 또는 실용신안에 대하여 강제실시를 부여할 수 있다고 규정하고 있다.[153]

시행되있나. 1992년 9월 4일 동 법은 1차 개정을 거쳐 1995년 4월 1일부터 시행되었으며, 2000년 8월 25일 2차 개정을 거쳐 2001년 7월 1일부터 시행되었다. 1985년 법률 제25조는 특허권을 부여하지 않는 대상으로 제5항에서 의약품과 화학방법으로 취득한 물질을 특허보호의 범주에서 제외하고 있다. 그러나 1995년 제1차 개정된 법률 제25조는 제외대상에서 상술한 '의약품과 화학방법으로 취득한 물질'을 포함시키고 있지 않다.

149) Panos Reports, Patents, Pills and Public Health-Can TRIPs Deliver?, 2002, www.panos.org.uk, 04-08-20 검색.

150) *Ibid.*

151) 중화인민공화국 전리법(1985년) 제51조.

152) 중화인민공화국 전리법(1985년) 제52조.

그러나 이러한 특허권에 관한 강제실시제도는 1987년 이후부터 진행되어온 GATT지위회복협상과 중-미 지적재산권협상 등의 과정에서 변화되었고, 이는 1995년 특허법 제2차 개정에 반영되었다. 1995년 專利法은 특허권의 국내적 실행 조건과 국내적 실행을 하지 않을 때의 강제실시에 관한 규정을 삭제하였다. 종속특허의 경우의 강제실시제도가 유지되었다.154) 그 밖에 1995년 개정법은 특허권 실행조건을 구비한 단위가 합리적인 조건으로 발명 또는 실용신안 특허권자로부터 그 특허의 실행을 허가(실시)할 것을 요구하였으나 합리적인 기간 내 이러한 허가(실시)를 취득하지 못하면, 專利局은 동 단위의 신청에 의하여 발명특허 또는 실용신안특허의 강제적 허가(실시)를 부여할 수 있다고 규정하였다.155) 또한 국가에 긴급한 상태 또는 비상 상황이 발생하였거나 또는 공공이익을 목적으로 할 경우, 專利局은 발명특허 또는 실용신안특허의 강제실시를 부여할 수 있다고 규정하여 TRIPs협정 제31조(b)호에 부합되게 동 법을 수정하였다.156)

강제실시와 관련된 조항은 2001년 專利法 개정안에 그대로 유지되었다. 특허권의 강제실시는 중국에서 지금까지 단 한번도 부여된 적이 없다. 이는 중국이 처한 그동안의 경제적 발전수준과 지적재산권 수준과 연관되며, 또한 80년대 이후 줄곧 중국의 경제성장을 이끈 대외개방과 외자유치 노력과도 연관되어 있으며, 중국 특허법의 제정과 발전을 이끌어 온 학자들의 주장과도 연관된다고 생각된다. 예를 들어 중국의 지적재산권 관련 법률 전문가인 鄭成思 교수는 "강제허가증은 행정조치를 취하여 특허권자가 독점권남용을 제한하는 일종의 형식이다. (강제실시는) 국제무역 특히, 기술무역에 있어서 별로 큰 역할이 없다. 현재의 특

---

153) 중화인민공화국 전리법(1985년) 제53조.
154) 중화인민공화국 전리법(1995년) 제53조.
155) 중화인민공화국 전리법(1995년) 제51조.
156) 중화인민공화국 전리법(1995년), 제52조.

허허가증과 관련된 특허권은 거의 모두 노하우를 가지고 있으며, 강제허가증은 특허권자가 노하우까지 제공하도록 강요할 수는 없다. 따라서 (강제실시는) 특허권자를 제재하는 측면에서 역할이 있으나, 기술을 취득하는 자의 측면에서 경제적 이익을 취득하는 역할은 제한적이다"고 설명함으로써 독점권 남용에 대한 제재만 언급하고 있다.[157] 그 밖에 1987년 이후부터 추진되어 온 GATT회원국 지위회복과, 그 후 WTO회원국 가입을 위하여 단편적으로 우선 WTO 규정에 부합되는 법률규정을 제정하고 보자는 입법태도 또한 문제가 된다고 생각된다.

그러나 중국의 WTO 가입 이후 보다 많은 국제회의의 참여과정을 통하여, 그리고 2001년 도하공중보건선언과, 2002년 중국을 공포에 몰아넣었던 사스위기를 겪으면서 중국학계와 실무계에서는 TRIPs협정의 유연성 조항을 충분히 활용하여 중국의 이익을 극대화하자는 주장이 점차 늘어나기 시작하였다.[158] 이러한 변화를 반영하여 國家知識産權局은 2003년 6월 13일 특허권의 강제실시와 관련하여 절차 및 필요한 서류 등을 상세하게 규정하고 있는 '專利實施強制許可辦法'을 제정하여 2003년 7월 15일부터 시행하고 있다.[159]

3. 한 국

한국 특허법에서 강제실시를 처음으로 규정한 것은 1946년으로 특허권의 오용(misuse)에 대한 법적 제재 또는 첫 번째 발명자와 두 번째 발명자의 이익의 형평을 유지하기 위한 조치 또는 국방 또는 공공목적을 위한

---

157) 鄭成思, *supra* note 4, p.271.

158) 中國法院网, 申琳昌, TRIPs對我國的負面影響及法律對策, http://www. chinacourt .org/public/detail.php?id=70770&k_title=强制許可&k_content=强制許可&k_author, 04-10-15 검색.

159) 中國國家知識産權局, 2003년 6월 15일 공포, 2003년 7월 15일부터 시행.

강제적 수용(expropriation) 또는 실시(license)로 규정되었다.[160]

1946년 특허법에 의하면 특허권자의 실시거부가 국내 산업에 과도한 피해를 야기하며 또한 실시허락의 필요성이 공공이익에 있어서 명백할 경우 특허권의 독점을 형성한다.[161] 이럴 경우 공공기관 또는 관련 당사자들은 강제실시를 요구할 수 있거나 또는 심지어 특허권의 취소를 요구할 수 있다.[162] 이때부터 법률 제950호의 제44조(1961년 12월 31일 제정), 법률 제1293호의 제44조(1963년 3월 5일 제정), 법률 제2505호의 제50조(1978년 2월 8일 제정) 및 법률 제3891호의 제50조(1986년 12월 31일)는 특허발명이 국가방위 또는 공공목적에 필요할 경우 정부는 특허권 수용, 특허발명의 실행 또는 특허발명의 실행을 제3자 또는 정부에 허락함을 규정하고 있다. 1995년에 이르러 한국 정부는 TRIPs협정의 규정에 따라 특허법 제107조에 대한 개정을 진행하여 강제실시는 '비상업적 사용'을 위하여 사용될 수 있도록 규정하였고, 공공이익기준을 '특별한 필요'에서 '필요'로 확대하였다.[163]

앞서 언급한 것처럼 한국의 특허법은 특허발명의 강제실시와 특허권 취소에 관한 두 가지 제도를 모두 채택하고 있는데, 이는 강제실시와 특허권 취소에 관한 제도가 존재하는 한 결과적으로 특허권자는 일정한 조건하에 특허발명을 실시할 의무가 있는 것으로 해석될 수 있다.[164] 강제실시의 요건으로 3년 이상의 불실행, 공익을 위하여 비상업적으로 실행할 필요가 있는 경우, 불공정거래행위의 시정에 필요한 경우,[165] 그

---

160) 대한민국 특허법(1946년).

161) 대한민국 특허법(1946년) 제101조.

162) 대한민국 특허법(1946년) 제102조.

163) Hee-seob, Nam and Sung-ho, Park, Request for a Compulsory License, January 30, 2002, http://glivec.jinbo.net/Request_for_CL_Final_version.htm, 04-07-29 검색.

164) 정상조, 앞의 책, 160면.

165) 대한민국 특허법 제107조 제1항.

184

리고 자기의 발명을 실시하기 위하여 필요한 경우(종속특허)166) 등 4가
지를 규정하고 있다.

  한국에서 강제실시가 시행된 적은 이제까지 없었다. 그러나 2001～
2003년 글리벡 사건을 계기로 백혈병 환자단체와 시민사회단체, 그리고
글리벡 독점제조사인 노바티스 및 보건복지부 간의 글리벡 의약품특허
의 강제실시가 분쟁으로 비화된 적이 있다.167) 2002년 1월 30일, 건강사
회를 위한 약사회, 사단법인 인도주의실천의사협의회, 평등사회를 위한
민중의료연합 등 사회단체는 글리벡 특허에 대해 일시 중단을 요구하는
강제실시 청구를 하였다. 강제실시 청구의 대행을 위임받은 변호인 측은
특허법상 강제실시 규정과, TRIPs협정 및 도하공중보건선언을 근거로
공공이익 및 공중보건을 위한 강제적실시의 합법성을 주장하였다.168)

---

166) 대한민국 특허법 제98조 및 제138조.
167) 글리벡(ST1571, 일반명: Imatinib)은 만성골수성백혈병의 치료제로 급성
    기, 가속기, 인터페론불응 만성백혈병환자에 쓸 수 있는 사실상 유일한 약
    제이다. 글리벡은 3상 임상실험을 거치지 않고 정식허가를 받기 전에 한
    국에서 최초로 동정적 사용법이 적용되어 2002년 5월 20일 희귀의약품으
    로 지정, 치료가 시급한 일부 환자에게 투여가 시작되었다. 글리벡 제조사
    인 노바티스가 제출한 품목허가신청에 대해 식품의약품안전청은 2개월이
    라는 유례없이 신속한 검토 기간을 거쳐 6월 20일 모든 단계의 만성골수
    성백혈병에 내하니 글리벡을 허가하였다. 그 후 환자단체, 노바티스, 보건
    복지부 사이에 약가 및 보험적용과 관련하여 지루한 싸움이 계속되었다.
    신약에 관한 보험약가산정기준에 기초해 노바티스는 캡슐당 25,005원이라
    는 가격을 고집했고, 보건복지부는 줄곧 17,000원대를 고수해 왔으며, 환
    자들과 시민단체들은 글리벡 시판가격 인하와 보험적용 확대를 계속 요구
    하여 왔다. 가격협상이 길어지면서 노바티스가 의약품공급을 중단하는 사
    태까지 발생하였으나, 보건복지부는 2003년 1월 21일 노바티스의 요구대
    로 23,045원에 약가를 결정하고 환자들의 본인부담금도 10% 인하하였다.
    Hee-seob, Nam and Sung-ho, Park, *supra* note 163.
168) 남희섭, "특허권과 인권－글리벡 사건을 중심으로", 「민주사회와 변론」, 통
    권 제37호(2001. 11·12).

Ⅲ. 수출을 위한 강제실시

　　TRIPs협정은 강제실시를 부여함에 있어 중요한 한 가지 제한적 조건을 규정하고 있다. 즉, 강제실시를 통하여 생산된 상품은 '주로' 회원국의 국내 시장 공급되어야 한다고 규정하고 있다.[169] 이는 회원국이 국가긴급사태, 공공비상업적 사용 등 정부가 강제실시를 발동하여 국내 생산업자에게 특허보호를 받는 제품을 생산하도록 수권할 경우 해당 상품의 국내 시장 규모가 작아 수권을 받은 기업으로 놓고 볼 경우 투자와 수익의 불균형을 초래할 수 있기 때문이다. 따라서 이론적으로 강제실시를 통하여 생산된 상품은 일부 수출을 할 수 있도록 허용되고 있으며, '주로'의 허용범위는 생산된 상품의 최대 49%까지 수출을 할 수 있다는 것이다.[170]

　　그러나 제31조(k)호에 따른 만약 반경쟁행위를 구제하기 위하여 강제실시를 부여하였을 경우, 회원국들은 상술한 제31조(f)호의 제한을 받지 않으므로 이러한 수량적 제한은 의미가 없다. 실질적으로 미국은 반경쟁행위를 구제하기 위하여 부여된 강제실시를 통하여 생산된 상품의 수출을 명시적으로 인정하고 있다.[171]

　　반경쟁관행의 구제사유 이외에 강제실시를 통하여 생산된 상품을 전부 수출할 수 없을까? '도하공중보건선언6단락이행결의'는 동 질문에 대한 해답을 주고 있다. 즉, 공중보건 위기에 있는 회원국들이 강제실시를 활용함에 있어 의약생산능력이 결핍하거나 결여된 경우 제3국, 즉 수출

---

169) TRIPs협정 제31조(f)호.

170) S. M. Mohamed Idris, Martin Khor and Cecilia Oh, Manual on Good Practices in Public-Health-Sensitive Policy Measures and Patent Law, Third World Network, May 2003, http://www.twnside.org.sg/title2/manual.htm, 04-03-28 검색.

171) 孔祥俊, *supra* note 64, p.260.

국으로부터 강제실시를 통하여 생산된 의약품을 수입할 수 있고, 이 경우 수출국은 강제실시를 통하여 생산된 의약품을 '전부'(entirely) 수입회원국에 수출하여야 한다.[172]

동 결의를 이행하기 위하여 캐나다,[173] 노르웨이,[174] 네덜란드[175] 등 선진국들은 이미 수출을 위한 강제실시 관련 수정법안을 통과하였으며 EU,[176] 스위스,[177] 프랑스[178] 및 인도[179]는 관련 법안을 추진 중에 있

---

172) 도하공중보건선언6단락이행결의, para.2(b)(ⅰ).

173) 캐나다는 2004년 5월 14일 수출을 위한 강제실시 허여에 관한 특허법 및 식품의약품법 개정법안(An act to amend the Patent Act and the Food and Drugs Act) 통과시켰다. 동 개정법안은 도하공중보건선제6단락이행결의에 규정한 조건과 절차를 규정한 이외에 수입회원국의 범위를 WTO 비회원국으로 확대하고 있으며 이런 국가들은 외교적 통로를 통하여 캐나다 정부에 통보를 하고 상업적 목적으로 사용되지 않음을 약속하여야 한다. Hepburn, *supra* note 93, pp.21-23.

174) 노르웨이는 특허법 제49조 제4항에 대한 수정을 거친 수정안을 2004년 2월 1일부터 발효시켰다. CPTech, http://www.cptech.org/ip/health/cl/cl-export-legislation.html, 04-12-15검색.

175) 네덜란드의 경우 도하공중보건선언제6단락이행 결의의 '충실한'(loyal) 이행을 위한 정책규칙을 제정하였다. 동 정책규칙의 적용의약품은 모든 의약품을 포함하고 있으며 수입국 자격에 있어서도 WTO 회원국뿐만 아니라 비회원국인 모든 최빈개도국들 포함하고 있다. 다만, 네덜란드 경제부장관은 강제실시를 부여하기 전 특허권자로부터의 자원적 실시 요청이 실패하였음을 증명하여야 한다. Hepburn, *supra* note 93, p.13.

176) 2004년 10월 29일 EC위원회(Committee of European Community)는 강제실시하에 생산된 의약품의 수출을 허락하는 규칙안을 마련하였다. 동 제안서는 강제실시하에 생산된 의약품의 수출은 도하공중보건선언제6단락이행결의에 따른 절차와 조건을 따를 것을 규정하고 있다. TRIPs협정이 국가위기 또는 기타 긴급 상황에서 특허권자와의 사전협상요구를 면제함에 불구하고 동 제안서는 빠른 통보와 자원적인 실시가 바람직하다는 주장을 유보하고 있다. Commission of the European Communities, Brussels, Proposal for Regulation of the European Parliament and the Council on Compulsory licensing of patents relating to the manufacture of pharmaceutical products for export to countries with public health problems, http://trade-info.cec.eu.int/doclib/docs/2004/october/tradoc__

다.180) 한국의 경우 2004년 9월 23일 국회에서는 열린우리당 김태홍 의원이 주관하고 민주노동당 조승수 의원과 민중의료연합, 보건의료단체연합, 진보네트워크센터 등이 공동 주최한 "의약품 접근권 향상과 강제실시제도의 개선과 관련한 특허법 개정을 위한 공청회"가 진행되기도 하였으며181) '특허발명의 강제실시 제도 개선 및 의약품 수출을 위한 특허발명의 강제실시 제도 도입을 위한 특허법 개정안'이 논의되었다.182)

119802.pdf, 04-12-15 검색.

177) 도하공중보건선언제6단락 이행결의를 이행하기 위하여 스위스는 스위스 특허법 수정을 진행하고 있다. 수정안은 도하공중보건선언제6단락 이행결의의 수입적격회원국 자격을 규정하고 있으며 강제실시를 통하여 생산한 의약품의 전부 수출, 식별 가능한 표식 등을 요구하고 있으며 수출을 위한 강제실시는 계약에 의한 실시 또는 합리적인 사업조건하에서 특허실행 청구가 실패할 경우만 가능하도록 규정하고 있다. Berne Declaration, Implementation of WTO decision on paragraph 6 of Doha: Proposed amendment to Swiss patent law and the comments of the Berne Declaration,http://www.evb.ch/index.cfm?page_id=3288, 2004-12-15 검색.

178) 2004년 11월 22일 프랑스통신사(Agence France-press) 기사에 따르면 프랑스 보건장관 Philippe Douste-Blazy는 "프랑스 정부는 가난한 국가들에게 접근 가능한 제너릭의약품의 제조 공급과 관련된 WTO 결의를 2005년 초에 이행할 것이다"고 설명하였다. France to apply WTO Generic Drug pact by 2005, http://www.expatica.com/source/site_article.asp?subchannel_id=58&story_id=14233&name=France+to+apply+WTO+generic+drug+pact+by+2005, 04-12-15 검색.

179) 도하공중보건선언제6단락이행 결의를 이행하기 위하여 인도는 3개 조항의 입법초안을 채택할 예정이다. 즉 강제실시는 공중보건 위기를 극복하기 위한 의약 분야에서 생산능력이 결핍하거나 또는 결여한 모든 국가들에게 특허의약품을 생산하고 수출할 수 있도록 허여되어야 하며 이러한 국가들에서 강제실시는 이미 부여되어야 한다. 규정된 방식에 따라 접수된 신청에 근거하여 심사관(controller)은 공표된 조건과 기간에 한하여 관련 의약상품의 생산과 수출을 위한 강제실시를 부여할 수 있다. Hepburn, *supra* note 93, p.10.

180) *Ibid.*

181) 보건복지민중연대웹저널,   http://www.diffwelfare.net/article_view.asp?articleno=407&category=focus2, 04-10-14 검색.

188

이처럼 국가들의 입법 내용을 종합하면 다음과 같은 공통된 특징이 있다. 첫째, 수입회원국은 '도하공중보건선언6단락이행결의'에 따르는 수입자격조건을 구비하여야 하며 또한 '도하공중보건선언6단락이행결의'에 따르는 절차를 이행하여야 한다. 둘째, 캐나다, 노르웨이 및 네덜란드는 수입국의 범위를 WTO비회원국인 모든 최빈개도국과 특허제도를 실행하지 않는 국가로 확대하고 있으므로 상술한 국가들은 외교경로를 통하여 수출국 정부에 통보하고 비상업적 목적으로 사용되지 않음을 증명하면 된다.[183] 인도의 준비 법안은 수입자가 WTO회원국인지 여부에 대

---

182) 정보공유연대 웹사이트에 게재된 '의약품 접근권 향상과 강제실시제도 개선을 위한 특허법 개정'에 관한 제안서에 따르면 현행 특허법 제107조에 대하여 개정을 하여야 하는바 그 주요 내용은 다음과 같다. 1) TRIPS 협정 제31조는 어떤 경우에 강제실시를 허여할 수 있는지 그 요건을 정하지 않고 있는 데도 불구하고(요건의 한정은 반도체 기술에 대해서만 두고 있음) 1995년 개정법에서는 TRIPS 협정 제31조가 요건을 한정한 것으로 잘못 이해하여, 공공의 이익을 위한 강제실시에서 그 실시가 "비상업적"일 것으로 제한하고 불공정거래행위의 시정을 위한 강제실시의 경우에도 사법적 절차 또는 행정적 절차에 의해 불공정거래행위로 판정된 사항에 대해서만 적용이 가능하도록 제한하고 있다. 개정법에서는 이러한 입법의 불비를 바로잡기 위해, 공공의 이익을 위한 강제실시가 "비상업적 실시"로 제한되지 않도록 개정하며 불공정거래행위 일반에 대해 강제실시의 청구가 가능하도록 한다는 것이다. 2) 현행 특허법은 국가 긴급사태 등에 대한 특허발명의 강제실시가 국방상 필요한 때에만 가능하도록 하고 있다. 특허법 제106조는 징발법의 치인과 동일한 것이어서 국방상 필요 이외의 국가 긴급사태인 경우에도 특허발명을 제3자가 실시할 수 있도록 제107조에 새로운 조항을 신설한다. 3) 현행 특허법 제107조는 강제실시권의 허여를 특허청장에게 청구하도록 하고 산업재산권 분쟁조정위원회의 의견을 청취하여 특허청장이 그 가부를 판단하도록 하는 재정절차를 마련하고 있는데 선특허권자 등과 이용·저촉관계가 있는 후특허권자가 강제실시권 허여 심판을 청구할 수 있도록 한 제138조와 마찬가지로 심판절차를 통해 강제실시권을 부여하도록 함으로써 특허권자에게 당사자로서 절차에 참여할 수 있도록 보장하고 엄격한 절차를 통해 강제실시권이 부여되도록 하는 것이 바람직하다는 것이다. 정보공유연대, http://ipleft.or.kr/license/amendment.html, 04-11-24 검색.

하여 침묵하고 있으나 인도는 베트남과 같은 비회원국들에게 수출한 적이 있다.184) 셋째, 수출국에서 강제실시 신청자는 특허권자와 사전협의에서 실패하여야 한다. 즉, 수입국의 공중보건 위기 문제는 수출국에서 강제실시를 허여할 수 있는 사유는 되지만 TRIPs협정상 강제실시 부여와 관련된 조건을 준수하여야 함을 의미한다.

수출을 위한 강제실시와 관련된 '도하공중보건선언6단락이행결의' 및 국가들의 입법 활동은 동 결의의 의의에서 설명한 것처럼 공중보건 위기를 극복하기 위한 개도국 및 최빈개도국의 의약품특허권에 대한 강제실시를 승인하는 비엔나조약법협약 제31조3항(b)에 규정한 추후관행을 형성함에 그 의미가 크다. 그러나 수출을 위한 강제실시제도는 강제실시를 통하여 생산된 의약품을 '전부' 수입국에 수출하도록 규정하고 있는데, 수출국의 입장에서 이는 '수출만을 위한 강제실시'가 되는 것이다. '전부' 수출의 제한조건은 동 '수출을 위한 강제실시'와 관련된 의약품특허권자는 수출국에서 강제실시와 무관하게 계속하여 의약품 가격을 유지할 수 있다는 결론을 얻을 수 있으므로, 수출국에서 동일한 질병으로 앓고 있는 환자들은 이러한 혜택을 받을 수 없는 상황이 발생하게 된다. 이는 인도주의적 차원에서 심히 불평등한 상황으로 '도하공중보건선언6단락이행결의'가 TRIPs협정에 반영될 경우 고려되어야 할 사항이다.

---

183) '특허발명의 강제실시 제도 개선 및 의약품 수출을 위한 특허발명의 강제실시 제도 도입을 위한 특허법 개정안' 중 캐나다 및 노르웨이 법안 참조: 네덜란드 Hepburn, *supra* note 93, p.13.

184) 인도의 동 입법초안은 첫 단락에서 '수입국에서 강제실시를 부여한 국가'라는 조건을 제한하였는데, 이는 수입국가에서 특허제도가 없는 경우를 배제하는 것처럼 보인다. 그러면 특허권제도가 없는 최빈개도국은 인도에서 제너릭 의약품을 수입할 수 없다. Jonathan Hepburn은 동 단락이 '기존 법률을 수정'하기 때문으로 보고 있으며, 마지막 단락 '강제실시에서 생산되는 의약품이 수출에 대한 편견이 없다'에서 원인을 찾는다. *Ibid.*, p.10.

Ⅳ. 미국 주도 자유무역협정의 경향

국제경제의 세계화와 날로 심화되는 국제적 경쟁에서 살아남기 위하여 각국은 지역화를 통한 다각적 대응방안을 모색하고 있다. 특히, 칸쿤 각료회의의 합의 도출 실패로 다자무역체제가 다소 불안정한 가운데 지역 또는 양자 차원의 자유화 노력이 갈수록 심화되고 있다.[185]

미국은 선진국 및 개도국을 막론하고, 전 세계 모든 지역과 자유무역협정(Free Trade Agreement, 이하 'FTA')을 체결하려고 한다.[186] 지적재산권과 관련하여 미국은 TRIPs협정이나 '식물품종의보호를위한국제협약'(Union Internationale pour la Protection des Obtentions Vegetales: 이하 'UPOV협약'이라 함)[187]과 같은 기존의 다자간 지적재산권협정을 통합정리하고, WIPO에서 발생하게 될 미래의 다자협정에서 미국의 협상지위를 강화하기 위하여 FTA를 활용하고자 한다.[188]

---

185) WTO의 통계에 따르면 2004년 5월 1일 현재 GATT/WTO에 통고되고, 발효한 지역협정은 총 198개이며, 그리고 2005년 말까지 발효할 지역협정은 총 300여 개에 달할 것으로 추정하고 있다. 이 가운데 미국의 주도하에 진행되고 있는 범미자유무역지대(Free Tade Area of the Americas: FTAA)는 2005년에 체결될 예정이며, EU는 FTAA를 견제하기 위하여 남미공동시장(Mercado Comun del Sur/Southern Con Common Market: MERCOUSUR)과 FTA협상은 추진 중에 있으며, 브라질, 인도, 남아프리카공화국(+중국)은 미국과 EU를 견제하기 위한 개도국 긴 FTA 등 무역블록을 창설하기 위한 노력으로 2003년 6월 FTA 체결을 위한 합의서에 서명하였다. http://www.wto.org/english/tratop__e /region__e/eif__e.xls, 04-11-15 검색.

186) 미국은 전 세계 지역무역협정 중 약 3분의 1을 차지하는 지역무역협정을 체결하였다. WTO, Report by the WTO Secretariat, Trade Policy Review, United States, WT/TPR/S/126, December 17, 2003, p.20.

187) 영어로는 'International Union for the Protection of New Varieties of Plants'로 표기된다. UPOV는 식물품종보호제도를 관장하는 국제기구로서 식물품종 보호 관련 법규 및 제도의 조화 등에 관한 사항을 관장하며 식물품종을 효과적으로 보호하기 위한 새로운 기술개발 등을 지원하고 있다.

특히 미국은 지적재산권 강화를 통하여 각국에서 의약품을 저렴하고 형평성 있게 공급하기 위한 노력들을 차단하고 있다. 예를 들어 미국은 개도국들의 지속적인 경제발전 분야인 농산품의 시장접근에 대한 양허를 빌미로 공중보건 분야에서의 의무를 받아들일 것을 요구하고 있다.189) 또한 미국은 도하공중보건선언과 '도하공중보건선언6단락이행결의'에서 합의한 의약품 접근을 위한 강제실시와 병행수입조치와 관련하여,190) 이를 제한적으로 승인하거나 금지 또는 기타의 수단으로 조치의 효력을 제한하는 FTA규정을 협상대상국에 요구하고 있다.

〈표 5〉 미국 주도 자유무역협정 중 강제실시 조항

협　정	강제실시
FTAA (2005년까지 체결목표) Subsection B.2.e, Article 6	특허권자의 수권 없는 기타 사용과 관련하여 두 가지 버전이 있다. 첫 번째 버전은 TRIPs협정 제31조를 모델로 하고 있어 덜 제한적이나 두 번째 버전은 다음과 같은 제한을 하고 있어 보다 제한적이다. 1) 오직 공공비상업적 사용 또는 국가위기의 경우에만 사용할 수 있다. 2) 오직 정부만이 강제실시하에 생산된 상품을 구입할 수 있다. 3) 강제실시하에 생산된 상품은 수출할 수 없다. 4) 특허권자는 "합리적(reasonable)이고 완전한(entire)" 보상을 받아야 한다. 5) 강제실시의 대상이 된 특허발명과 관련된 비공개정보 또는 기술노하우의 이전을 특허권자로부터 요구할 수 없다. 특허 신청 후 4년 기간 또는 특허권 부여 후 3년간 강제실시는 신청될 수 없다.

---

188) 권미란, "FTA와 의약품 접근권", 민중의료연합, 지식에 대한 민중의 권리 토론회, 2004년 5월 12일, 보건복지민중연대, http://www.diffwelfare.net/bbs/search.asp?mode=pds, 04-11-12 검색.

189) 더욱 심각한 문제는 이러한 FTA의 협상이 불투명하게 진행되고 있으며 FTA가 체결 된 후에야 공중은 그 문서를 접근할 수 있다는 것이다. Frederick M. Abbott, QUNO Report, The Doha Declaration on the TRIPS Agreement and Public Health and the Contradictory Trend in Bilateral and Regional Free Trade Agreements, April 2004.

190) 미국 주도의 FTA와 관련된 병행수입문제는 제4장에서 다시 설명한다.

협 정	강제실시
US-Morocco FTA (2004년 6월 15일 서명)	강제실시와 관련된 특별한 조항이 없다.
CAFTA (2004년 5월 28일 서명) Article 15.1(7)	강제실시와 관련하여 특별히 언급된 조항이 없으나 회원국은 반드시 TRIPs협정을 준수하여야 한다.
US-Australia FTA (2004년 5월 18일 서명) Article 17.9(7)	강제실시는 단지 다음의 경우에 부여된다. 1) 반경쟁행위 구제의 경우 2) 공공비상업적 사용 또는 국가위기의 경우이며 정부 또는 정부로부터 수권을 받은 기업만이 상술한 요건하에서 강제실시를 사용할 수 있으며 특허권자는 반드시 합리적인 보상을 취득하여야 한다. 상술한 조건하에 제기된 강제실시는 반드시 TRIPs협정 제31조에 규정한 조건에 부합되어야 한다.
US-Chile FTA (2004년 1월 1일) Article 17.1(5)	강제실시와 관련하여 특별히 언급된 조항이 없으나 회원국은 반드시 TRIPs협정을 준수하여야 한다.
US-Singapore FTA (2003년 1월 15일 서명) Article 16.7.6.	강제실시는 단지 다음의 경우에 부여된다. 1) 반경쟁행위 구제의 경우 2) 공공비상업적 사용 또는 국가위기의 경우이며 정부 또는 정부로부터 수권을 받은 기업만이 상술한 요건하에서 강제실시를 사용할 수 있으며 특허권자는 반드시 "합리적이고 완전한" 보상을 취득하여야 한다. 상술한 조건하에 제기된 강제실시는 반드시 TRIPs협정 제31조에 규정한 조건에 부합되어야 한다.
US-Jordan FTA (2000년10월24일서명), Article 4(20)	정부는 단지 아래 조건에서 강제실시를 제기할 수 있다. 1) 반경쟁행위 구제 2) 공공비상업적 사용 또는 국가위기의 경우이며 정부 또는 정부로부터 수권을 받은 기업만이 상술한 요건하에서 강제실시를 사용할 수 있다. 3) 특허의 비실행의 경우, 단 수입도 실행으로 간주함. 강제실시가 제기될 경우 TRIPs협정 제31조와 파리협약 제5(a)4조의 조건을 준수하여야 한다.

 이러한 미국 주도하의 FTA 특허권 강제실시 조항을 살펴볼 때, 반경쟁행위의 구제, 공공비상업적 사용 또는 국가위기의 경우 강제실시가 가능하다. 도하공중보건선언은 HIV/AIDs, 결핵, 말라리아 및 기타 전염성 질병 등을 포함한 공중보건 위기는 국가위기 또는 긴급 상황을 구성한다고 규정하고 있는데, 이는 TRIPs협정 제31조에 따른 강제실시의 사유

에 해당하며, 또한 특허권자의 사전 동의가 필요 없는 강제실시 조건에 포함된다. 따라서 미국 주도하의 FTA는 회원국이 공중보건 위기에 직면하였을 경우 공중보건 위기를 극복하기 위한 강제실시조치를 취할 권리를 인정하고 있다. 미국－모로코 FTA의 경우 FTA에는 강제실시 조항이 없으나, 2004년 7월 19일 미국과 모로코는 지적재산권 장이 HIV/AIDS, 결핵, 말라리아 또는 기타 전염성 질병과 같이 긴급 상황 또는 국가위기의 경우 모든 자에 대한 의약품 접근 촉진을 통하여 공중보건 보호를 위한 필요한 조치를 취하는 모든 당사자의 능력(ability)에 영향주지 않는다는 '양해'를 확인하였다.[191] 또한 '도하공중보건선언6단락이행결의'와 관련하여 미국－모로코 FTA는 의약품제조가 결핍한 개도국들이 강제실시하의 의약품 수입을 허락하는 WTO의 총의의 효과적 이용을 금지하지 않을 것이라고 명확히 선언하고 있다.[192]

그러나 미국은 다른 일부 FTA에서 도하공중보건선언이나 '도하공중보건선언6단락이행결의'와 逆向되는 규정들을 두고 있다. FTAA 초안 6.1(b)에서 강제실시권은 오직 정부 사용의 수요를 만족시키기 위하여 특허발명을 제조, 사용 또는 수입하는 데 제한되며, 그러한 권한은 정부를 대신하여 이러한 권한에 따라 생산한 상품을 정부 외의 기타 당사자에게 판매하기 위한 사적기업에 부여될 수 없으며, 또는 회원국 영토 밖에 상품을 수출하기 위하여 부여될 수 없다고 규정하고 있다.[193] 이런 규정으

---

191) USTR, U.S-Morocco Free Trade Agreement: Access to Medicines, 07/19/2004.http://www.ustr.gov/Document_Library/Fact_Sheets/2004/U.S.-Morocco_Free_Trade_Agreement_Access_to_Medicines.html, 04-11-13 검색.

192) *Ibid.*

193) FTAA Draft Agreement Subsection B.2.e, Article 6.1(b): The authorization shall be limited to the making, using or importing of the patented invention solely to satisfy the requirements of the Government use, and shall not entitle a private party acting on behalf of the Government to sell products produced pursuant to such authorization to a party other than the

로 미국은 세계 제너릭 의약품 생산기업을 많이 보유하고 있는 브라질과 아르헨티나를 압박하고 있으며, 이로 인하여 엘살바도르, 에콰도르 등 개도국들은 공중보건 위기를 맞이할 경우 강제실시하에 생산된 의약품을 수입할 수 있는 경로가 줄어들게 된다.[194] 물론 아직 동 협정은 초안이고, 상술한 미국-모로코의 경우와 같이 '도하공중보건선언6단락이행결의'를 확인하고 있으므로 최종적인 결의안에서는 변경될 여지도 있다.

또한 미국 주도의 FTA는 의약품에 5년간 '정보배타권'을 보장할 것을 강요하고 있다. 따라서 특허권자의 동의가 없다면 '모든 새로운 의약품'에 대해서는 승인된 날짜로부터 최소 5년, 농약품에 대해서는 10년 동안 제3자에 의하여 시험정보가 사용되는 것을 금지한다. 예를 들면 중남미자유무역협정(Central American Free Trade Agreement, 이하 'CAFTA'라 함)의 경우 브랜드 의약품이 세계 어느 곳에서 판매·승인되더라도 브랜드 제약사에게 5년간의 정보배타권을 보장하도록 한다. 이는 최소 5년에서 최대 수십 년의 배타권을 보장받을 수 있도록 하는 것이다.[195] 만약 A제약사가 미국 시장에 새로운 의약품 B를 시판하고 온두라스에는 시판하지 않을지라도 온두라스는 5년간 B의약품의 제너릭을 승인할 권리가 부정된다. 그리고 5년 후 A제약사가 온두라스에 B의약품을 시판한다면 그 후 5년간 B의약품에 대한 정보배타권을 보장하여야 한다. 따라서 온두라스는 B의약품의 정보배타권을 A제약사에게 10년간 보장하게 되는 것이다.[196]

Government, or to export the product outside the territory of the Party.

194) Joint NGO Statement on TRIPs and Public Health, WTO Deal on Medicines: A 'Gift' Bound in Red Tape, http://www.cptech.org/ip/wto/p6/ngos09102003.html, 04-08-10 검색.

195) Robert Weissman, "Dying For Drugs: How CAFTA will undermine access to essential medicines", 2004년 3월, http://lists.essential.org/pipermail/ ip-health/2004-March/006023.html, 04-11-14 검색.

196) *Ibid.*

　　FTAA 초안은 여기서 한 걸음 더 나아가, 강제실시의 대상이 된 발명특허와 관련된 비공개정보 또는 기술노하우의 이전을 특허권자로부터 요구할 수 없다고 규정하고 있다.[197] 그러나 이러한 규정은 TRIPs협정에 없는 규정이다. 다만 TRIPs협정은 미공개된 의약품 시험정보를 불공정한 상업적 목적에 대항하여 보호할 것을 요구하지만, '공중보호'에 필요할 경우는 공개할 수 있도록 예외를 두고 있다.[198] 공중보건 위기 극복을 위한 강제실시는 당연히 '공중보호'의 예외에 포함될 수 있으므로, FTAA초안은 공중보건 위기 극복을 위한 개도국들의 조치를 저지하는 결과를 초래하게 되며, 이는 TRIPs협정 및 도하공중보건선언에 저촉된다.

제3절 소 결

　　강제실시는 새로운 제도가 아니며 수많은 국가들이 수십 년 동안 정책도구로 활용한 것이다.[199] 강제실시는 특허권에 한하여 부여되는 것이 아니고 저작권 및 노하우(know-how) 등 지적재산권의 광범한 분야에서 부여되었으며, 특히 특허권과 관련하여 발전을 이뤄왔다.

　　주요 선진국과 개도국들의 법제도 및 관행을 살펴볼 때, 반경쟁행위에 대한 구제, 실행거부, 공중보건을 포함한 공공이익 그리고 국가의 비상사태 및 긴급위기 등의 사유를 들어 강제실시를 부여할 수 있는 법제도를 마련하였으며, 또한 이러한 사유로 강제실시가 실행된 경우가 있다.

---

197) FTAA Draft Agreement Subsection B.2.e, Article 6.1(d) : "No Party Shall require the patent owner to transfer undisclosed information or technical "Know-how" related to a patented invention that has subjected to involuntary use authorization."

198) TRIPs협정 제39조 3항.

199) Hepburn, *supra* note 93, p.24.

강제실시제도의 도입과정은 지적재산권 제도가 선진국을 중심으로 발전한 것과 마찬가지로 강제실시도 선진국들을 중심으로 발전하였고, TRIPs협정을 체결하기 이전에 많이 활용되었으며, 일부 선진국들은 TRIPs협정을 체결한 후에도 강제실시제도를 유지하고 있었다. 특히 미국의 경우 반경쟁 관행에 대한 구제로 강제실시제도를 많이 운영하여 왔다. 그러나 개도국들은 선진국들의 무역 보복 및 정치적 압력에 의하여 강제실시를 거의 부여하지 못하였다. 이러한 비형평성은 미국이 주도하는 FTA 추진과정에서도 잘 나타나고 있고, 미국은 자국의 이익에 부합되는 강제실시를 FTA 협상대상국에 요구하고 있다.

TRIPs협정은 강제실시를 부여할 수 있는 사유로 거래거부, 비실행, 공공이익, 반경쟁 관행, 정부 사용, 종속특허 및 국가위기를 포함하고 있으나 명확하지 않은 부분이 많았다. 예를 들어 TRIPs협정은 '국가위기'가 존재할 경우 강제실시를 부여할 수 있음을 규정하고 있지만, 국가위기의 정확한 정의를 하지 않고 있고, 동시에 많은 조건들을 고려하여야 한다.[200] 2001년 11월 카타르 도하에 채택된 도하공중보건선언은 TRIPs협정에 사용하지 않았던 '강제실시'라는 표현을 사용하였으며, 각 회원국들이 강제실시를 취할 수 있는 권리와 강제실시의 사유를 결정할 수 있는 자유권을 선언하고 있다. 또한 HIV/AIDS, 결핵, 말라리아와 기타 전염병을 포함한 공중보건 위기는 국가비상사태 또는 기타 극도의 긴급위기 상황을 표시할 수 있는 것으로 해석되어 강제실시를 함에 있어서 특허권자의 사전 동의를 받을 필요가 없게 된다.[201]

2003년 8월 30일 '도하공중보건선언6단락이행결의'는 의약품 생산능력이 결핍하거나 또는 결여된 국가들이 강제실시를 통하여 의약품을 취득할 수 있는 잠정적 면제를 부여하고 있다. 동 결의는 국가들의 공중보건

---

200) TRIPs협정상 강제실시의 조건에 대해서는 본 장 제2절 I.2 참조.
201) 도하공중보건선언 para.5(c).

위기를 해결하기 위하여 의약품생산을 요청받은 수출국은 기존의 TRIPs 협정 제31조(f)호 수출금지의 조항에도 불구하고 강제실시를 통하여 생산한 의약품을 요청국가(수입국가)에 수출할 수 있도록 규정하고 있다.[202]

그러나 제2장에서 살펴본 바와 같이 공중보건 위기를 극복하는 효과적인 조치로서 강제실시가 도하공중보건선언 및 결의에서 지지되고 있지만, 선언의 효력이나 '도하공중보건선언6단락이행결의'의 잠정적 성격 때문에 강제실시의 의미는 크게 훼손되고 있다.

다행스러운 것은 글로벌 공중보건 위기를 인지하고 이를 극복하기 위한 선진국, 개도국 및 최빈개도국을 포함한 전 세계적인 차원에서 도하공중보건선언과 도하공중보건선언제6단락이행결의를 이행하기 위한 특허법안 수정 및 강제실시 사례가 증가하고 있다는 것이다. 캐나다, 네덜란드 및 노르웨이는 이미 수출을 위한 강제실시 관련 법안을 시행하고 있으며 EC, 스위스, 프랑스 및 한국과 인도 등 국가들은 수출을 위한 강제실시 관련 법안을 논의 중이다.

그 밖에 개도국 및 최빈개도국들이 도하공중보건선언을 국내법에 직접 반영하여 의약품특허에 대한 강제실시를 부여한 성공사례가 증가하고 있다. 브라질 보건부는 에이즈 치료를 위한 항생제(Lopinavir, Efavirenz 및 Nelfinavir)의 의약품특허권 소유자와 2003년 8월에 의약품 가격을 40% 인하할 것을 협상하였지만 6.7%밖에 인하하지 못한다는 답장을 받았다. 그리하여 2003년 9월 5일 브라질 정부는 등 의약품의 특허권자의 동의 없이 수입과 생산을 허락하는 령을 반포하였다.[203] 말레이시아의 경우 2003년 10월 29일, Syarikat Megah Pharma & Vaccines(M) Sdn Bhd사에 Bristol-Myers Squibb사 소유의 Didanosine 100mg 및 25mg 알약제품과 GlaxoSmithKline사 특허권소유인 Zidovudine 100mg 캡슐,

---

202) 도하공중보건선언6단락이행결의 para.2.

203) CPtech, http://www.cptech.org/ip/health/cl/recent-examples.html＃
United, 04-12-15 검색

198

Lamivudine 150mg 및 Zibovudine 300mg 알약제품에 대하여 인도 Cipla사로부터 수입을 통한 실시를 2년 동안 진행할 것을 수권하였다. 수입한 의약품은 단지 국유병원에만 공급할 있으며 도하공중보건선언6 단락이행결의에 따른 포장, 색상, 모양 등에 대하여 말레이시아 특허의 약품과 구별할 것을 규정하고 있다.204) 인도네시아는 2004년 10월 5일, '정부에 의한 항생제특허실행을 고려한 대통령'(2004 제83호)을 반포하여 HIV/AIDS 질병을 극복하는 노력의 긴급한 필요로 특허보호하의 항생제의약품의 접근을 제공할 필요를 느껴 Boehringer Ingelheim사 특허권소유의 Nevirapine 제품에 대하여 7년, Biochem Pharma Inc.사 특허권소유의 Lamivudine 제품에 대한 8년간의 정부 사용을 목적으로 하는 강제실시의 부여를 결정하다.205) 모잠비크 정부는 2004년 4월 5일, 기아 및 질병에 대한 국가적인 노력에도 불구하고 HIV/AIDs 질병이 심각한 장애를 형성함을 인식하고, 질병확산을 방지하기 위한 다양한 노력에도 불구하고 질병감염 숫자가 상승세를 나타내고 있음을 확인하고, 또한 에이즈 치료를 위한 의약품을 생산하는 다국적 기업들이 대다수 모잠비크 인민들에게 접근 가능한 의약품을 공급할 수 없음을 밝히고, 도하공중보건선언의 내용을 상기하면서 Lamivudine, Stavudine 및 Nevirapine에 대한 강제실시를 결정하였고 그 권한을 Pharco Mocambique Lda사에 부여하였다.206) 잠비아 정부도 2004년 9월 21일 모잠비크와 동일한 사

---

204) CPtech, Authorisation for Exploitation of Patented Invention in malaysia, http://www.cptech.org/ip/health/c/malaysia/arv-license.html, 04-12-15 검색. 이와 관련하여 James Love는 말레이시아의 동 수입을 위한 강제실시는 도하공중보건선언제6단락이행결의의 요건과 다른 것으로 8.30결의를 따를 필요가 없다고 지적한다. 그 원인은 수출국 인도는 2005년 1월 1일까지 의약품특허에 대한 보호를 하지 않기 때문이다. James Love, Comments on the Malaysia compulsory license, http://lists.essential.org/pipermail/ip-health/2004-March/006003.html, 04-12-15 검색.

205) CPtech, Text of Indonesia Compulsory License, http://lists.essential.org/pipermail/ip-health/2004-December/007233.html, 2004-12-14 검색.

유로 동일한 의약품에 대한 강제실시를 결정하였다.[207]

의약품 생산자를 대표하는 미국의 경우도 공중보건 위기 극복을 위하여 강제실시를 부여함에 있어서 지역협정 및 자유무역협정의 관련 규정을 통하여 허용을 하고 있다. 이는 2004년 7월 19일 체결된 '미국-모로코 자유무역협정: 의약품 접근'(U.S.-Morocco Free Trade Agreement: Access to Medicines)에서 확인되고 있다. 미국 내에서도 Cipro 의약품의 가격을 인하시키기 위하여 Charles E. Schumer 상원의원은 제너릭 의약품 생산을 건의하고 있으며, 이를 추진 중에 있다.

한편 현재 FTAA 추진과정에서 미국이 제시한 초안은 미국이 체결한 기존의 그 어떤 FTA보다 지적재산권 분야에서 더욱 심각한 TRIPs-plus조치[208]를 포함하고 있다.[209] FTAA에서의 미국의 협상목적은 TRIPs협정에서 어떻게 규정하든지와 무관하게 특허권의 권리를 강화하는 것이며, 공중보건 보호를 목적으로 하는 보장조치의 확장을 억제하려는 것이다. 만약 미국이 협상목적을 달성할 경우 FTAA는 도하선언에서 취득한 성과를 무효로 되돌리게 되며 미주지역에서의 HIV/AIDS 및 기타 심각한 질병을 가지고 있는 저소득 및 중소득 국가의 수백만 명의

---

206) CPtech, Compulsory Licence(No.01/MIC/04), http://www.cptech.org/ip/
health/c/mozambique/moz-cl-en.pdf, 04-12-15 검색.

207) CPtech, Compulsory License (No.01/2004), http://lists.essential.org/
pipermail/ip-health/2004-September/006959.html, 04-12-15 검색.

208) TRIPs-plus란 TRIPs협정에 규정한 표준보다 더욱 광범하거나, 또는
TRIPs협정에 의한 회원국의 선택권을 훼손하거나, 또는 TRIPs협정에 요
구하지 않은 기타 조건을 추가하거나, 또는 더욱 엄격한 조건을 부가하는
것을 지칭한다. P. Drahos, Bilateralism in Intellectual Property, Oxfam,
http://www.maketradefair.org/assets/english/bilateralism.pdf, 04-11- 17 검색.

209) 최근 연구에 의하면 미국 정부는 28개의 개도국과 양자간 지적재산권협정
을 체결하였는데, 그중 대다수는 TRIPs-plus 조치를 포함하고 있다. P.
Drahos, "BITs and BIPs, Bilateralism in Intellectual Property", *The
Journal of World Intellectual Property*, November 2001.

사람들을 위한 의약품 접근에서 취득한 성과를 파괴하게 될 것이다.[210]

Hoen은 "회원국들이 공중보건에 동의하는 지적재산권법제도를 이행하지 않거나 또는 제정하지 않고 더욱 많은 의약품 접근 가능성을 격려하는 강제실시 조항을 사용하지 않을 경우, 동 선언은 한 장의 쓸모없는 종이에 불과하다"고 지적하고 있으며,[211] WTO도 국내법 제정을 통한 도하공중보건선언의 이행을 지적하고 있다.[212] 비록 미국이 체결한 양자 간 또는 다자간 FTA협정이 TRIPs-plus 조항을 포함하고 있지만, 미국을 비롯한 EU, 캐나다 등 선진국들의 최근 관행을 살펴볼 경우 공중보건 위기 극복을 위하여 강제실시를 부여함에 있어서 이의가 없음을 보여주고 있다. 그러므로 공중보건 위기 해결을 위한 의약품특허권에 대한 강제실시는 TRIPs협정 중 강제실시의 모호한 규정을 해석함에 있어서 비엔나조약법협약 제31조3항(b)의 추후관행을 형성하며, 공중보건 위기를 극복하기 위한 의약품특허에 대한 강제실시는 대다수 국가에 의하여 인정된 적법한 조치임을 확인할 수 있다.

---

210) Oxfam Briefing Paper, Us bullying on drug patents: One year after Doha, http://www.Oxfam.org/eng/pdfs/pp021112_bullying_patents.pdf, 04-08-12 검색.

211) Ellen F. M. 'T Hoen, "The Declaration on TRIPs and Public Health: A Step in the Right Direction", *Bridges*, 2001, p.13.

212) WTO, http://www.wto.org/english/tratop_e/trips_e/healthdeclexpln_e.htm, 04-11-08 검색.

제4장 특허의약품의 병행수입

병행수입은 그 유발 원인에서 알 수 있다시피 수입국에서 특허보호를 받는 의약품의 가격이 기타 국가에서 특허보호를 받는 동일한 상품에 비하여 높아 수입되는 경우를 지칭하는 것으로, 공중보건 위기에 직면한 개도국은 저가의 의약품 수입을 희망하게 된다.

우루과이라운드 협상과정에서 선진국과 개도국 간의 의견 불일치는 병행수입의 이론적 근거인 권리소진원칙에 대하여 TRIPs협정상 분쟁 해결의 대상이 아님을 확인하였다.[1] TRIPs협정에 앞서 파리협약에 대한 연구는 동 협약이 권리소진원칙을 금지하지 않음을 알 수 있으며, 이는 일본 BBS판결에서도 확인된 바 있다. 그러나 병행수입문제는 여전히 불명확한 문제로 남아 있었다. 공중보건 위기가 개도국에서 중요한 문제로 부각되고, 다국적 의약기업 및 선진국들이 병행수입 문제를 통상현안으로 삼았고, 향후에도 문제가 될 수 있다는 불안감은 도하공중보건선언에서 병행수입의 허용을 재촉하였다. 결국 도하공중보건선언은 TRIPs협정에 비하여 좀더 명확한 병행수입제도에 대한 각국의 자율권을 확인하였다.[2]

동 장에서는 병행수입 관련 기본이론과 파리협약 및 TRIPs협정의 관련 규정을 분석한 다음, 주요 국가들의 병행수입 관련 법제도와 판례 등 관행을 비교·분석함으로써 병행수입 허용 여부에 관한 각국의 입장을 분석한다. 또한 도하공중보건선언 채택 이후 변화되고 있는 미국의 입장과 미국이 주도하고 있는 FTA에서의 모순되는 입장, 그리고 FTAA에서 추진하고 있는 역내권리소진에 관한 분석을 하면서 공중보건 위기 해결에 관한한 병행수입제도의 앞으로 발전방향을 제시한다.

---

1) TRIPs협정 제6조.
2) 도하공중보건선언 para.5(d).

제1절 병행수입과 권리소진원칙의 일반이론

I. 병행수입의 정의 및 형태

1. 병행수입의 정의 및 특징

1) 정 의

병행수입이란 회색시장수입(gray-market imports)이라고도 하는데, 상표권, 특허권 또는 저작권의 보호하에 있는 진정(genuinely)으로 생산한 상품이 시장의 유통과정에 확보되고 지적재산권의 현지 소유자의 동의 없이 시장으로 진입하는 것을 지칭한다.[3] 즉 지적재산권 소유자의 허락을 받지 않은 수입업자가 권리소유자 또는 그의 동의를 거쳐 기타 국가 또는 지역의 시장에 적법하게 유통시킨 상품을 지적재산권 소유자 또는 그 허가를 받은 자가 소재하고 있는 국가 또는 지역에 수입하는 것을 의미한다.

미국에서 병행수입의 반대자들은 병행수입상품을 '회색시장상품'으로 지칭하는데, 미국 판례법에 의하면 '회색시장상품'이란 미국지적재산권 소유자의 동의 없이 미국에 수입된 미국 역외에서 생산하고 유효한 미국 지적재산권을 포함한 상품을 지칭한다.[4] '병행수입'과 '회색시장' 개념에 대한 구별에 있어서 미국 제3순회법원은 '병행수입'이라는 용어는

---

3) Keith E. Maskus, "Parallel Imports In Pharmaceuticals: Implications for Competition and Prices In Developing Countries", Final Report to World Intellectual Property Organization Under terms of Special Service Agreement, April 2001.

4) 中國知識産權网, 王春燕, "平行進口與灰色市場", www.sipo.gov.cn/sipo/zscqb/lilun/t20021224__10647.htm, 04-09-02 검색.

관련된 상품을 정확하게 표현하고 있으며 '회색시장'이라는 용어에 비하여 동 개념은 부정적인 함의가 없어 비교적 좋은 용어라고 하였다. 하지만 동 법원은 '회색시장'이라는 개념이 이미 보편적으로 관련된 상품을 지칭하고 있는 것을 고려하여 두 가지 용어를 동시에 채택하였다. 기타 일부 판례와 저술에서도 두 가지 개념은 동의어로 간주되고 있다.[5]

2) 특　징

병행수입의 정의로부터 살펴볼 경우 다음과 같은 특징을 발견할 수 있다.[6]

(1) 특정 지적재산권과의 연관성

병행수입된 상품은 상표권, 저작권 및 특허권의 보호를 받는 상품이며, 수입국 및 수출국 양국에서 동 상품은 상술한 지적재산권에 의하여 보호를 받는 상품이다.[7]

(2) 진정상품

병행수입품은 수출국에서 그 제조 및 유통에 있어서 적법하게 행하여진 상품으로, 모조품이거나 또는 밀수시장에서 거래되는 상품과는 구별되는 진정한 상품이어야 한다. 수출국에서 원 지적재산권 소유자 또는

---

5) *Ibid.*
6) 이하의 내용은 譚啓平, 論平行進口中的知識産權問題, 中國司法网, http://www.privatelaw.com.cn/new2004/ztyj/..%5Cshtml%5C20041119-233450.htm, 04-12-25 검색; Jacob Arfwedson, Re-importation(Parallel Trade) in Pharmaceuticals, July 2004, www.ipi.org, 04-10-13 검색, 참조 정리.
7) *Ibid.*

전용사용권자가 자유로운 의사에 의하여 당해 제품을 판매하여 적절한 경제적 보상을 취득하였음을 뜻한다.[8]

(3) 저렴한 가격

병행수입이 이뤄지는 원인 중 하나가 수입지역의 동일한 상품의 가격이 수출지역의 가격보다 높기 때문이므로 수입된 지역의 상품에 비하여 수출된 지역의 상품가격이 저렴한 것이 그 특징이다.[9]

(4) 수입국에 관련 특허권자의 존재

병행수입된 상품의 수출국 및 수입국 지적재산권 소유자는 모두 동일한 사람이나 병행수입업자는 지적재산권 소유자의 동의를 거치지 않은 수입행위를 함으로 지적재산권 소유자의 반대를 받는다.[10]

2. 병행수입의 형태

병행수입은 여러 가지 형태로 존재할 수 있으며 존재 형태에 대한 표현의 방식도 여러 가지가 있을 수 있다.[11]

1) 역수출

특허권 소유자 갑이 A국과 B국에서 모두 특허권을 취득하였고, A국

---

8) *Ibid.*
9) *Ibid.*
10) *Ibid.*
11) 이하의 내용은 王春燕, *supra* note 4 및 Jacob Arfwedson, *supra* note 6 참조
   정리.

에서 제조원가가 6만 원인 상품을 10만 원의 가격으로 판매를 하고 있으며, B국은 저가 국가인 관계로 7만 원의 가격으로 판매를 하고 있다고 가정하면, 제3자가 B국에서 7만 원의 가격에 합법적으로 해당 상품을 구입하여 이를 적법하게 A국에 수입하여 9만 원의 가격으로 판매할 경우 제3자는 가격 우세로 갑과 A국에서 경쟁하게 된다. 이러한 유형이 병행수입의 일반적인 형태이다.[12]

2) 동의 없는 수입

특허권 소유자 갑이 A국과 B국에서 모두 특허권을 취득하였고, A국에서는 10만 원의 가격으로 판매를 하고 있고 B국에서는 생산원가가 저렴한 원인으로 B국에서 갑의 자회사 또는 허가취득자에 의하여 B국에서 생산하여 B국 시장에 7만 원의 가격에 공급한다고 가정하면, 만약 제3자가 B국 시장에서 7만 원의 가격으로 합법적으로 상품을 구입하여 A국에 9만 원의 가격에 판매할 경우 갑과 A국에서 가격우세로 경쟁을 하게 된다.[13]

3) 상술한 두 가지 형태의 결합

상술한 두 가지 형태의 결합 형태로 특허권 소유자 갑은 A국과 B국에서 특허권을 취득하였고, B국의 자회사 또는 그가 허가한 자를 통하여 B국의 저렴한 생산원가를 이용하여 제품을 생산하여 B국과 A국 시장을 동시에 공급한다. 그러나 A국에서의 판매가격은 여전히 10만 원이고, B국에서의 판매가격은 7만 원이라고 한다면, 병행수입업자가 7만 원

---

12) *Ibid.*
13) *Ibid.*

의 가격에 B국에서 상품을 구입하여 A국으로 수출하고, A국에서 9만
원의 가격에 판매할 경우 갑 또는 그 수권자와 경쟁을 하게 된다.14)

첫 번째의 경우는 특허권자 갑이 B국에 판매한 제품을 다시 역수입하
여 판매하는 경우이며, 두 번째의 경우는 특허권자 갑이 A국 및 B국에
서 모두 생산하나 생산원가의 차이로 인하여 양국 간 판매가격의 차이
가 형성되고, 그로 인한 가격차를 이용한 병행수입의 형태이며, 세 번째
의 경우는 특허권자 갑이 B국 한 곳에서 생산하여 A국 및 B국 시장에
동시에 공급하나 공급가격의 차이로 인한 가격차를 이용한 병행수입이
다. 그 밖에 제3국을 경유하거나 또는 제3국에 병행 수입하는 형태도 존
재하나, 위 3가지 형태를 기본으로 변형된 형태이다.

이러한 3가지 형태는 지적재산권 소유자를 수입국 권리자로 가정하에
병행수입은 지적재산권 소유자의 이익에 직접적인 영향을 주게 된다. 이
러한 경우 분쟁이 발생하면 권리를 주장하는 자는 지적재산권 소유자로
써 병행수입의 금지를 주장하는 청구를 하게 된다. 그러나 실질적으로
수입국과 지역의 지적재산권 소유자 이외에 대부분의 경우는 지적재산
권의 피허가인, 특히 독점허가인인 경우가 많으며, 대부분의 병행수입도
수입국 또는 지역의 독점 허가인의 이익에 영향 주는 경우가 많다.15)

---

14) *Ibid.*
15) 王春燕, *supra* note 4.

〈그림 4〉 병행수입상품의 유통경로

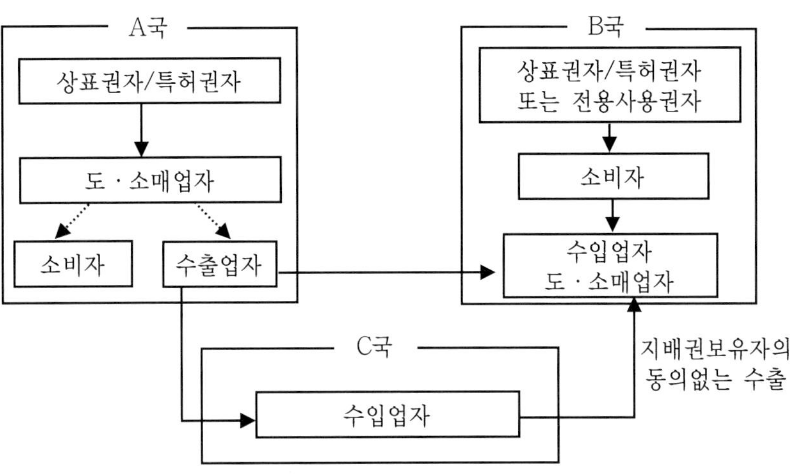

자료: 윤미경·이성미, "병행수입에 대한 WTO TRIPs 논의: 공중보건과 제약
산업을 중심으로", 대외경제정책연구원, 2001년 12월, p.17.

3. 병행수입의 발생원인

병행수입은 서로 다른 국가 및 지역에서의 가격 차이로 인하여 발생
된다. 즉, 수입국과 수출국의 가격 차이가 존재할 때 수입업자가 가격이
저렴한 곳에서 물품을 구입하여 가격이 높은 곳에서 판매하여 차익을
얻으려 하기 때문에 발생하게 된다. 동일한 상품이 상이한 지역에서 판
매가격 차이가 존재하는 원인은 여러 가지가 있는데, 특히 다음과 같은
이유가 존재한다.16)

---

16) 이하의 내용은 尹新天, "專利權的國際用盡及平行進口問題", 專利法硏究, 知
識産權出版社, 2003, pp.112-113 및 Jacob Arfwedson, *supra* note 6의 내용
참조 정리.

1) 국가와 지역의 문화 차이

국가와 지역의 부유 정도에 따라 소비자의 구매능력도 서로 다르다. 또한 역사 및 문화적인 배경, 종교적 신앙, 생활습관 등 각종 요소의 영향으로 동일한 상품이 상이한 국가 및 지역에서의 수요량도 서로 다르다.[17]

2) 제조 및 판매원가의 차이

국제경제의 세계화에 따라 특허기술을 보유하고 있는 지적재산권 소유자는 특허기술의 실시를 통하여 상품의 현지 생산 경영전략을 운영하고 있다. 동일한 상품을 제조하더라도 각국의 원자재 가격과 노동력 원가 사이에 차이가 나타나므로 이는 판매가격의 차이를 초래하기 마련이다. 또한 판매를 위한 시장 진입허가 및 광고 등 자금의 투입에 있어서도 비교적 큰 차이가 존재함으로 최종적으로 판매가격의 차이를 형성하게 된다.[18]

3) 각국의 정책 차이

예를 들어 관세는 상품의 판매가격에 직접적인 영향을 미치는 중요한 요소로, 국가가 수입상품의 판매가격을 통제하는 가장 전통적인 수단이다. 그 밖에 각국 화폐 사이의 환율 차이도 많은 상황에서 각 화폐의 진실한 가치를 반영할 수 없으므로 상품의 판매가격과 국제유통에 있어서 큰 영향을 미친다. 또한 정부는 자국의 산업현황과 취업수요에 따라 일부 산업에 대하여 정부보조금을 부여할 수도 있기 때문에 보조금을 받는 산업은 상품의 제조원가를 줄일 수 있어 보다 낮은 가격으로 상품을 판매할 수 있다.[19]

---

17) *Ibid.*
18) *Ibid.*

4) 지적재산권 보호수준의 차이

특허보호가 효과적인 국가에서 특허권자는 독점권을 향유함으로 이러한 우세를 이용하여 상품의 판매가격을 인상할 수 있다. 그러나 특허보호가 효과적이지 않은 국가에서 기타 경쟁자와 경쟁하기 위하여 특허권자는 비교적 낮은 가격을 책정할 수밖에 없는 가능성이 또한 존재한다. 유럽공동체 국가의 약품가격 차별이 아주 좋은 예이다. 독일, 네덜란드, 벨기에 등의 경우 엄격한 특허법의 관계로 의약품 가격이 아주 높으나, 영국의 경우 정부가 투자하여 필요한 대부분 의약품을 구입하고 특허법의 규정에 의하여 강제실시를 취득할 수 있으므로 의약품의 가격은 다른 3국의 의약품 가격의 절반밖에 되지 않으며, 이탈리아의 경우 의약품 가격은 더 낮다. 프랑스의 경우 특허보호를 하고 있지만 정부가 엄격한 가격제한 정책을 취하므로 의약품 가격은 유럽공동체에서 가장 낮은 수준이다.[20]

II. 특허권의 권리소진과 병행수입

1. 특허권 권리소진의 정의 및 형태

1) 정 의

특허권 권리소진이란 특허권자가 이미 시장에 유통시키거나 또는 허가한 상품의 사용 또는 재판매에 대하여 통제 권리를 상실한다는 것으로,[21] 권리가 소진되었음을 의미한다.[22] 그러나 권리소진은 지적재산권

---

19) *Ibid.*

20) 紹景春, *歐洲聯盟的法律與制度*, 人民法院出版社, 1999. 6, p.559.

이 전부 소진되었음을 의미하지 않으며 단지 특정한 지적재산권의 일부가 소진되었음을 의미한다. 즉, 판매권이 첫 판매 이후 소진되었거나, 또는 더욱 정확하게 설명한다면 첫 판매 이후 보호를 받는 상품에 대한 지적재산권을 이용한 통제의 권리가 소진되었음을 의미한다.[23] 즉, 특허권 권리 자체가 아니라 해당 제품에 대한 권리가 소진되었다는 것이다.

특허상품이 특허권자의 소유를 떠나서 타인에게 양도되면 원 특허권과 새로운 소유자의 소유권 사이에 충돌이 발생하게 되어 특허상품의 거래가 원활히 이루어지지 않는 사태가 발생할 수 있다. 따라서 '특허권 권리소진' 이론은 이 충돌을 조정하여 시장의 원활한 기능을 회복하기 위하여 생겨난 법이론이다.[24]

권리소진이론의 태동은 19세기 말 유럽과 미국의 판례법에서 발전하기 시작하였는데, 성문법으로 인정되는 것이 아니라 특허법의 설립 초부터 당연한 전제로 되어 있었다고 볼 수 있다.[25] 독일 특허법에 근거하여 1877년 특허권의 내용이 제조권만으로 되어 있던 것이 제조, 배포, 판매 및 사용의 4개 권리로 확장된 결과 특허권자 등은 이들 권리를 행사하여 존속 기간 동안 특허제품을 지배할 수 있을지 여부, 그리고 이들 권리를 1회만 사용 가능한지의 문제가 제기되었다. 이탈리아 특허법에

---

21) Carlos M. Correa, *Intellectual Property Rights: the WTO and Developing Countries*, Zed Books Ltd., 2000, p.81.

22) 특허상품의 병행수입의 합법성은 수입국이 특허권에 대한 권리소진원칙에 기초한 것이므로 이하에서는 특허권의 권리소진원칙에 대하여 살펴보도록 한다.

23) Frederick M. Abbott, Thomas Cottier & Francis Gurry, *The Intellectual Property System: Commentary and Materials*, KLUWER LAW International, 1999, p.608.

24) 박충범, "특허권 소진과 병행수입 – 특허제품의 병행수입에 관한 외국의 사례와 국제법의 검토", 「변시연구」, 통권 제77호(1997. 9), 37면.

25) 이경란, "특허제품의 병행수입에 관한 연구"(상), 「변시연구」, 통권 제81호(98. 1), 52면.

있어서 특허권은 발명에 관한 제품의 거래에도 미치는 것으로 되어 있어 특허권자는 과연 제품거래를 규제할 수 있는지 여부에 대한 해석이 문제가 되었다.[26] 동 문제를 해결하기 위하여 나타난 최초에 이론이 소유권 개념을 전제로 하여 특허제품을 특허권자 등으로부터 선의로 취득하면 그 소유권과 당해 제품을 이용할 권리를 취득한다고 하는 '소유권 이전설'과, 특허제품을 판매할 때 특허권자는 취득자에게 사용, 판매에 대하여 묵시적으로 실시허락을 부여하는 것이라는 '묵시적 실시허락설' 등이 있다. 이 후 Josef Kohler의 '이용행위의 연속설'에 의하여 '특허권 소진설'이 나타났다.[27]

2) 특허권 권리소진의 형태

국제무역에 있어서 권리소진원칙은 국내권리소진, 국제권리소진 및 지역권리소진으로 구분할 수 있다. 즉, A국에서 지적재산권의 보호를 받은 상품이 첫 판매가 이루어진 후 A국 이외의 모든 국가에서 여전히 판매권에 대한 독점권을 유지하고 있는지 아니면 이러한 권리를 상실하였는지 여부가 제기되는데, 이 경우 권리소진원칙의 적용 여부 및 적용 범위에 의하여 결과가 다를 수 있다.

예를 들어 갑이 그리스에서 모종의 의약품을 구입하여 덴마크에 수입하였고, 덴마크의 동 의약품에 대한 특허권 소유자는 지적재산권의 침해를 이유로 그 수입을 저지하려고 한다. 또한 해당 의약품은 덴마크의 권리자가 그리스에 수출한 의약품이다.

동 사례에 대하여 우선 국내소진원칙을 적용하면, 그리스에 있어서 동

---

26) 박충범, 앞의 주 24, 38면.
27) '권리소진' 학설에 관한 보다 자세한 내용은, 박충범 ,앞의 주 24, 38-39면 참조.

의약품의 판매는 덴마크에 있어서 권리자가 지적재산권을 행사하는 것에 대하여 어떠한 영향도 없으며, 덴마크 국내 시장에서의 판매만이 재판매권의 권리소진을 형성한다. 반면에 국제권리소진원칙을 적용하면, 첫 판매가 국내에서 아니면 외국에서 이뤄졌는지를 구별하지 않으며 동일시한다. 따라서 세계 어느 곳에서 첫 판매가 이루어지든지 여부와 무관하게 권리는 소진된다. 한편 지역권리소진원칙을 적용하면, 전 세계적으로는 적용할 수 없으며 조약 또는 다자협정에 기초하여 그 지역범위를 체약국에 한정함으로 그 역내에서는 권리가 소진된다. 이는 국제적용과 국내 적용 양자 범위 사이에 있다.[28]

2. 병행수입과 권리소진원칙

병행수입과 특허권의 권리소진은 동일한 문제의 두 가지 측면으로 병행수입 허용 여부는 특허권의 국제적 권리소진의 인정 여부에 기초하고 있다.

병행수입 되는 상품은 적법하게 제조 또는 판매된 진정한 상품으로, 수입국과 수출국 사이의 가격 차이가 병행수입의 주요한 원인이다. 병행수입은 동 수입을 통해 수입국 내에서의 가격경쟁을 유발하여 소비자들에게는 낮은 가격으로 다양한 상품을 선택할 수 있는 기회를 부여하고 있으나, 특허권 소유자에게는 판매의 감소 등 불이익을 줄 수 있다.

따라서 특허권을 가지고 있는 특허권자는 이러한 병행수입을 저지하려고 한다. 그러나 병행수입 된 상품은 합법적으로 유통된 상품으로서 이미 특허권자의 이익을 보증한 진정상품이므로, 이러한 진정상품의 병행수입에까지 권리가 미치는 것으로 하면 소비자 이익보호의 측면에서 특허권 권리자의 보호가 너무 강하다는 것이다.[29] 즉, 병행수입은 특허

---

28) Abbott, *et. al.*, *supra* note 23, pp.607-608.

권자 또는 그 허락을 받은 자가 특허상품을 적법하게 생산하여 유통시키면 특허권자는 그 상품에 대하여 더 이상 특허권을 행사하지 못한다는 특허권의 권리소진원칙에 기초하고 있다.

그러나 병행수입은 국경을 넘는 거래이므로 특허권의 국내권리소진이론을 외국에서 특허상품의 적법한 유통에까지 적용하자는 주장이 바로 국제적 권리소진이론이다. 즉, '국제권리소진이론'은 외국에서의 발명특허 실시품이 판매 등의 양도행위에 의하여 적법하게 유통된 경우에는, 해당 상품에 대하여 수출국에서의 권리가 소진함과 동시에 수입국에서의 권리도 소진되므로 수입국으로 수입되어 동 국가 내에서 판매, 사용이 특허권 침해에 해당하지 않는다는 것으로 국내적 권리소진이론과 마찬가지로 국제적으로도 이를 인정하자는 이론이다.[30]

Ⅲ. 상표권 및 저작권 보호 상품의 병행수입

1. 상표권 관련 상품의 병행수입

병행수입에 대한 논의가 가장 활발하게 이루어졌으며, 어느 정도 일치된 결론을 도출하고 있는 분야가 상표권에서의 진정상품 병행수입문제이다. 이러한 병행수입의 허용 여부에 관하여 국제적으로 찬반이론이 갈리고 있으며, 선진국 내부도 판단기준에 따라 병행수입 적법성 여부를 법원의 판단에 맡기고 있다.[31]

---

29) 김원준, 「특허법」, 박영사, 2001년, 562면.

30) 앞의 주.

31) 상표권에 있어서 진정상품의 병행수입 금지를 주장하는 이론으로서는 속지주의 원칙이 있으며, 병행수입 허용을 주장하는 이론으로서는 보편성이론 (the principle of universality), 국제소진이론(doctrine of international

214

미국의 경우 초기 병행수입인정에서 Katzel 사건을 계기로 병행수입은 '공중에 대한 기만'이 아닌 '상표권 소유자에 대한 기만'이 발생하는 것에 초점을 맞추어 한동안 병행수입을 금지하였다.[32] 그러나 K Mart 사건판결[33]을 계기로 병행수입의 사례를 유형별로 분류하여,[34] 각 경우에 있어서 병행수입 여부 판단기준을 제시함으로써 사실상 K Mart 사건 판결에 의하여 대부분 병행수입 상품의 수입이 합법화되었다.[35]

---

exhaustion), 상표기능론, 公衆誤認論, 실질적 위법성론 등이 있다. 김원오, 「상표보호의 국제적 규범체계와 그 동향에 관한 연구」, 박사학위논문, 고려대학교, 1998, 284-291면 참조.

[32] *Bourjois & Co. vs. Katzel*, 275 F 539 (CA 2 1921). 원고는 프랑스 제조업자가 미국 내에서 사업체를 설립하고 상표등록하였던 Java라는 상표를 사업체와 함께 양도받았다. 피고는 Java라는 상표가 부착된 진짜 얼굴분을 유럽에서 구입하여 미국 내에 판매하였다. 일심법원은 원고가 배타적 상표권을 보유하고 있는 지역 내에서 피고는 판매할 권리가 없으므로 원고의 상표권을 침해하였다고 판시하였으나, 연방 제2항소법원은 문제의 상품이 진정한 것이고, 그 출처에 한하여 공중을 혼동시키지 않았으므로 피고의 병행수입행위는 상표권 침해가 되지 않는다고 판시하였다. 그러나 대법원은 연방항소법원의 판결을 파기하면서, 그 근거로 지역성이론(속지주의)을 제시하면서 공중이 문제의 상품을 원고가 제조한 것으로 이해하였음을 지적하고, 그 상품이 원고가 쌓아올린 신용을 바탕으로 하여 유통될 수 있었음을 지적하였다. 양명조, "진정상표부상품의 병행수입규제"(上), 「법률신문」 1699호, 1987. 9. 21 게재.

[33] *K Mart Corp. vs. Cartier, Inc.*, 486 U. S. 281(1988).

[34] 동 사선에서 분류한 병행수입 유형은 1) 권한 받은 수입과 경쟁하는 권한 없는 병행수입, 2) 어떤 상표가 외국제조업자의 자회사(2a), 모회사(2b), 부서(2c)인 국내 기업에 의하여 미국에서 등록된 후, 이와 동일 상표가 부착된 상품이 제3자에 의하여 미국으로 수입되는 경우, 3) 당해 상표의 해외 이용권자가 그 상품을 미국으로 수출함으로써 국내에서 생산된 동일 상표 부착상품과 권한 없는 수입이 경쟁하게 되는 경우 등으로 나눈 후, 2번째 유형은 다시 2a, 2b, 2c형으로 구분하고 있다. Findlaw For Legal Professionals, U.S. Supreme Court K Mart Corp. *vs.* Cartier, Inc., 486 U.S. 281(1988), http://caselaw.lp.findlaw.com/cgi-bin/getcase.pl?navby=case &court=us&vol= 486&page=291, 04-11-20 검색.

[35] 그럼에도 불구하고 병행수입 허용 여부에 관한 구체적인 판단은 법원에서

일본의 경우 상표법과 關稅定率法에 의하여 진정상품의 병행수입을 금지하여 왔으나, 1972년 대장성(大將省) 通達을 통하여 '상표권에 관련된 진정상품의 병행수입에 대한 취급규정'을 신설하였으며,[36] 파카사건[37]을 계기로 일련의 판결에서 병행수입의 적법성이 인정되었다.[38] 통달규정에 의하면 독자적인 신용을 형성하고 있거나 국내외 상표권자에 의한 품질이 상이한 경우에는 병행수입을 인정하고 있지 않다.[39]

하고 있으며, 현재 법원의 판단은 한마디로 말할 수 없을 만큼 다양하다. 그러나 대체적으로 상술한 상표의 기능인 출처표시기능과 품질보증기능을 만족시키는 한 병행수입은 인정되고 있다. 단, 국내 권리자가 독자적인 신용을 형성하고 있는 경우에는 병행수입을 금지하고 있다고 볼 수 있다. 김원오, 앞의 주 31, 294면.

36) 동 취급규정에 따르면, 신청한 상표와 동일한 표장을 부착한 상품이 당해 신청자 이외의 자에 의하여 수입된 경우, 당해 물품이 당해 표장을 적법하게 붙여 배포된 것으로서 진정상품으로 인정될 때에는 상표권의 침해가 되지 않는 것으로 취급한다. 이 경우 상표권을 침해하지 않는 것으로 병행수입을 인정할 진정상품의 범위는 상표를 적법하게 붙여 배포한 자와 일본의 상표권자가 동일인 경우, 또는 동일인과 동일시되는 특수한 관계에 있는 경우에 있어서의 당해 배포된 물품으로 한다. 다만 당해 배포된 물품에 부착된 표장이 표시 또는 보증하는 상품의 출처 또는 품질과 신청한 표장이 표시하거나 상품의 출처 또는 품질이 각각 독자적으로 평가되는 경우에 있어서의 당해 물품은 제외한다. 1972년 8월 25일, 藏關 제1443호.

37) 미국에 파커상표권자가 있고 일본에 그 전용사용권자가 있었으며 홍콩에서 진정상품 파커 만년필을 수입하는 원고가 전용사용권자를 상대로 수입금지 청구부존재 확인을 구한 사건이다. 재판부는 상표보호의 직접 대상은 상표의 기능으로 이를 보호함은 궁극적으로 상표권자의 이익뿐만 아니라 공공의 이익을 함께 보호하려는 것으로, 상표권은 다른 공업소유권에 비하여 극히 사회성, 공공성이 강한 권리라고 할 것이다. 상표권 속지주의의 타당한 범위도 상표보호의 정신에 비추어 상표기능에 대한 침해의 유무를 중시하여 합리적으로 결정하지 않으면 안 된다. 권리자가 상표침해를 이유로 제3자의 행위를 금지시키는 데에는 그 행위가 형식적으로 권한 없는 일일 뿐만 아니라, 실질적으로 위법한 행위임을 필요로 한다는 이유로 원고의 파커 만년필의 수입판매행위는 상표권 침해가 되지 않는다고 하여 원고청구를 인용하였다. 大板地裁 1971. 2. 27. 判決, 無體集 第2-1卷, p.71.

38) 김원오, 앞의 주 31, 295면.

상표권 관련 상품의 병행수입과 관련하여 유럽공동체는 이를 허용하여 왔다. 다만, 판결의 법적근거를 로마조약 제85조 1항으로 하느냐 아니면 제30조 및 제36조 단서를 판단근거로 하느냐가 논의되어 왔다.[40) 그러나 1988년에 제정된 'EU상표법조화지침'과 1995년 4월 14일자로 발효한 '공동체상표 창설을 위한 규칙'의 공동체 내 '권리소진원칙'에 근거하여 진정상품과 같이 상표가 가지는 출처표시, 품질보증의 어느 기능도 침해하지 않는 경우라면 상표권 침해라고 볼 수 없으며, 포장단위의 변경, 상품의 형태상 변화와 손해 등에 의한 상표기능이 침해되었다고 볼 수 있는 특별한 경우를 제외하고는 병행수입을 금지시킬 수 없다는 입장이다.[41)

---

39) 이는 품질의 상이에 의한 오인혼동을 방지하고 있어 상표의 품질보증기능 측면을 고려하고 있다. 앞의 주.

40) 이상정, "유럽연합의 상표법에 관한 연구", 「경희법학」, 제31권 제1호(96. 12), 122면: 이와 관련하여 두 개의 판례가 있다. 1966년의 *Establishments Consten vs. Commission on the European Economic Community* 사건은 독일 상표권자가 프랑스인을 프랑스 내 독점적 공급자로 임명하고 그 명의로 상표등록까지 하였는데, 제3자가 독일로부터 동일한 진정한 상표가 부착된 상품을 수입한 사건으로, 유럽공동체법원은 독점사용자에게 프랑스 내에서 상표를 사용할 독점적 권리를 부여한 공급계약은 시장분할과 경쟁제한을 위하여 체결된 것으로서 기업 간 협정에 대한 독점금지법적 규정을 금지하고 있는 로마협약 제85조에 위반된다고 판시하였다. 한편 1974년 *Van Zulyen Frerer vs. Hag AG* 사건에서 유럽공동체법원은 유럽공동체 내의 국가 간의 진정상표부 상품의 병행수입을 인정하면서 그 근거로서 로마협약 제36조를 들었다. 제36조는 공업소유권보호를 위한 수입물량의 제한을 원칙적으로 허용하지만 그러한 금지나 제한이 회원국 간의 무역에 있어서 자의적 차별이나 거래제한의 위장수단이 되어서는 안 된다고 규정하고 있다. 양명조, "진정상표부상품의 병행수입규제"(하), 「법률신문」 1700호.

41) 유럽법원(European Court of Justice, 이하 'ECJ'라 함)은 최근의 Parfums Christian Dior사 향수 사건에서 병행수입된 상표가 부착된 상품에 대하여 전매자는 대중의 관심을 끌기 위하여 그 상표를 사용할 자유가 있으며 특히 그 분야에 관용적인 형태로 광고할 자유가 있다고 결론하였다. 그러나 등록상표가 전매자에 의하여 상표의 명성을 심각하게 해칠 수 있는 방식으

이제까지 설명한 상표권 관련 상품의 병행수입에 관한 미국, 일본 및 유럽 판례와 법 규정을 종합하여 보면 다음과 같은 두 가지 공통점이 있음을 발견할 수 있다. 첫째, 동일 상표를 사용하는 상품이 동일한 제조자가 생산하거나 혹은 두 명의 제조자가 생산하였으나 그 상품의 품질이 동일한 경우 이러한 병행수입은 허용된다. 둘째, 수입한 해당 상표의 상품이 국내에서 합법적으로 사용하고 있는 당해 상표권자가 생산한 상품이 품질, 외형 등 면에서 차이가 있을 경우 이러한 차이는 병행수입 금지의 이유로 되고 있다.

2. 저작권 관련 상품의 병행수입

병행수입의 문제는 특허법이나 상표법의 차원에서 많은 연구가 이뤄져 왔으나 영화 및 음반제품과 같이 저작물이 국제거래에서 차지하는 비중이 점차 증가함에 따라 저작권 관련 상품의 병행수입문제도 논의의 대상이 되고 있다.

저작권 관련 상품의 병행수입 허용 여부는 배포권과 권리소진의 원칙, 수입권과의 관계에서 주로 논의된다. 저작권자의 재산권 중 하나인 '배포권'[42]에 따르면 병행수입을 금지할 수 있지만, 배포권에 대한 제한인

로 광고에 사용된다면 역시 상표권의 침해가 될 수 있으므로 전매자는 광고에서 그 상표를 공정하게 사용하고 그 상표의 가능한 저평가를 피할 의무가 있다고 판시하였다. AIPPI Korea Journal, 1999. 1, 84면.

42) 저작물의 배포(distribution of a work)란 일반적으로 저작물의 복제물을 주로 적절한 상업적인 유통 과정을 통하여 일반 공중이나 그 일부에 제공하는 것을 의미한다. WIPO 저작권조약에서 배포권은 인정하였지만 배포권이 국제적으로 소진되는지 여부, 배포권으로서 수입권을 별도로 인정할지 여부는 국내법에 맡기기로 하였다. 저작권심의조정위원회, 용어해설, http://www.copyright.or.kr/copy/termview.asp?ca=7&se=3&A=저작물의배포, 04-09-20 검색.

218

'권리소진의 원칙'에 따르면 최초 판매 후에 권리자의 배포권은 소진되었기 때문에 병행수입을 금지할 수 없게 된다. 또한 저작권자에게 수입을 저지할 수 있는 이른바 '수입권'을 인정하게 되면 권리소진원칙이 국내에서 제조 및 판매된 제품에만 미치는지 해외에서 제조 및 판매된 제품에도 미치는지의 문제가 발생하고, 이에 따라 병행수입의 허용 여부 및 범위가 달라지게 된다.[43]

미국의 경우 미국저작권법 제106조는 저작권자에게 저작물을 복제, 배포, 공연, 전시할 수 있고 2차적 저작물을 작성, 이용할 수 있는 권한을 부여하되, 동 법 제107조에서 제120조에 이르는 저작권의 제한규정을 두어 저작물을 자유롭게 사용할 수 있는 예외를 인정한다.[44] 이러한 제한규정 가운데 제109조(a)항은 최초판매이론(first sale doctrine)을 규정하는 것으로,[45] 특허법이나 상표법과 마찬가지로 저작권자가 저작물의 원본 혹은 복제물을 적법하게 유통 상태에 놓으면 그 이상의 배포행위에 대한 통제권은 소진된다.[46] 그러나 이런 최초판매의 원칙이 적용되어 저작권의 배포권이 상실되는 장소적 범위가 국제적 소진인지 아니면 국내적 소진인지 여부는 최초판매의 원칙의 적용을 제한하는 동 법 제602조(a)항에 규정된 수입권과 관련된다.[47] 병행수입을 반대하는 측은 제

---

43) 배금자, "저작권에 있어서의 병행수입 문제", 「창작과 권리」, 제30호(2003. 봄), 157면.

44) 미국저작권법 17 U.S.C Sec. 106(3) : to distribute copies or phonorecords of the copyrighted work to the public by sale or other transfer of ownership, or by rental, lease, or lending.

45) 미국저작권법 17 U.S.C. Sec. 109(a) : Notwithstanding the provision of sections 1069a), the owner of a particular copy of phonorecord lawfully made under this title, or any person authorized by such owner, is entitled, without the authority of the copyright owner, to sell or otherwise dispose of the possession of that copy or phonorecord.

46) 박익환, "병행수입과 저작권 – *L'anza Research International, Inc. vs. Quality King Distributors, Inc.* 사건을 중심으로", 「저작권」, 제52호(2000. 겨울), 4면.

602조의 수입권에 근거하여 병행수입은 저작권자의 수입권을 침해하는 것이므로 저작권법상 허용되지 않는 것이라고 주장한다. 반면에 병행수입업체는 제602조도 제109조(a)의 최초판매원칙에 의하여 제한되며 저작권법상 병행수입이 허용된다고 주장한다.[48]

미국 법원의 판례는 최초판매의 원칙과 수입권의 관계를 둘러싸고 다른 입장을 보여 매우 혼란하였으나,[49] *Quality King Distributors Inc. vs. L'anza Research International Inc.*[50] 사건에서 미연방대법원은 상호 대

---

47) 미국저작권법 17 U.S.C. Sec. 602(a): Importation into the United States, without the authority of the owner of the copyright under this title, of copies of phonorecords of a work that have been acquired outside the United States is an infringement of the exclusive right to distribute copies or phonorecords under section 106, actionable under section 501.

48) Alexis Gonzalez, "Why the supreme court said Yes to the First Sale Doctrine in Quality King Distributors, Inc. *vs.* L'anza Research International, Inc", *University of Miami Business Law Review*, Vol.8, 1999, p.29.

49) *Sebastian* 사건에서 1심법원은 "최초판매의 원칙은 수입권에 적용되지 않는다"고 판시하면서 수입금지명령을 하였으나, 연방 제3순회 항소법원은 "수입권을 포함하여 모든 배포권은 판매장소가 어디인지에 관계없이 판매시에 소멸되기 때문에 제조된 나라가 어디인지는 무관하다"고 판시함으로 1심의 병행수입 금지명령을 취소하였다. 그러나 *Givenchy* 사건에서 연방 제9순회 항소법원은 제602(a)의 수입권은 해외에서 판매된 저작물의 수입을 금지시킴으로써 제106조(3)의 배포권의 영역을 해외로 확장하여 저작권자가 미국 시장에서 판매되는 저작물의 충분한 가치를 받을 수 있도록 보장하는 것이라고 하였고, 제109(a)의 적용범위를 미국 내에서 제작되고 판매된 저작물에만 한정하고 미국 밖에서 제조된 저작물에 대한 병행수입의 금지를 인정하는 1심법원의 결정을 유지하였다. 배금자, 앞의 주 43, 162-165면 참조.

50) *Quality King Distributors Inc. vs. L'anza Research International Inc.*, 98 F. 3d 1109, (1998). L'anza는 캘리포니아 주의 제조업자로 모발보호상품을 해당지역에서 독점적으로 배분자에게 판매하였으며, 배분자들은 제한된 지역과 인가된 소매업자에게 판매할 것에 동의하였다. L'anza는 광범위한 광고와 특별한 소매상의 교육을 통하여 국내 판매를 촉진하였다. 그러나 외국 시장에서 비교할 만한 광고 또는 촉진이 없었으며, 외국가격은 국내 시장 가격에 비하여 현저하게 낮았다. 수입자는 저자권이 있는 라벨이 부착된

립되는 견해에 대하여 균형 있는 해석을 부여하였다. 동 사건에 연방대법원은 수입권도 제106조에 규정된 배포권과 마찬가지로 제107조에서 제120조에 이르는 제한규정의 적용을 받는다고 하면서, 제109조(a)의 최초판매의 원칙은 수입권에 적용된다는 결론을 내렸다.[51] 그러므로 최초판매가 일어나면 그 후의 소유자는 원저작권자의 동의 없이 자유롭게 저작물을 판매하거나 배포할 수 있다고 판시하였다.[52] 그러나 동 사건과 관련하여 연방대법원은 미국에서 제조되어 해외로 수출되었다가 다시 역수입된 저작물에 대해서는 최초판매의 원칙이 수입권에 적용된다고 하여 병행수입을 인정하고 있지만, 해외에서 적법하게 만들어졌더라도 불법으로 미국에 역수입한 수입업자에게는 병행수입을 금지시켜야 한다는 견해가 있다.[53]

저작권법 중에서 저작권 상품의 자유유통을 가장 명확하고 대표적으로 규정하고 있는 국가는 독일이다. 독일의 현행 저작권법(1965년 저작권법) 제17조 1항은 배포권이란 저작물의 원본 혹은 복제본을 일반 공

해당 상품을 몰타에 있는 배분자로부터 구매하여 L'anza의 동의 없이 미국에 수입하였고, 할인된 가격에 소매상에게 판매하였다. L'anza는 수입업자의 행위가 1976년 미국 저작권법에서의 저작권물의 재생산과 배분의 권리를 침해하였다고 소를 제기하였다. Findlaw For Legal Professionals, http://caselaw.lp.findlaw.com/cgi-bin/getcase.pl?court=US&vol=000& invol=96-1470, 04-11-26 검색.

51) 저작권심의조정위원회, 저작권에 관한 외국판례선(5) - 미국편, 2001, 102-118면.
52) *Ibid.*
53) 동 사건의 다수의견을 대표한 스티븐슨법관은 "제602(a)가 외국의 법에 의하여 적법하게 만들어진 저작물의 수입은 금지시킬 것이다"고 판시하였고, 나아가 동조의견을 낸 긴스버그 대법관도 "해외에서 제조되고 미국의 저작권자의 동의 없이 미국에 수입되는 제품은 여전히 제602(a)의 수입권의 대상이 될지도 모른다"고 하여 해외에서 제조된 물건의 병행수입에 대하여서는 저작권자가 수입권에 의하여 금지청구를 할 수 있는 여지를 남겨 놓았다. David Goldberg and Robert J. Bernstein, "Limiting the Scope of Importation Rights", *New York Law Journal*, March 20, 1998, p.3.

중에게 제공하거나 거래하도록 하는 권리라고 규정하고 있다.[54] 미국법 제602조(a)항과 같은 수입권은 규정되어 있지 않으나 독일 저작권법 제17조 2항은 저작물의 원본 혹은 복제본이 본 법의 적용범위에서 배포되기 위한 권한자의 동의를 얻어 양도의 방법으로 거래에 제공되었다면, 위 원본 혹은 복제본의 재배포는 허용된다고 규정하고 있다.[55] 즉, 저작권자가 독일 역내에서 작품판매를 동의할 경우 저작권자는 그 이후의 저작물의 재배포에 대하여 간섭하지 못하며 타인의 이러한 권리는 저작권자의 허가에 기초하는 것이 아니라 저작권법 제17조에 근거한다.[56]

한편 프랑스와 벨기에의 저작권법은 독일과 반대이다. 즉, 프랑스는 배포권을 복제권과 동일시하고, 벨기에는 저작권자가 권리유효 기간 내 시종 배포권을 통제한다고 규정하고 있다.[57] 그러나 독일의 법학자들은 프랑스와 벨기에의 이러한 법률조항은 실무 중에서 아무런 역할도 하지 못하고 있다고 주장하는데, 이는 프랑스와 벨기에의 저작물이 이미 실질적으로 자유롭게 유통되고 있기 때문이다.[58] 또한 북유럽국가들의 저작권법은 또 다른 형태로 규정하고 있는데, 저자가 작품의 출판을 동의하면 배포 분야의 전용권은 출판사 소유로 이전되고, 그로 인하여 저작권은 공공영역(public area)으로 상실되는 것이 아니라 실질적으로 출판사에 '이전'되는 것이다.[59]

---

54) 저작권심의조정위원회, 독일·일본 저작권법, 1992, 45면.

55) *Ibid.*

56) 鄭成思, *知識産權法*, 法律出版社, 1997年, p.346.

57) *Ibid.*, p.347.

58) *Ibid.*

59) *Ibid.*, p.348.

제2절 권리소진 관련 국제규범 및 주요 국가의 관행

I. 관련 국제규범

1. 파리협약 제4조의 2

파리협약 제4조의 2는 다음과 같이 규정하고 있다.

(1) 동 연맹국가의 국민이 동 연맹 각국에서 신청한 특허는 기타 국가(동 연맹의 구성원 인지 여부와 무관하게)에서 동일한 발명에 대하여 취득한 특허와 상호 독립한다.

(2) 상술한 규정은 제한을 받지 않는 의미에서 이해하여야 하며 특히는 우선권 기간에 신청한 각종 특허일 경우 무효와 권리상실의 이유 및 그 정상적인 기간으로 놓고 말할 경우 상호 독립한다.

(5) 동 연맹 각국에서 우선권을 향유하여 특허를 취득한 기간 우선권의 이익이 없이 특허를 신청 또는 부여하는 기간과 동일하다.

일반적으로 파리협약 제4조의 2에 따른 특허독립의 원칙에 근거하여 병행수입 금지의 결론이 도출될 수 있다고 주장된다. 그 원인은 동일한 사람이 동일한 발명에 대하여 상이한 국가에서 취득한 상이한 특허권은 서로 독립하는 것으로, A국에서의 특허권 권리소진은 B국에서의 당연한 권리소진으로 이어지는 것이 아니므로 특허권의 국제소진이란 있을 수 없다는 것이다.[60]

---

60) 이상정, "진정상품의 병행수입에 관한 연구", 「경희법학」, 제32권 제1호 (1997. 8), 123면; 이경란, 앞의 주 25, 47면.

그러나 파리협약 제4조의 2의 제정 배경에서 동 규정의 진실한 함의를 알 수 있다. 파리협약 제4조의 2의 (1), (3) 및 (4)는 1901년 브뤼셀 회의에서 제정되었고, (2)는 1911년 워싱턴 회의에서 추가되었으며, (5)는 1934년 런던회의에서 추가되었다. 그전에 일부 국가들은 파리협약 제4조에 규정한 우선권에 대하여 서로 다른 이해를 하고 있었다. 예를 들면 프랑스의 경우 프랑스에서 특허출원을 하면서 다른 외국특허출원의 우선권 향유를 요청할 경우 우선권의 성립요건은 선행 외국출원이 아직 존재하는지 여부라고 주장하였다.[61] 다른 일부 국가들, 예를 들어 미국, 브라질, 벨기에 등은 외국우선권을 요구하는 특허에 대한 특허권 부여의 유효 기간은 우선권 일로부터 계산되어야 한다고 주장하고 있다.[62] 파리협약 제4조 2항은 상술한 두 가지 주장을 배제하기 위하여 추가된 것이다.[63]

파리협약 제4조의 2에 규정된 특허독립의 원칙은 다음의 뜻을 내포하고 있다.[64]

(1) 한 회원국이 어떤 발명에 특허를 부여하더라도, 이는 기타 회원국이 반드시 동일한 발명에 대하여 특허를 부여하여야 함을 의미하지 않는다.

(2) 한 회원국이 어떤 발명에 대하여 신청을 기각하거나 또는 특허권 무효를 선고하거나 또는 특허권을 더는 유지하지 않거나 또는 종료할 경우, 기타 회원국은 이를 이유로 신청을 기각하고 특허권 무효를 선고하거나 또는 기타 방식으로 종료할 수 없다. 즉, 모든 국가의 한 가지

---

61) Christopher, "Health, Parallel Imports and International Trade", IIC, Vol.28, No.5, 1997, p.623-632.

62) *Ibid.*

63) *Ibid.*

64) 湯宗舜, *專利法敎程(第三版)*, 法律出版社, 2003年, p.271.

발명특허의 결과는 기타 모든 국가의 동일한 발명특허의 결과에 대하여 어떠한 영향을 미치지 않는다. 이는 동종특허, 즉 여러 나라에서 동일한 제1차 신청에 의하여 취득한 동일한 우선권으로 하나로 연결된 일부 특허에도 적용된다. 우선권 기간 이외에 신청한 특허 또는 우선권을 신청하지 않은 특허도 예외는 아니다.

(3) 우선권을 향유하여 부여한 특허권의 기간은 우선권을 향유하지 않고 부여한 특허권 기간에 비하여 다른 출원일이 있어서는 아니 된다. 일반적으로 특허권의 기한은 특허출원을 한 날부터 시작한다.

상술한 입법배경과 함의로부터 볼 때 파리협약에 규정한 특허권 독립의 원칙은 특허권의 취득, 유지와 보호기한에 모두 적용됨을 알 수 있다. 특허권의 부여와 존재는 상이한 국가에서 서로 '독립'되며, 특허권을 침해하는 행위에 대한 사법행위도 서로 '독립'된다. 예를 들어 미국인이 한국에서 특허권을 취득하였고 한국인이 동 특허권에 대하여 한국에서 특허권침해를 하였을 경우 미국 법원은 동 사안과 관련하여 한국인을 상대로 재판을 할 수 없다.

1997년 7월 1일 BBS사건에 관한 일본 대법원의 판결은 파리협약 제4조의 2는 권리소진과 무관함을 증명하는 중요한 판결로서, 일본은 특허 상품의 병행수입을 허가함을 인정하고 있다. 일본 대법원이 판결 내용은 다음과 같다: 파리협약 제4조의 2에 규정한 특허독립원칙은 하나의 특허법의 형성, 수정과 종료는 서로 다른 국가에서 상호 독립함을 의미한다. 한 국가가 한 가지 특허신청을 기각하거나 또는 한 가지 특허권의 무효를 선고할 경우 다른 국가에서의 특허신청 또는 특허의 결과에 영향을 미치지 않는다. 파리협약의 동 규정은 특허권과 특허권을 행사하는 문제와 무관하다. 특허권의 지역원칙은 특허권의 부여, 양도, 유효성은 반드시 각국의 국내법률 규정에 부합되어야 하며 동시에 한 가지 특허권은 오직 그 지역범위에서 유효함을 의미한다. 병행수입문제와 파리협약의 상술한 규정은 무관하고, 그러므로 상소인이 동경 고등법원의 판결이 파리협약의 규정을 위반하였다는 주장은 성립되지 않는다.[65]

TRIPs협정과 파리협약의 관계를 살펴보면 TRIPs협정은 동 협정의 제Ⅱ, Ⅲ, Ⅳ 부분과 관련하여 각 회원국은 파리협약 제1조부터 제12조와, 제19조의 규정을 준수하여야 한다고 규정을 하고 있다.[66] 이는 TRIPs협정이 파리협약의 상술한 규정을 동 협정에 포함시켰음을 나타내고 있다. 즉, TRIPs협정 자체는 우선권을 규정하고 있지 않지만, 이러한 조항을 거쳐 우선권을 협정에 포함시키고 있는 것이다. 만약 파리협약 제4조의 2 규정이 특허권 국제소진원칙의 가능성을 명확히 배제하였다고 가정할 경우, TRIPs협정 제6조의 내용은 제2조 및 파리협약 제4조의 2와도 모순되게 된다.[67] 그러나 TRIPs협정의 제정은 각국 정부와 전문가들이 참여하에 제정된 만큼 이러한 착오가 빚어질 수가 없다.[68]

따라서 병행수입을 허가하더라도 파리협약 제4조의 2에 규정한 특허독립원칙과 모순되는 것이 아니며, 파리협약 제4조 2의 규정된 특허독립원칙도 특허권의 국제소진원칙의 사용을 방해하는 것이 아님을 알 수 있다.

2. TRIPs협정

1) 제6조

TRIPs협정의 분쟁 해결과 관련하여 제3조와 제4조의 규정을 준수하

---

65) 最高裁平成9年7月1日判決. 平成7年(オ)第1899號.

66) TRIPs협정 제2조(1)항.

67) TRIPs협정 제6조는 다음과 같다: 동 협정의 모든 규정은 지적재산권의 권리소진문제와 관련하여 적용되지 않는다.

68) 尹新天, *supra* note 16, p.119.

는 전제하에서, 동 협정의 모든 규정은 지적재산권의 소진문제를 다루는 데 사용되지 않는다.[69] 즉, TRIPs협정은 권리소진문제가 쟁점임을 인정하면서, 동 협정은 권리소진문제를 회원국들이 자체적으로 규정하도록 남겨두고 있으므로 모든 회원국들은 자국 내에서 권리소진의 적용범위를 결정할 수 있다. 예를 들어 유럽공동체 회원국 사이에서는 지적재산권 권리소진원칙을 적용하고 있지만, 회원국들은 비회원국으로부터 수입된 상품에 동 원칙을 적용할지 여부를 자율적으로 결정할 수 있다.[70]

TRIPs협정 제6조의 규정은 우루과이라운드 협상과정에서 선진국과 개도국의 협상의 결과물이다. 많은 개도국들은 지적재산권의 국제적 권리소진은 무역장벽의 형성을 방지하는 유효한 조치이므로 협정에 포함시킬 것을 주장하였고, 일부 선진국들은 이러한 개도국의 주장에 강력히 반대하였다.[71] 동 문제는 우루과이라운드 지적재산권 협상과정에서 논쟁이 가장 많았던 쟁점 중 하나였다. 결과적으로 '권리소진'에 관한 논쟁은 최종적인 절충안에 동의하게 되었다.[72]

2) 제28조

특허는 특허권자에게 다음과 같은 배타적 권리를 부여한다. 즉, 특허대상이 물질인 경우, 제3자가 특허권자의 동의 없이 동 물질을 제조, 사

---

69) TRIPs협정 제6조.

70) Correa, *supra* note 21, p.83.

71) 사실상 동 문제와 관련한 모든 선진국들의 입장이 완전 일치한 것은 아니었다. 독일, 핀란드, 노르웨이 등은 지적재산권의 국제권리소진원칙을 찬성하였으나, 미국, 캐나다, 프랑스, 호주 등은 이를 반대하였다. Vincent Chiapetta, "The Desirability of Agreeing to Disagree: The WTO, TRIPs, International IPR Exhaustion and A Few Other Things", *Michigan Journal of International Law*, Vol.21, Spring, 2000, pp.333-392.

72) *Ibid.*

용, 판매를 위한 제공, 판매 또는 이러한 목적을 위하여 수입하는 행위
의 금지와, 특허대상이 제법인 경우, 제3자가 특허권자의 동의 없이 제
법사용행위 및 최소한 그 제법에 의해 직접적으로 획득되는 상품의 사
용, 판매를 위한 제공, 판매 또는 이러한 목적을 위한 수입행위를 금지
할 권리를 부여한다.73) 일부에서는 동 규정이 특허권자가 '수입권'을 향
유하는 것으로 해석하고 있으며 여기에는 병행수입행위를 금지하는 함
의를 포함하고 있는 걸로 해석하고 있다.74)

그러나 이러한 해석은 동 조항에 부가된 각주를 고려하지 않은 것으
로, 동 각주에서는 "이 권리는 상품의 사용, 판매, 수입 또는 기타 유통
에 관하여 이 협정에 따라 부여되는 모든 다른 권리와 같이 이 제6조의
규정에 따른다"고 설명하고 있다. TRIPs협정의 각주는 동 협정의 권위
적인 해석으로 동 협정을 제정한 본의를 잘 표현하고 있다. TRIPs협정
은 제6조에서 동 협정의 모든 규정은 지적재산권의 권리소진문제에 사
용되지 않는다고 명확하게 규정하였으므로, 여기에는 제28조도 당연히
포함된다. 그러나 협정의 제정자들은 제28조가 이처럼 서로 다른 이해를
낳을 우려를 고려하여 이를 명확하게 하기 위하여 TRIPs협정을 제정할
때 동 주석을 특별히 추가한 것이다.75)

3) 제51조

병행수입상품을 국경조치로서 그 통관을 제지할 수 있는지 여부와 관

---

73) TRIPs협정 제28조 (1)항.
74) 미국특허법 제271조(a)항은 특허권의 존속 기간 중 특허제품을 미국으로
   수입하는 행위를 특허권 침해로 간주하고 있으며 중국전리법 제11조도 특
   허권자의 수입권을 인정하고 있다.
75) Frederick M. Abbott, "The TRIPs Legality of Measures Taken to
   Address Public Health Crisis: A synopsis", *Widener Law Symposium
   Journal*, Vol.7, 2001, pp.71-85.

련하여 TRIPs협정은 '상표권 또는 저작권 침해상품'에 대하여 세관당국이 반드시(shall) 통관유보조치를 취하도록 규정하고 있다. 그러나 그 외의 특허권을 포함한 지적소유권에 대해서는 통관유보조치를 할 수 있다(may)는 임의규정으로 되어 있다.[76]

'상표권 또는 저작권 침해상품'은 TRIPs협정 각주 제14에 '수입국의 법령상 침해되는 것'이라고 정의되어 있어 병행수입품이 여기에 포함되는 것인가 하는 것은 병행수입을 수입국 국내법상 침해로 보느냐 아니냐에 달려 있다.[77] 그러나 TRIPs협정 각주 13은 권리자에 의해서 또는 권리자의 동의로 다른 나라 시장에 진출한 상품의 수입이나 통과 중인 상품에 적용될 의무가 없다고 양해된다고 규정하고 있으므로, 설령 어느 수입국법상 병행수입이 '상표권 또는 저작권'의 '침해'가 된다고 하더라도, 그 국가는 병행수입품을 국경조치의 대상으로 할 의무는 없다.[78]

결국, 파리협약과 TRIPs협정에 대한 분석을 통하여 특허권의 권리소진과 관련된 국제규범들은 특허권의 국제적 권리소진을 금지하고 있지 않고 있음을 알 수 있다.

Ⅱ. 주요 국가의 관행

1. 신진국의 경우

1) 미 국

미국은 우루과이라운드 TRIPs협정의 협상과정에서 진정상품의 병행

---

76) TRIPs협정 제51조.
77) 박충범, 앞의 주 24, p.68.
78) 앞의 주.

수입에 대하여 강하게 부정하는 입장을 취하였으며, 이러한 미국 정부의 태도는 지적재산권의 최대 보유국으로서의 정책이 그 밑바탕을 이루고 있다고 생각된다.

미국은 특허법 제154조(a)(1)항에서 특허권자는 미국 내에서 당해 발명을 제조, 사용 및 판매를 위한 제공, 판매를 금지할 수 있을 뿐만 아니라 미국으로의 수입도 금지할 수 있다고 규정하고 있다.[79] 또한 미국 특허법 제271조(a)항은 특허권의 존속 기간 중 미국 내에서 특허된 발명을 허가 없이 제조, 사용, 판매를 위한 제공, 판매한 자나 특허제품을 미국으로 수입한 자는 특허권을 침해한 것으로 본다.[80] 동 조항들에 의하면 특허제품의 병행수입이 금지되는 것처럼 보이지만, 이는 권리소진의 원칙에 의하여 제한을 받는다.[81] 미국 정부의 견해가 병행수입에 반대하지만 그것은 정치적인 문제이며, 이는 병행수입을 금지함으로써 이익을 얻는 기업이나 단체의 로비활동의 결과라고 볼 수 있다.[82]

특허제품의 병행수입에 대한 미국 연방대법원 판례는[83] 특허독립의 원칙에 의거하여 특허권의 국제소진이론을 부정하고 있어 병행수입을 부정하고 있다.[84] 동 판결에서 법원은 독일에서의 특허권의 소진에 의하여 미국의 특허권이 소진된다고 하면 외국에서 발생한 사실이 미국

---

79) 35 U.S.C.A 154(a)(1), West Supp., 1997.

80) 35 U.S.C.A 271(a), West Supp., 1997.

81) Darren E. Donnelly, "Parallel Trade and International Harmonization of the Exhaustion of Rights Doctrine", *Santa Clara Computer & High Technology Law Journal*, Vol.13, 1997, p.445.

82) 김순석, "병행수입과 특허권", 「성균관법학」, 제10호(1999. 2), 146면.

83) *Boesch vs. Graff*, 133 U.S. 697(1890). 특허권자는 램프버너에 대하여 미국과 독일에서 특허권을 가지고 있었다. 그중 독일에서의 특허권은 이미 다른 사람에 의하여 선사용권이 인정되어 있었으며, 피고는 독일에서 제조, 판매된 상품을 구입하여 미국으로 수입하였고, 원고가 이에 대하여 특허권 침해를 이유로 제소한 사건이다. 앞의 주.

84) 박충범, 앞의 주 24, 47면.

특허권의 유효 기간을 제한하는 기능을 하게 되며, 미국에서 수입품의 판매가 외국법에 의하여 좌우된다고 해석하는 결과가 되어 타당하지 않다고 판시하였다. 그러나 동 판결은 연방대법원 판결로서 국경을 넘는 국제적 권리소진이론을 채택하지 않았다는 것은 확실하지만, 피고가 구입, 수입한 상품이 특허권자 또는 그로부터 동의를 얻은 자의 의사에 의거하여 판매된 상품이 아닌 선사용권에 의한 것이고, 특허권자가 첫 판매로 인하여 충분한 이익을 보상받았다고 볼 수 없으므로 다른 일반적인 병행수입 사건과는 성격이 다르다.[85]

그러나 하급법원의 판결들을 살펴볼 경우 병행수입과 관련하여 무조건적으로 부정하기보다는 일정한 경우에 특허제품의 병행수입을 허용하고 있음을 알 수 있다. 예를 들어 *Holiday vs. Mattheson* 사건에서는 국내외 특허권이 동일인에게 귀속되고 국내 특허권자가 수출국에서 스스로 제조 및 판매한 경우 병행수입을 허용하였으며,[86] *Hattori Seiko vs. Refac* 사건에서는 국내외 특허권이 동일인에게 귀속하고 외국에서 특허제품을 판매한 자가 외국특허의 이용권자인 경우 병행수입을 허용하였다.[87]

---

85) 앞의 주, 49면.

86) *Holiday vs. Mattheson*, 24 F. 185 (S.D.N.Y. 1885). 동 사건은 원고 Holiday가 동일 제품에 대하여 미국과 영국에 모두 특허권을 가지고 있으며, 피고 Matteson은 동 제품을 영국에서 구입하여 미국으로 수입하사 원고가 수입에 대한 금지청구소송을 제기한 것이다. 법원은 "물품의 소유자가 그 사용 또는 권한에 관하여 아무런 유보도 없이 그것을 판매하면 구입자는 그 물품을 사용하고 수선하고 판매할 완전한 제 권리를 승계하는 것이 된다. 이와 같이 유보 없이 판매하였다는 것은 판매자가 해당 물품에 관하여 제 권리를 포기한 것으로 추정되며, 이러한 것은 해당 물품이 특허제품 여부에 구속되지 않는다."고 판시하였다. 즉 법원은 병행수입의 허용의 근거를 소유권행사이론에 두고 있고, 이 이론은 영국 Tilghman's 사건에서 Cotton 판사가 보완의견으로 제시하고 미국의 판례들이 계승한 것이다. 김순석, 앞의 주 82, 146면의 각주 22.

87) *Kabushiki Kaish Hattori Seiko vs. Refac Technology Development Corp.*, 690 F. Supp. 1339 (S.D.N.Y. 1988).

한편 *Featherstone vs. Ormonde Cycle* 사례는 국내외 특허권이 다른 사람에게 존재하는 경우 병행수입을 일반적으로 금지하는 경우이다.[88] 즉, 동 사례에서는 처음부터 다른 사람에게 특허권이 존재하는 경우뿐만 아니라, 나중에 일부 특허권이 양도되어 다른 사람에게 소속하게 되는 경우에도 특허권의 병행수입을 금지하고 있다.

그 밖에 국내외 특허권이 동일인에게 귀속되고 국내특허권자가 수출국에서 스스로 제조 및 판매한 경우, 병행수입을 부정한 판례도 있다. *Griffin vs. Keystone Mushroom Farm* 사건에서 Griffin이 미국과 이탈리아에서 퇴비제조기의 특허를 가지고 있었고, 이탈리아에서는 Garminati에게 전용실시권을 설정하였다. Keystone 사는 이탈리아의 전용실시권자가 제조한 제품을 구입하여 미국으로 수입하였고 Griffin은 Keystone 사를 특허권 침해로 제소하였는데 법원은 이를 인정하였다.[89]

미국은 세계에서 가장 큰 의약품 자유무역시장으로 미국 의약산업도 병행수입업자의 잠재적인 거대한 목표이다. 의약품 수입은 미국 식품의약

---

88) *Featherstone vs. Ormonde Cycle Co.*, 53 F. 110 (S.D.N.Y. 1892). 미국 및 영국의 특허권자였던 자가 X에게 미국 특허권을 양도한 후 Y에게는 영국 특허의 실시권을 설정하였다. 그런데 Y가 스스로 특허제품을 미국에 수입하여 판매한 사례로서 법원은 "영국의 특허권자는 자신도 미국에서는 특허품을 판매할 수 없는 것이므로 자신이 가지지 않는 권한을 특허품의 구입자에 부여할 수는 없는 것이다"고 하여 소위 각국의 특허권 독립의 원칙을 근거로 병행수입의 용인을 부정하였다. 박충범, 앞의 주 24, 50면.

89) *Griffin vs. Keystone Mushroom Farm, Inc.*, 453 F. Supp 1283 (E.D. Pa. 1978) 법원은 그 논거로 세 가지를 들고 있다. 첫째, Griffin의 미국, 이탈리아 양국에서 중복하여 이익을 얻을 가능성을 불문하고 양국 특허권이 동일인에게 귀속하고 있는 사실에 의하여 Keystone사의 행위를 긍정하는 것은 타당하지 않으며; 둘째, 미국 특허권의 권리소진은 미국, 이탈리아 양국의 특허권의 내용이 동등하다는 것을 조건으로 하지만 미국 법원이 이탈리아 특허권의 내용을 조사하는 것은 실행하기 어려운 사항이며; 셋째, 이중이득의 유무에 대하여 확인하는 것은 더욱 어려운 문제임을 제시하고 있다. 앞의 주, 51면.

청(Food and Drug Administration)이 집행하는 식품, 의약 및 화장품법 (Food, Drug and Cosmetic Act: 21 U.S.C 제321절-393절)에 의하여 규제되고, 모든 의약품 제조업자, 판매자 및 수입업자는 식품의약청에 등록하여야 하며, FDA의 모든 규칙에 따라야 한다. 이러한 규칙은 미국 내 제조품과 수입품에 똑같이 적용되며, 위조품의 판매 및 위조품의 병행수입은 금지된다.[90] 병행수입 금지의 취지는 병행수입이 의약품의 유통 흐름을 파악하기 어렵게 하여 외국에서 품질이 변질된 제품 및 모조품을 통제 또는 규제하기 어렵게 하기 때문에 이를 방지하기 위한 것이다.

WTO에서 뿐만 아니라 미국 내에서도 최근 의약품 병행수입의 허용을 둘러싼 논쟁이 진행되고 있다. 미국에서는 외국에 비해 비싼 미국 내 약값을 낮추기 위하여 1999년부터 병행수입을 허용하기 위한 여러 건의 입법시도가 있었다. 2002년 7월 31일 상원은 한 가지 법안(S. 812)을 승인하였다. 동 법안은 제너릭 의약품의 **빠른** 시장 진입을 다루고 있으며, 제약업자와 도매업자가 캐나다로부터 미국에 처방의약품의 병행수입을 허락하고 있다.[91] 그러나 동 법안은 HHS장관이 동 입법행위가 그 시행에서 공중안전위험이 없음을 조사하도록 요구하고 있다.[92] 또한 HHS 장관 Tommy Thompson이 캐나다로부터 의약품의 병행수입은 소비자들에게 처방의약품의 가격에서 '중대한 인하'의 결과가 있음을 증명할 것을 요구하고 있다.[93] 또한 2003년 7월 25일 미국 하원에서 통과된 '2003 의약품시장접근법'[94]은 HHS 장관이 호주, 캐나다, 유럽, 이스라엘, 일본, 뉴질

---

90) 단, 수입자가 직접 해당 의약품을 제조한 제조업자인 경우 자사 제품에 한하여 재수입이 가능하다. 윤미경·이성미, 병행수입에 대한 WTO TRIPs논의: 공중보건과 제약산업을 중심으로, 대외경제정책연구원, 2001, 45면.

91) Jacob Arfwedson, Parallel Trade In Pharmaceuticals, July 2003, p.25. http://www.cnehealth.org/pubs/2003__07__00__arfwedson__parallel.pdf, 04-09-19 검색.

92) *Ibid.*

93) *Ibid.*

랜드 및 남아프리카 등 25개 국가로부터 처방의약품의 수입을 위한 제약업자, 도매업자 및 개인(개인용도)의 수입을 허락하는 규범을 제기할 것을 요구하고 있다.[95] 수입되는 의약품은 '식품, 의약품 및 화장품 법'의 제501조, 제502조 및 505조의 동의, 브랜드오용 및 의약품의 가짜 등이 규제 내용에 부합될 것을 요구하고 있다.[96] 동 법안은 상원에 회부되어 2회독 되었으며 보건, 교육, 노동 및 양로금 위원회에 회부되었다.[97]

2) EU

특허권의 병행수입과 관련하여 유럽공동체 설립조약인 로마조약은 EU 역내의 병행수입은 인정하지만, EU 역외로부터의 특허제품의 병행수입에 관하여서는 사실상 국제적 소진이론을 인정하지 않고 있다.

로마조약은 유럽공동체 전역을 단일의 시장으로 하는 공동시장의 창설을 공동목표로 하고 그것을 실현하기 위하여 상품의 수입 및 수출에 관한 관세 및 수량제한 그 외 그것과 동등의 효과를 가지는 모든 조치 중에 회원국에 관한 것을 철폐하고,[98] 나아가 수입품에 대한 모든 양적 제한과 동등한 효과를 가지는 모든 조치는 회원국에 있어서 금지된다고 규정하고 있다.[99] 이는 상품을 일단 EU 역내 국가의 시장에서 유통시킨 경우 다른 회원국으로 그 상품이 이동하는 것을 제한할 수 없다는 것을 의미한다. 또한 산업 및 상업적 재산권의 보호를 이유로 정당화된 수출입, 물품이동의 금지 또는 제한을 방해하는 것은 아니라고 규정하지

---

94) The Pharmaceutical Market Access Act of 2003, H.R. 2427, July 25, 2003.
95) *Ibid.*
96) http://www.cbo.gov/showdoc.cfm?index=4852&sequence=0, 04-09-29 검색.
97) http://thomas.loc.gov/cgi-bin/bdquery/z?d108:H.R.2427:, 04-09-29 검색.
98) 로마조약 제3조 a항.
99) 로마조약 제30조.

234

만,[100) 이러한 금지, 제한은 회원국의 통상에 대한 자의적인 차별수단 또는 위장된 제한을 구성하여서는 안 된다는 단서를 붙이고 있다.[101)

로마조약 제30조와 제36조의 조화를 위하여 ECJ는 특허권을 '특허제품을 최초로 EU 역내에서 유통시키는 자유권'으로 정의하고, 이 자유권을 특허권자가 향유한다고 생각되는 경우에는 특허권은 소진되고, 반면 향유하지 못한다고 생각되는 경우에는 특허권은 소진되지 않으며 수입을 제한할 수 있다는 입장이다.[102) ECJ는 이처럼 상품유통의 자유와 지적재산권 보호와의 형평을 유지하면서 당해 지적재산권이 적용되고 있는 물품이 회원국 중 어느 한 국가에서 지적재산권 소유자에 의하여 또는 그의 동의하에 유통된 경우 지적재산권은 소진되고 그로 인하여 병행수입을 지적재산권의 행사에 의하여 금지할 수 없다는 원칙을 확립하였다. 한편 EU 역내권리소진이론을 적용함에 있어서 다음에 지적하는 사항들을 특히 유의하여야 한다.[103)

(1) 역내권리소진이론은 지적재산권의 종류를 불문하고 적용된다.

특허권뿐만 아니라 상표권, 저작권 및 의장권에 대해서도 동일한 접근방법을 취하고 있다.

(2) ECJ의 판례는 권리의 행사와 존재를 구분하고 있다.

역내 권리소진은 권리의 행사를 금지할 뿐 권리의 존재에는 전혀 영향을 미치지 못한다.

---

100) 로마조약 제36조 1항.

101) 로마조약 제36조 2항.

102) 김순석, 앞의 주 82, 148면.

103) 강성은, "병행수입에 대한 EU법상의 역내소진이론에 대한 소고", 「법률행정논총」 제22권 제2호(2002), 전남대학교 법률행정연구소, 135-136면.

(3) 가맹국에서 물품을 유통시키려는 데 대하여 권리자의 동의는 실제로 동의가 있었는지의 여부에 따라 권리자와 배포자 사이의 법률적 또는 경제적 관계에서 추상적으로 인정된다.

EU 역내 소진이론의 가장 중요한 요건은 제품이 회원국 중 하나에서 권리자에 의하여 또는 그 동의하에 유통 상태에 놓여야만 한다는 점이다. 권리자의 동의가 있었다고 인정된 사례로는 기업 간에 법적 또는 경제적 관계가 있는 경우로 지적재산권 소유자와 제1국 시장에서의 배포자가 동일 기업그룹에 속하는 경우, 예를 들면 모자회사거나, 수평적 동일 기업그룹일 경우거나, 또는 지적재산권자와 제1국 시장에서의 배포자 사이에 양허권 내지 배급권계약이 있는 경우이다. 그러나 *Pharmon BV vs. Hoeschst AG* 사건에서는 제1국 시장에서의 특허품의 배포가 당해 특허권에 관한 강제실시권을 얻은 자에 의하여 이루어진 경우 권리자의 동의를 부정하였고 병행수입이 허용되지 않았다.[104]

(4) 권리자의 동의에 의해 소진된다고 하는 원칙의 수정으로서 ECJ의 판결은 소진의 범위를 제한하기 위하여 고유목적(Specific subject)[105]이라고 하는 개념을 사용하여 왔다. 즉 동의요건을 충족하고 있는 때라도 소진을 인정하는 것이 지적재산권자의 특정 주체를 침해하는 경우에는 그 보호를 위하여 예외적으로 소진을 부정하고 지적재산권의 행사를 인정한다는 것이다.

---

104) *Pharmon BV vs. Hoechst AG*, ECR 2281, (1985). 동 사건은 Hoechst사의 영국특허의 강제실시권자인 DDSA사가 영국에서 제조한 특허제품을 네덜란드의 Pharmon사에 수출하고 Pharmon사가 이 제품을 네덜란드에 유통시켰다. 이에 대하여 Hoechst사가 Pharmon사를 상대로 네덜란드에서의 특허권 침해를 이유로 금지소송을 제기하였다. 김순석, 앞의 주 82, 150면.

105) 동 사건에 ECJ는 특허권의 고유목적이란 특허권자가 발명자의 창조적 노력에 대한 보상으로서 독점적으로 당해 발명을 실시하고 침해의 배제만이 아니라 제품의 제조 및 제품의 최초배포를 제3자에게 허락함에 의하여 행하여질 수 있는 권리의 보증이라고 판시하고 있다. 강성은, 앞의 주 103, 136면.

예들 들어 *Centrafarm vs. Sterling Drug* 사건에서 ECJ는 공동시장의 기본원칙의 예외로서 제36조가 허용하는 것은 자유로운 상품유통의 제한이 지적재산권의 고유의 목적을 달성하기 위하여 각 권리의 보호가 정당하다고 인정되는 한도에 제한되며, 제3자에 의하여 특허권이 실시될 때 그 수출 및 수입국에서 특허권자가 동일인이라면 그 특허권자는 수출국에서 이미 발명에 대한 보상을 받았으므로 병행수입품의 수입 금지를 인정할 수 없다고 판시하였다.106)

EU 역내의 병행수입과 관련하여 역내소진이론을 적용하고 있지만 ECJ 판례는 EU 역외로부터의 병행수입과 관련하여서는 사실상 병행수입을 부정하고 있다. 비록 상표권에 관한 사건이었지만 EMI Records Ltd. vs. CBS United Kingdom Ltd. 사건107)에서 ECJ는 EC조약 제30조에 의한 소진은 역외에서의 병행수입에는 적용되지 않는다고 판시하여 역외에서의 병행수입과 관련하여 회원국의 국내법에 위임하는 듯하였다.108) 이런 상황에서 회원국 중 역외에서의 병행수입이 적법하다고 하는 국가도 있었다. 예를 들어 영국의 국내법원은 소위 '묵시적 동의론'에 의하여 역외로부터의 병행수입을 인정하여 왔다. 즉 지적재산권자와 제1국 시장에서의 배포자 사이에 일정한 관계가 있는 경우 외국에서의 배포 후의 수입행위 그 자체에 대하여 지적재산권자의 묵시적 동의가 있었다고 인정하여 병행수입의 적법성을 긍정하는 것이다.109)

---

106) *Centrafarm vs. Sterling Drug*, ECR 1147 (1974). Sterling Drug사는 영국과 네덜란드에서 Negram이라는 약품에 대한 특허권과 상표권을 가지고 있었고 각국에서 자회사를 통하여 판매를 하고 있었다. 네덜란드의 의약품 도매상 Centrafarm사는 영국에서 약품을 대량으로 구입하여 네덜란드로 수입·판매하였데, Sterling Drug사는 네덜란드의 자회사인 Winthrop사를 통하여 Centrafarm사를 네덜란드에서의 상표권 침해로 제소함과 동시에 Sterling Drug사 자신도 Centrafarm사를 특허권 침해로 제소한 사건이다. 김순석, 앞의 주 82, 149면.

107) *MI Records Ltd vs. CBS United Kingdom Ltd.*, 2 CMLR 235, (1976).

108) 강성은, 앞의 주 103, 149면.

그러나 *Silhouette vs. Hartlaur* 사건[110]에서 ECJ는 역외에서 상표권자에 의하여 또는 그 동의하에 상표를 붙여 유통시킨 상품에 관하여 상표권의 소진을 인정한 국내법은 유럽공동체 제1 상표지침 제7조(First Council Directive 89/104/EEC of 21 December 1988 to approximate the laws of the Member States relating to trade marks, *OJ L 40, 11.02.89, p.1*)에 반한다고 하여 역외에서의 병행수입은 동 지침에 의하여 금지되어야 한다고 판시하였다.[111]

특허상품의 병행수입에 관한 독일과 프랑스 법원의 판결은 모두 특허상품의 병행수입을 부정하고 있다. Tylosin사건에서 독일 연방최고법원은 "속지주의 원칙"과 "파리조약의 특허독립원칙"에 의하여 "보호 상품의 배포에 의한 권리소진의 효과는 특허권 자체의 효과와 같이 배포국의 국경까지 미치지 않는다"고 하여 특허권 효력의 지역적 한계를 인정하고 있으며 ICI사건에서 프랑스 파리 지방법원은 특허권자 및 상표권자인 ICI사가 영국에서 제조하여 모로코 및 터키에 수출한 제품을 Phytheron사가 프랑스에서 판매하려고 한 사건에서 모로코 및 터키에서 판매되었다는 이유로 ICI사의 권리는 소진된 것이 아니라고 판단하였다.[112]

유럽 내의 의약품 병행수입시장을 살펴볼 경우 2001년 약 33억 달러이며 2006년에 이르러 2배 정도 증장한 약 74억 달러에 이를 것으로 추정된다.[113] 병행무역이 유럽에서 처음으로 출현한 것은 1970년대이며, 독일, 네덜란드 및 영국에서 처음으로 출현하였다. 그러나 오늘에 이르러 이러한 국가 이외에 노르웨이, 덴마크 및 스웨덴 3국이 추가되어 의약품 시장에서의 병행수입의 높은 점유율을 보여주고 있다. 현재 유럽에

---

109) 앞의 주.

110) *Silhouette vs. Hartlaur*, ECR 1-4799, (1998).

111) 강성은, 앞의 주 103, 150면.

112) 박충범, 앞의 주 24, 57면.

113) Maskus, *supra* note 3, p.12.

서는 10%를 초과하는 처방약품이 병행수입 되고 있다고 한다.114) 의약품 병행수입의 대국인 영국의 경우 의약상품의 90%가 병행수입 되고 있는데, 2001년 한 해에만 38% 증가하였으며, 2002년 말에는 약 20% 증가되었고, 이로 인하여 영국의 제약 산업은 매년 약 16.6억 달러에 달하는 손실을 보고 있다고 주장한다.115)

<표 6> 세계 전체 의약품 시장에서 병행수입의 점유율

국 가	독 일	스웨덴	노르웨이	영 국	덴마크	네덜란드
1997년(%)	2	2	0.8	7	11	14
1999년(%)	2	8	7	7	10	15

자료: Jacob Arfwedson, Parallel Trade In Pharmaceuticals, p.16.

앞서 언급한 유럽 각국의 의약품 병행수입은 유럽 회원국 내에서만 이루어진 것이며, 유럽 밖으로부터의 의약품 병행수입은 금지되어 있다. EU 내에서 판매되는 모든 의약품은 EC 지침 65/65/EEC에 의거하여 각 회원국의 보건당국으로부터 판매허가를 받아야 한다.116) 병행수입의 불합리한 억제를 방지하기 위하여 EU 역내의 의약품 병행수입과 관련 EU회원국들은 보통 제품허가(product license)제도를 도입하고 있다. 제품허가는 특허권자가 수입국과 수출국 양국에서 동일한 주체일 경우에만 적용되며, 동 제도는 1976년 *Peijper*사건을 근거로 하고 있으며, 동 판례는 EU 역내에서 의약품 병행수입을 자유롭게 하는 중요한 근거가 되고 있다.117)

---

114) Arfwedson, *supra* note 91, p.16.

115) *Ibid.*, p.20.

116) European Council Directive 65/65/EEC, 26 January 1965, 제3조.

117) 동 사건에서 ECJ는 기존의 의약품 제조업자는 병행수입 허가를 방해할 목적으로 해당 상품에 대한 정보를 공개하지 않는 행위 등을 할 수 없다

3) 일 본

일본 정부는 우루과이라운드 협상과정에서 미국과 마찬가지로 특허제품의 병행수입을 금지하는 데 찬성하였다. 일본 정부의 이러한 자세는 그때까지 일본에 존재하였던 유일한 판례인 볼링핀 사건에서 병행수입이 허용되지 않았던 것에 기인한다.[118]

일본 특허법은 형식적으로는 진정특허제품의 병행수입을 금지하고 있는 것처럼 보인다. 일본특허법에는 특허발명 실시의 개념에 '수입'이 포함되어 있으며, 특허권자는 업으로서 그 특허발명을 실시할 권리를 독점한다고 규정하고 있으므로,[119] 특허법의 문안에 충실하여 해석한다면 진정상품을 포함한 특허권의 권리범위에 들어가는 모든 상품의 무단수입행위는 특허권의 침해에 해당되며, 병행수입을 국내특허권의 침해로 인정한다는 것이다. 그러나 다른 면에서는 진정상품의 수입을 금지하는 것에 반대하는 견해도 많기 때문에 특허법 제2조 3항에서 말하는 수입에는 진정상품의 수입은 포함되지 않는다는 해석론도 전개되고 있었다.[120] '볼링핀 사건'의 판결에도 불구하고 자동차를 시작으로 특허에

고 판결하였다. 윤미경·이성미, 앞의 주 90, 46면.

118) 大阪地裁 昭和 44년(1969년) 6월 9일 判決, 知的財産權關係民事·行政裁判例集 1卷, p.160. 동 사건은 원고 미국법인 갑이 호주 및 일본의 특허권자이고, 을은 호주에서 갑의 특허권 실시권자로부터 재실시 허락을 받은 자에 의하여 호주 국내에 납품된 볼링용 자동핀 장치의 중고품을 홍콩을 경유하여 일본에 병행수입 하였다. 오사카 지방법원은 특허권에는 지역상의 제한이 있고 각국의 특허권은 서로 독립하고 있으므로 특허권 소진의 이론이 적용되는 것은 그 특허권이 부여된 나라의 영역 내에 한정된다고 해석하여야 한다고 판시함으로써 특허독립의 원칙에 의하여 특허제품의 병행수입을 거부한 사례이다. 최홍배, "일본에 있어서의 특허제품의 병행수입문제 -BBS 사건 판례를 중심으로", 「국제법학회논총」, 통권 제88호(2000. 12), 231면.

119) 일본 특허법 제2조 제3항 제1호 및 제94조 참조.

120) 中山信弘, 著, 韓日知財權研究會 譯, 工業所有權法 (상) 特許法, 법문사, 2001년, p.336.

240

관련된 진정상품의 병행수입이 예가 많았으나, 특허법에 관한 판결은 근 30여 년 동안 존재하지 않는 상태가 계속되었다. 일본에서 병행수입의 찬반과 관련된 논의에서는 그 근거에 대한 논쟁이 핵심 문제였다. 그러나 여기서 중요한 것은 병행수입에 있어서 조약은 침묵하고 있기 때문에 일본으로서는 어떠한 결론이라도 취할 수 있다는 점이다.[121]

1997년 7월 1일 'BBS 사건'에 있어 일본 대법원은 병행수입 문제에 관하여 병행수입은 일본의 특허권을 침해한 것이 아니라는 획기적인 판결을 내렸다.[122] 동 판결에서 일본 대법원은 국제적 소진을 인정하지는 않았지만, 특허권의 국제적 소진의 문제는 국내 특허법의 해석의 문제라는 점을 명확히 하였으며, 국제적 소진은 특허독립의 원칙이나 속지주의 원칙과는 관계가 없다는 점을 확인하였다. 또한 동 법원은 특허제품의 병행수입을 허용하면서 국제적 소진원칙의 적용을 회피할 수 있는 방법으로 '합의'와 '표시'라는 기준을 제시하였다. 즉 특허권자와 양수인이 국제적 소진을 금지하기 위한 합의를 하고 또한 병행수입을 금지한다는 명백한 표시가 제품에 부착되어 있는 경우에는 특허권이 국제적으로 소진되지 않는다는 것이다. 그러나 특허권자가 이러한 권리유보사항을 첨부하지 않은 채 특허제품을 국외에서 양도하였을 경우에는 그 양수인이나 선취득자에 대하여 일본에서 양도인이 가지고 있는 특허권에 의한 제한을 받지 아니하고 당해 특허제품을 지배할 수 있는 권리를 묵시적으로 부여한 것으로 본다. 결국 동 사건은 상술한 합의나 또는 표시에

---

121) *Ibid.*

122) *BBS Kraftverzueg Technik vs. K K Racimex Jap-Auto Products,* 最高裁平成9年7月1日判決, 平成7年(オ)第1899號. 동 사건은 자동차 휠의 동일한 발명에 대하여 독일과 일본의 특허권을 가지고 있는 독일의 BBs Kraftverzueg회사가 자사가 독일 국내에서 제조 및 판매한 제품인 자동차용 알루미늄 휠 BBS.RS 및 자동차용 알루미늄 휠 로린저 RSK를 일본으로 병행수입 판매한 수입업자 Japan Auto Product 및 국내 판매업자인 Racimex Japan을 법원에 제소한 사건이다. 최홍배, 앞의 주 118, 233면.

대하여 주장 및 입증이 없었기 때문에 특허제품의 병행수입에 대한 금지 내지 손해배상을 구할 수 없었다.[123)]

위 판례에 따라 일본 대장성은 1998년 3월 26일 '지적재산권침해물품의 단속규정'(장관 1192호)을 일부 개정하여 특허권과 관련된 병행수입품의 취급에 관한 규정을 새롭게 삽입하였다.[124)] 개정 규정은 일본의 특허권자 또는 이와 동등시할 수 있는 자(이하 '특허권자')가 국외에서 적법하게 배포한 특허제품의 제3자에 의한 수입은 특허권을 침해하지 않는 병행수입품으로 취급한다. 단, 수입자와 특허권자가 해당 제품의 판매상대 내지 사용지역에서 일본을 제외한다는 것이 합의된 경우 또는 수입자가 특허제품을 양수한 제3자 및 그 후의 매입자인 때는 특허권자 등과 양수인 간에 당해 제품의 판매대상 내지 사용지역에서 일본을 제외한다는 것이 합의되고, 그 취지가 당해 제품에 명확하게 표시된 경우에는 병행수입이 허용되지 않는다고 규정하고 있다.[125)]

2. 개발도상국의 경우

1) 브라질

브라질의 경우 일반적으로 특허권자는 특허상품 또는 제법특허에 의하여 취득한 상품의 제3자 수입을 금지할 수 있으며, 권리소진은 국내 시장에서 특허권자 또는 그의 동의하에 배포되었을 경우 발생한다.[126)] 즉, 브라질 연방법에 따르면 국내권리소진은 인정하되 국제권리소진은

---

123) 앞의 주, 238-240면.
124) 윤미경·이성미, 앞의 주 90, 52면.
125) 앞의 주.
126) Brazilian Federal Law 9.279/96 제42조 및 제43조.

242

인정하지 않기 때문에 병행수입을 허락하지 않는다는 것이다. 그러나 이러한 일반적인 규정과 관련하여 브라질 '산업재산권법'은 다음과 같이 특허권자가 병행수입을 금지할 수 없는 두 가지 예외를 규정하고 있다.

(1) 특허권자가 특허상품수입의 방법으로 특허를 실행하였고 제3자가 병행수입의 실행을 권한 받았을 경우,[127]

(2) 경제력 남용의 이유로 강제실시가 제3자에게 부여되었을 경우, 동 라이센시는 병행수입을 1년간 할 수 있도록 권한을 부여 받으며 동 기간 동안 제3자에 의한 병행수입도 허락된다.[128]

앞서 (1)과 관련하여 브라질 특허법이 국내 생산품과 수입품의 비차별을 규정한 TRIPs협정 제27조 1항에 위배된다는 주장이 브라질 내부에 존재하고 있다.[129] 앞서 설명한 미국과 브라질의 의약품 분쟁사례에서처럼 미국은 상술한 규정이 TRIPs협정 제27조 1항을 위배한다고 주장하면서 브라질을 WTO에 제소하였으나 동 사건은 양자협의로 종료되었다.[130]

브라질 산업재산권법에 의하여 특허권자가 병행수입을 금지할 수 없을 경우라 하더라도 특허권자는 특허 허가계약과 관련된 금지조항을 이용하여 국제소진을 효과적으로 제한할 수 있다. 즉, 특허상품의 시장배포가 반드시 특허권사의 농의를 거쳐야 하기 때문에, 만약 특허 이용권자가 라이센스 계약에 의하여 제한된 지역 또는 국가에 상품을 배포하였을 경우, 이러한 수입은 특허권자의 동의가 없는 것으로 허용되지 않는다.[131] 간단히

---

127) Brazilian Industrial Property Law, 제68조 4항.

128) *Ibid*, 제68조 3항.

129) 국제지적재산권보호협회(Association Internationale pour la Protection de la propriete Intellectuelle, 이하 'AIPPI') 2001, Report Q 156-International Exhaustion of Industrial Property Rights, 브라질.

130) 동 사례에 대한 설명은 제1장 제3절을 참조.

말해 계약제한에 대한 위반에 대하여 특허권자는 영향 받지 않으며 국제소진을 인정하지 않는다. 예를 들어 특허품에 시장제한에 대한 표시가 있고, 판매자가 그 표시를 떼고 브라질에 상품을 수입할 경우, 이는 특허권의 침해로 보기 어렵고 단지 수입국가에 있어서의 계약제한을 위반한 것으로 간주할 수밖에 없다.[132] 그러나 브라질 법은 '동의'에 대하여 명확하게 정의하고 있지 않으므로, 원칙적으로 특정시장에서의 판매 동의는 명시적이거나 암묵적이거나 상관이 없으며, 다만 그러한 허락이 명확하기만 하면 된다.

일반적으로 권리소진은 특허권자의 동의가 있는 특허상품의 시장배포를 고려한다. 만약 상품이 강제실시에 의하여 다른 국가에서 배포되었을 경우는 엄밀히 말해 특허권자의 동의가 없는 것이라 할 수 있다. 이와 관련하여 브라질은 TRIPs협정 제31조의 강제실시 문제를 해결하기 위하여 TRIPs협정은 '권리자의 권한 없는 기타 사용'을 지적한다고 주장한다.[133]

브라질의 의약품 시장은 약 50억 달러 규모로 주로 국내조달(약 90%)에 의존하고 있으며, 이 중 70%를 다국적 기업에 의존하고 있다. 1995년부터 1998년 사이 의약품 가격이 67% 상승하여 정부와 기업은 2000년에 1년간 의약품 가격을 동결할 것에 관하여 합의하였으나, 2001년 1월 이후 특정 의약품 가격은 지속적으로 65%까지 상승하여 브라질 정부는 의약품 가격상승에 대하여 우려를 나타내고 있다. 이에 따라 브라질 제약산업은 병행수입을 유도할 요인을 다분히 안고 있으나 제약관련 규제가 상당히 까다롭기 때문에 실제 병행수입이 발생하기는 어려운 여건이다. 특히 포르투갈어로 설명서가 작성되어야 한다거나, 출처표시를 위한 상품표시 등 위조 상품을 견제하기 위해 마련된 여러 가지 규제들도 병행수입을 저해하는 요인이 되고 있다.[134]

---

131) AIPPI 2001 Report, 브라질, *supra* note 129.

132) *Ibid.*

133) *Ibid.*

134) 윤미경·이성미, 앞의 주 90, 54면.

2) 아르헨티나

동일한 지적재산권이 여러 국가에서 존재할 경우 아르헨티나의 일반적인 주장은 지적재산권의 국제권리소진원칙을 받아들인다는 것이다. 이는 지적재산권의 소유자가 동일할 경우 국경은 물품의 자유로운 이동에 영향을 미쳐서는 안 된다는 원칙이다. 따라서 아르헨티나 특허법에서는 특허권은 특허상품 또는 제법특허에 의하여 생산된 상품이 합법적으로 취득하였을 경우, 수입으로부터 모든 자를 금지할 수 없다고 규정하고 있다.135)136)

한편 아르헨티나에서 병행수입은 계약에 의하여 제한이 가능하다. 그러나 이는 특허법의 관할범위가 아닌 계약법에 의하여 규제된다. 이러한 제한이 판매의 일반적 영향에 대한 제외임으로 수입제한을 위한 계약제한은 명시적으로 이뤄져야 한다.137)

전반적으로 아르헨티나는 일반원칙으로 국제권리소진을 주장하고 있으며, 국제권리소진이 지적재산권 소유자와 소비자에게 모두 적합하다고 주장한다. 또한 아르헨티나는 경제나 정치적 원인으로 일부 국가 및 지역에서 병행수입 금지를 주장함을 지적하면서, 국제무역의 자유로운 흐름을 위하여 병행수입은 원칙적으로 적용되어야 한다고 주장한다.138)

3) 싱가포르

싱가포르의 경우 특허법, 상표법, 등록디자인법 및 저작권법에 의하여 국제권리소진이 인정되고 있다.139)

---

135) 아르헨티나 특허법 제36조(c)항.
136) AIPPI 2001, Report Q 156-International Exhaustion of Industrial Property Rights, 아르헨티나.
137) *Ibid.*
138) *Ibid.*

싱가포르 특허법 제66조는 특허침해와 관련된 규정을 하고 있다. 특히 동 법 제66조(2)(g)는 특허 소유권자 또는 그로부터 허락을 받은 자의 동의(조건부 또는 기타) 또는 생산한 모든 특허상품 또는 제법특허의 방법으로 취득한 상품이나 또는 제법특허가 이미 적용된 상품의 수입, 사용 또는 배치 또는 배치를 위한 제의로 구성되어야 하며, 이런 목적을 위하여 동 법하에 부여된 그리고 그에 따른 해석에 의한 특허상품, 특허제법 및 허가된 특허발명과 같거나 또는 충분히 같은 특허와 관련하여, '특허'는 싱가포르 이외의 모든 국가에서 부여된 특허를 포함한다고 규정함으로써,140) 앞서의 행위는 특허침해에 해당하지 않으므로 국제권리소진을 인정하고 있다. 상술한 조항은 (2A)에 부합되어야 한다. 여기에서 (2A)는 특허의약품과 관련된 것으로, 동 조항은 다음의 경우 모든 자에 의한 모든 의약품의 수입에 적용되지는 않는다: (a) 해당 상품이 특허권자 또는 특허권자의 허락을 받은 자에 의하여, 또는 동의 없이 싱가포르에서 상품을 판매 또는 배포할 목적으로 싱가포르에서 이미 판매되었거나 또는 배포되지 않았을 경우; (b) 수입자에 의한 상품수입이 특허권자

---

139) 각각, Singapore Patents Act 제66조(2)(g)항, Singapore Trademarks Act 제29조(1)항, Singapore Registered Designs Act 제30조(7)항, 및 Singapore Copyright Act 제7조(1)항 및 제25조(3)항 참조.

140) Part XIII, Infringement of Patents, Meaning of Infringement, 66(2)(g): An act which, apart from this subsection, would constitute an infringement of a patent for an invention shall not be so if subject to subsection (2A), it consists of the import, use or disposal of, or the offer to dispose of, any patented product or any product obtained by means of a patented process or to which a patented process has been applied, which is produced by or with the consent (conditional or otherwise) of the proprietor of the patent or any person licensed by him, and for this purpose 'patent' includes a patent granted in any country outside Singapore in respect of the same or substantially the same invention as that for which a patent is granted under this Act and 'patented product', 'patented process' and 'licensed' shall be construed accordingly.

246

사이 그리고 특허권자로부터 허락을 받은 자 사이에 싱가포르 밖에서 상품을 배포할 목적으로 계약의 파기의 결과일 경우: (c) 수입자가 (b)에 지적한 사실에 대하여 실질적 또는 건설적 지식이 있을 경우.141)

동 규정은 의약품특허권 소유자가 싱가포르에 의약품을 배포하지 않을지라도 싱가포르에 있는 특별한 질병환자가 사용하거나 또는 질병환자에게 투여할 필요가 있는 진정특허의약품의 수입, 배치 또는 배치의 제의를 제3자가 할 수 있음을 규정하고 있다. 그러나 이 과정에서 싱가포르 보건과학기구(Health Science Authority)로부터 해당 상품의 수입을 위한 특별동의를 받아야 한다. 이러한 예외는 어떠한 원인으로 접근이 불가능한 필요한 의약상품에 대한 질병환자들의 접근을 보장하기 위한 것이다.142)

4) 중 국

특허상품의 병행수입에 관한 법률규정도 중국의 GATT지위 회복 및 WTO 가입을 계기로 상당히 변화하였다. 1985년 중국 '전리법'은 특허권 침해와 관련하여 특허권자가 제조 또는 특허권자의 동의를 거쳐 생산한

---

141) (2A): Subsection (2)(g) shall not apply to the import of any patented pharmaceutical product by any person (referred to in this subsection and subsection (2B) as the importer) if – (a) the product has not previously been sold or distributed in Singapore by or with the consent (conditional or otherwise) of the proprietor of the patent or any person licensed by the proprietor of the patent to sell or distribute the product in Singapore; (b) the import of the product by the importer would result in the product being distributed in breach of a contract between – (ⅰ) the proprietor of the patent; and (ⅱ) any person licensed by the proprietor of the patent to distribute the product outside Singapore; and (c) the importer has actual or constructive knowledge of the matters referred to in paragraph (b).

142) Intellectual Property Office of Singapore(IPOS), http://www.newiplaws. org.sg/index__chapter.htm, 04-09-22 검색.

특허상품을 판매한 후, 동 상품을 사용 또는 판매하였을 때는 특허권 침해를 이루지 않는다고 규정함으로써,[143] 특허권의 권리소진을 인정하고 있다. 반면에 발명과 실용신안에 대한 특허권을 부여한 후에는 특허권자의 허가 없이 그 특허를 실행할 수 없다. 즉, 생산경영의 목적으로 그 특허상품을 제조, 사용 또는 판매할 수 없거나 또는 그 특허방법을 사용할 수 없다고 규정함으로써 특허권의 독점권리를 보장하나 해외로부터 수입이 특허권에 대한 침해 여부는 규정하고 있지 않다.[144]

그러나 1995년 제1차 수정안은 특허권의 권리소진 규정을 유지하고 있는 반면, 특허권이 부여된 후 법률에 별도의 규정이 있는 외에 특허권자는 타인의 허가 없이 생산경영의 목적으로 그 특허상품 또는 특허방법으로 직접 취득한 상품의 수입을 저지할 수 있다고 규정하여 특허상품의 병행수입을 금지하고 있어 비교적 혼란스러운 모습을 보여주었다.[145]

2000년 제2차 수정안은 발명과 실용신안권이 부여된 후 동 법에서 별도로 규정한 외에 특허권자의 허가 없이 그 특허를 실행할 수 없다. 즉, 생산경영을 목적으로 그 특허상품을 제조, 사용, 허락판매, 판매, 수입할 수 없거나 또는 그 특허방법을 사용 및 그 특허방법으로 직접 취득한 상품의 사용, 허락판매, 판매 및 수입을 하여서는 안 된다고 규정함으로써 특허상품의 수입도 특허실시권에 포함시키고 있다.[146] 또한 특허권자가 제조, 수입 또는 특허권자의 허가에 의한 제조, 수입한 특허상품 또는 그 특허방법으로 직접 취득한 상품을 판매한 후 동 상품을 사용, 허락판매 또는 판매할 경우 특허권을 침해하지 않는다고 규정함으로 국내권리소진원칙을 재천명하고 있지만, 특허권자 또는 그가 허락한 수입 상품의 판매 후 사용 및 판매를 허락함으로써 수입에 의한 권리소진을

---

143) 중화인민공화국 전리법(1985년) 제63조 제1항.
144) 중화인민공화국 전리법(1985년) 제11조 제1항.
145) 중화인민공화국 전리법(1995년) 제11조 제3항.
146) 중화인민공화국 전리법(2000년) 제11조 제1항.

명백히 제외하고 있음을 알 수 있다.[147]

즉 중국 '전리법'에 따르면 특허권의 국내권리소진을 인정하고 있지만 국제적 권리소진은 인정하지 않기 때문에 병행수입을 부정하는 결론이 도출되며, 이 또한 鄭成思 교수를 비롯한 대부분 학자들의 주장이기도 하다.

그러나 최근에 중국 국내에서 지적재산권 문제, 특히 특허권을 부여받은 핵심부품을 수입하여 생산하는 제조업자가 핵심부품을 포함한 상품을 수출할 때 특허권침해 논쟁이 발생하고 있다. 예를 들어 2002년 초 DVD 특허권 분쟁사건으로 중국 DVD 제조업자들은 일본에서 핵심기술을 포함한 부품을 일본 업체들로부터 수입하여 DVD를 생산하여 해외에 수출하였는데, 일본의 히타치, 파나소닉, 미쯔비시전기, 도시바, JVC 및 時代華納 등 6개사는 특허권 침해를 이유로 소송을 제기하였다.[148] 물론 동 문제의 해결은 수입국의 병행수입제도와 관련된 것이지만 이러한 문제를 해결할 수 있는 방법이 바로 국제권리소진을 인정하여 전 세계적으로 병행수입을 허락하여야 한다고 주장하고 있는 학자들과 일부 실무진의 논의가 제기되고 있다.[149]

3. 한 국

한국에서는 발명이 실시와 관련하여 물건의 발명의 경우 수입행위가 포함되며, 제법발명의 경우 그 방법에 의하여 생산한 물건을 수입하는 행위를 포함한다.[150] 특허법은 특허권의 효력과 관련하여 특허권자는

---

147) 중화인민공화국 전리법(2000년) 제63조 제1항.
148) 上海大學知識産權學院, 困境与出路-DVD專利糾紛的法律思考, http://www.pysipo.gov.cn/ywdt/0408171.htm 04-10-15 검색.
149) 尹新天, *supra* note 16, p.127. 저자는 중국국가지적재산권국 條法司에 근무함.
150) 특허법 제2조 3항.

업으로서 그 특허발명을 실시할 권리를 독점한다. 다만 그 특허권에 관하여 전용실시권을 설정한 때에는 제100조 제2항의 규정에 의하여 전용실시권자가 그 특허발명을 실시할 권리를 독점하는 범위안에서는 그러하지 아니하다고 규정하고 있다.[151] 한편 특허법은 특허권자 또는 전용실시권자는 자기의 권리를 침해한 자 또는 침해할 우려가 있는 자에 대하여 그 침해의 금지 또는 예방을 청구할 수 있다고 규정하고 있다.[152] 즉, 특허법 규정에 의한 형식적 문언에 비추어보면 진정상품의 병행수입은 어떠한 경우에도 허용되지 않는다.

그러나 특허권상품의 병행수입에 관하여 이중이득 기회론에 따른 국제적소진론의 입장을 근거로 병행수입을 허용하여야 한다는 허용론과,[153] 상술한 특허법 규정상 형식적인 문언에 비추어 진정상품의 병행수입은 어떠한 경우에도 허용되지 않는다는, 그리고 병행수입을 인정할 경우 국내 산업의 공동화를 초래할 것이라는 등의 이유로 병행수입의 금지를 주장하는 병행수입부정론이 주장되고 있으나,[154] 현재는 병행수입허용론이 다수설이라고 할 수 있다.[155]

대법원 판례 중 특허권과 병행수입에 관한 판례는 아직 없으나 하급심 판결로 1981년 서울지방법원 동부지원 판례가 있다.[156] 동 판결에서

---

151) 특허법 제94조.

152) 특허법 제126조.

153) 송영식 외 2인 공저, 「지적소유권법(상)」, 육법사, 1998, 337-339면: 이상경, 「지적재산권소송법」, 육법사, 1998, 228면: 황종환, 「특허법」, 한빛지적소유권센터, 1999, 721면: 이상정, 앞의 주 60, 113-130면.

154) 윤선희, "특허제품의 병행수입에 관한 고찰", 「창작과 권리」, 창간호(1995), 55-58면: 이종일, 「특허법」, 한빛지적소유권센터, 1998, 919면.

155) 석창일, "병행수입과 특허권침해", 「인권과정의」, 제28호(2000. 5), 152면.

156) 서울지법 동부지원, 81가합466, 1981년 7월 30일. 이탈리아에 본사를 두고 있는 원고회사 Farmitalia Cario Erba사가 항암제인 아드리아마이신 및 그 제조방법에 관하여 이탈리아 및 한국에서 특허등록을 하였고, 원고회사는 이탈리아 국내에서 제조하여 스위스에 소재한 Rodion사에 수출판매한 위 약품을

재판부는 "각국에서 특허권은 서로 독립된 것이고 또 개개의 특허실시 행위는 서로 독립된 것이라 하더라도 원고의 특허권은 원고가 위 약품을 독점적으로 제조하여 적법하게 위 스위스에 수출함으로써 이미 행사되어 소진된 것이고 그 후에 위 약품이 어떻게 유통 또는 소비되는가 하는 점은 원고의 제조, 판매행위에 기초를 두고 그 제품이 실 수요자들에게 분배되는 과정에 불과하여 원고가 관여할 사정이 아니며 위 약품을 피고가 원고로부터 직접 구입하여 수입한 경우와는 달리 이미 적법하게 이를 수입한 위 스위스로부터 피고가 다시 수입하는 경우에까지 원고가 추급권을 행사하여 특허권자로서의 권리를 주장할 수 있는 법리라 할 것이니(가사 위 스위스에 원고의 특허등록이 되어 있지 아니하여 위 약품을 수출함에 있어 특허실시료를 징수하는 등 특허권을 행사할 기회가 없었다 하더라도 적어도 원고의 특허권 행사 없이 유통, 소비되리라는 것을 원고도 용인하였다고 볼 것임), 피고가 승낙 없이 제3국으로부터 위 약품을 수입하였다 하여 원고의 특허권이 침해되었다고 볼 수 없다"는 이유로 원고의 수입판매금지청구를 기각하였다.[157] 동 판결은 권리자가 특허에 관련된 물건을 적법하게 배포하였다는 것은, 당해 물건에 관하여 특허권은 목적을 달성하여 소진한다고 보는 특허권 소진론에 관한 목적도달설로 타당하다고 생각하며, 또한 일본의 BBS사건에서 일본대법원이 취한 특허권의 국제적 소진에 관한 묵시적 허락설의 입장에서 보더라노 특허권자가 이탈리아에서 스위스로 판매할 때 아무런 제한 없이 판매하였기 때문에 특허권은 소진하게 된다는 이론 및 이중이득 방지설에 의하여서도 적절하다고 본다.[158]

피고회사 국제약품주식회사가 한국 내로 수입하여 한국 내에서 판매하는 행위에 대하여 원고가 수입판매 등의 금지를 청구한 사건이다. 앞의 주.

[157] 이 판결에 대하여 원고는 일단 항소하였으나 1981. 9. 4 항소장각하명령으로 확정되었다.(원고는 그 후 1981. 9. 29. 항소취하서를 내기도 하였다). 앞의 주, 152면.

Ⅲ. 미국 주도 자유무역협정의 경향

제약산업은 고수익의 기술집약적 산업으로 그 시장 규모가 1999년 3,000억 달러 이상에 이르고 있어 선진국이 중요하게 여기는 산업으로, 교역 규모를 보면 미국, 스위스, 독일, 영국 등이 가장 큰 수출국이며, OECD 국가들 전체가 90억 달러 이상의 무역흑자를 보고 있다.[159]

앞서 설명한 것처럼 병행무역 발생의 근원은 국가별 상이한 가격정책에 의한 가격 차이이다. 예를 들어 Smith Kline Beecham사가 생산하는 항생제 아목실(Amoxil)은 파키스탄에서는 8달러, 미국에서는 36달러, 독일에서는 60달러에 판매되고 있다. 그러나 아목실을 생산하는 Smith Kline Beecham은 인도 회사로서 미국 및 유럽 등 선진국 제약회사들이 통제하고 있는 의약품의 경우 남아프리카, 멕시코, 브라질에 비하여 캐나다, 스페인 및 이태리에서의 가격이 오히려 더 낮은 것이 보편적이다.[160]

현재 미국은 세계에서 가장 큰 의약품 시장을 갖고 있어 병행수입업자들의 제일 큰 목표이며, 또한 미국은 수많은 의약품특허권을 보유하고 있는 국가로 의약품 생산업자들의 정부에 대한 압력도 강하다. 따라서 우루과이라운드와 도하라운드 협상과정에서 미국은 권리소진제도의 채택을 반대하였으나 미국의 의도대로 진행되지 않았다. 그리하여 미국은 동 사안을 WTO 다자적 협상에서 FTA와 같은 양자적 포럼으로 이동할 수밖에 없었다.[161] 미국은 양자 또는 지역협정을 통하여 미국이 의

---

158) 김순석, 앞의 주 82, 156면.

159) 제약산업은 전 세계시장에서 미국, EU 및 일본 등 선진국이 차지하는 비중이 약 80%이고, 생산 측면에서 보면 미국이 전 세계 생산의 약 28.8%를 점하고 있으며, 일본이 17.9%로 그 뒤를 잇는 등 선진국 중심의 산업이다. 윤미경·이성미, 앞의 주 90, 7면.

160) Maskus, *supra* note 3, p.33.

161) 박노형, 미국과 지적재산권 관련 FTA 전략, 2004년 11월 16일 한국발명

도하는 지적재산권제도를 다른 회원국에게 강요하고 있다. 특히, 도하선언의 경우 각 회원국이 권리소진원칙을 자유롭게 제정할 권리에 합의하였음에도 불구하고, 미국은 이러한 회원국의 자유권을 제한하거나 또는 기타의 수단으로 무효화시키려고 한다.

<표 7> 미국 주도 자유무역협정 중 병행수입 관련 조항

협 정	병행수입조항
FTAA Subsection B.2.e, Article 7 2005년 말까지	FTAA 초안은 2개의 안이 있는 바 1)은 "특허는 특허권자에게 상품이 여하한 국가에서 특허권자 또는 수권 받은 자 또는 특허권자와 경제적 연계가 있는 자에 의하여 상업에 소개된 후 제3자가 상업적 이용을 하는 것을 반대할 권한을 부여하는 것은 아니다"고 함. 2) 특허권자 또는 그 수권자가 시장에 적법하게 배포한 모든 상품과 관련하여 권리소진이 적용될 조건을 결정한 회원국들의 권리에 영향을 주지 않는다. 하지만 서명 일부터 5년 내 회원국들은 (모든 FTAA회원국들을 위한) 지역권리소진의 적용을 위하여 그들의 법률을 검토함에 양해한다.
US-Morocco FTA Article 15.9(4) 2004년 6월 15일	특허권자는 특허상품이 국외에서 판매되었는지 무관하게 수입을 금지할 수 있다. 회원국들은 상술한 제한을 특허권자가 계약에 병행수입을 금지하는 조항을 첨부하였을 경우로 제한할 수 있다.
CAFTA 2004년 5월 28일	병행수입 또는 특허권 권리소진에 관한 규정이 없으나 TRIPs 협정을 준수하여야 한다.
US-Australia FTA Article 17(9)(4) 2004년 5월 18일	특허상품이 국외에서 판매되었는지 무관하게 수입을 금지할 독점권리를 부여하여야 하며 적어도 계약에 의한 수입제한 권리를 부여하여야 한다.
US-Chile FTA 2004년 1월 1일	병행수입 또는 특허권 권리소진에 관한 규정이 없으나 TRIPs 협정을 준수하여야 한다.
US-Singapore FTA (Article 16.7(2)) 2003년 1월 15일	특허권자가 계약을 통하여 병행수입을 금지할 권리를 인정하고 있다.
US-Jordan FTA 2000년10월24일	병행수입 또는 특허권 권리소진에 관한 규정이 없으나 TRIPs 협정을 준수하여야 한다.

진흥회 지식재산권연구센터 "FTA와 지적재산권 세미나" 발표문.

미국-싱가포르 FTA는 제16.7.2조에서 회원국은 특허상품이 특허권자와 특허이용자 간의 계약을 파괴한 또는 파괴하고 있는 배분에 의함을 알거나 또는 안다고 할 이유가 있는 자에 의하여 특허권자의 동의 없이 특허의약품을 취득하는 것을 금지 또는 제거하는 이유를 제공하여야 하며 계약의 파괴 장소가 역내 및 역외인지 여부에는 무관하다고 규정하면서,[162) 싱가포르에게 병행수입을 금지할 것을 요구하고 있다. 즉, 병행수입 금지의 전제조건은 병행수입을 한 자가 특허권자와 특허이용자의 계약상 금지조항을 알아야 한다. 당연히 그 입증책임은 특허권자와 특허이용자에게로 전환되고, 역으로 입증을 하지 못할 경우 병행수입은 허락된다는 것이다. 여기서 회원국은 그 근거를 '회원국의 역내에서 취득하기 전 상품이 회원국 영토 밖에서만 판매 또는 배분된 경우'에 한정할 수 있다.[163)

그러나 미국-호주 및 미국-모로코 FTA에서는 병행수입과 관련하여 미-싱가포르 FTA에 비하여 좀더 제한적인 규정을 두고 있다. 미국-호주 FTA에서는 각 회원국은 특허권자의 동의 없는 특허상품 또는 특허절차의 결과상품의 수입을 금지하는 특허권자의 독점권리를 제공하여

---

162) 미국-싱가포르 FTA 제16.7.2: Each Party shall provide that patent owners shall also have the right to assign, or transfer by succession, a patent and to conclude licensing contracts. Each Party shall provide a cause of action to prevent or redress the procurement of a patented pharmaceutical product, without the authorization of the patent owner, by a party who knows or has reason to know that such product is or has been distributed in breach of a contract between the right holder and a licensee, regardless of whether such breach occurs in or outside its territory.

163) 미국-싱가포르 FTA 제16.7.2 각주(16-10): Party may limit such cause of action to cases where the product has been sold or distributed only outside the Party's territory before its procurement inside the Party's territory.

야 하며, 그러한 상품이 역외에서 판매 또는 배분되었다는 것에 제한되지 말아야 한다고 규정함으로써 권리소진원칙을 채택하지 않을 것을 암시하고 있다.164) 구별되는 것은 미국－호주 FTA는 '계약에 근거한 수입 금지'를 '최소한의 사유'165)로 정하고 있는 반면, 미국－모로코 FTA는 상술한 '수입 금지'를 '계약에 의한 금지'에만 제한할 수 있는 가능성을 규정하고 있다.166)

2005년 말까지 협상기한을 두고 있는 FTAA는 권리소진원칙을 채택할 수 있는 초안과, 권리소진원칙을 채택할 수 있는 기한을 서명일로부터 최장 5년을 두고 5년 후에는 지역권리소진원칙을 채택할 것에 관한 초안으로 나뉘어져 있다. 이는 미국이 주도하는 FTAA에서 병행수입문제는 EU와 같이 미주지역에만 한정하려는 미국의 의도로 풀이된다.

병행수입과 관련하여 미국은 이처럼 병행수입을 제한할 수 있는 직접적인 규정을 하고 있는 동시에, 기타 병행수입의 근원이 되고 있는 가격차이를 줄이기 위한 조치도 취하고 있다. 예를 들어 미국－호주 FTA는 호주의 의약품급여제도(Pharmaceutical Benefit Scheme: 이하 'PBS'이라 함)를 없앨 것을 요구하고 있는데, 미국은 스스로 "미국－호주 FTA 협상은 국제적으로 의약품 가격을 상승시키기 위한 시작이다"고 말하고 있다.167) 호주의 의약품 가격은 PBS제도로 인하여 다른 나라에 비하여

---

164) 미국 호주 FTA 제17.9.3조 및 미국 모로고 FTA 제15.9.4조: Each Party shall provide that the exclusive right of the patent owner to prevent importation of a patented product, or a product that results from a patented process, without the consent of the patent owner shall not be limited by the sale or distribution of that product outside its territory.

165) 미국－호주 FTA 제17.9.3조: At least where the patentee has placed restrictions on importation by contract or other means.

166) 미국－모로코 FTA 제15.9.4조 각주 (10): A party may limit application of this paragraph to cases where the patent owner has placed restrictions on importation by contract or other means.

167) 보건복지민중연대 웹저널, "미－호주 FTA가 호주의약품급여제도(PBS)를

저렴한 수준이며, 호주의 국내법에 의하여 제조업자 이외의 자가 제조업자의 허락 없이 의약품을 수출하는 것은 금지되어 있으나, 제조업자는 병행수입업자의 요청에 부응할 압력이 상당히 크다.[168] 그러므로 미국은 호주와의 FTA체결을 통하여 호주에서의 의약품 가격을 인상할 수 있고, 또한 가격인상으로 미국과 비슷한 가격정책을 취하도록 함으로써 병행수입이 발생할 수 있는 근원을 조기 단절할 수 있게 된다.

이제까지 설명한 FTA를 살펴보면 미국 – 요르단 FTA가 2000년에 체결된 것을 제외하면, 다른 FTA들은 모두 도하공중보건선언이 채택된 이후인 2003년 및 2004년에 체결되었다. 미국은 FTA에서 병행수입을 제한하기 위한 조치를 취하고 있고 시간이 갈수록 더욱 엄격한 조건을 제시하고 있지만 병행수입을 완전하게 부정하고 있지는 않은 것 같다. 이는 미국 국내적으로 의약품의 병행수입을 허용하자는 논의가 거세게 일고 있고, 또한 병행수입 허가와 관련된 법 제정이 추진되고 있는 데 기인한다고 평가할 수 있다.

제3절 소 결

특허상품의 병행수입에 관한 국제규범을 살펴볼 때 병행수입 금지의 이론적 근거는 파리협약 제4조에 따른 특허독립원칙이었다. 그러나 파리협약의 개정과정 및 TRIPs협정과의 연관성에서 분석하여 보면, 파리협

위협하다!", http://www.diffwelfare.net/bbs/search.asp?mode=pds, 04-11-15 검색. 호주의 의약품 공급과 조제는 의약품급여제도에 의하여 시행되는바 동 제도는 1950년에 도입되었으며 의약품의 안전한 공급과 함께 연방 정부와 환자에게 가장 낮은 가격으로 공급하는 데 목적을 두고 있다.

168) 윤미경 · 이성미, 앞의 주 90, 60면.

약 제4조는 사실상 권리소진원칙을 금지하는 것으로 해석되지 않음이 밝혀졌다. 이 또한 일본의 BBS판결에 의하여 재확인되었다.

병행수입허락의 주요한 이론근거인 특허권의 국제권리소진원칙과 관련하여 TRIPs협정 제6조는 그 채택 여부를 각 회원국의 자율에 맡겼으며, 지적재산권의 권리소진문제는 분쟁 해결의 대상이 되지 않는다고 명시하였다. 미국 등 선진국들은 동 조항이 반드시 병행수입의 허용을 의미하는 것으로 해석될 수 없다고 주장하면서, 특허의약품의 병행수입을 동일한 지역 또는 국제표준에서 시장분할과 가격차별을 방지하는 조치로 주로 사용하였다.[169] 반면에 개도국들은 병행수입을 높은 의약품 가격의 하락을 유도하는 중요한 수단으로 생각하며 그 어느 경우에도 병행수입의 완전한 자유를 주장하였다.

이러한 두 가지 상반되는 주장은 해결의 합의를 보지 못한 채 도하공중보건선언에 그대로 반영되었으며, 지적재산권의 권리소진 관련 문제는 비차별 및 내국민대우 원칙에 한하여 각 회원국이 자율적으로 결정할 수 있게 되었다. 그 결과 병행수입을 허용하는 국가와 병행수입을 반대하는 국가 등 2가지 상반되는 부류가 형성되었다. 즉, 공중보건 위기에 직면하고 있는 개도국들이 특허의약품의 병행수입을 채택하도록 허락한 것이다.

국제규범상 병행수입제도에 관한 양분상황은 국가들의 관행에서 서로 다른 결과로 표시되고 있으며, 한 국가 내의 판례에서도 일관된 주세를 찾아보기 어렵다. 선진국들 중 미국과 유럽은 병행수입을 적극적으로 수용하지 않는 반면, 일본은 BBS대법원판결을 통하여 병행수입을 허용하였다. 특히 EU의 경우, EU 역외로부터의 병행수입을 허락하지 않지만, 역내에서의 의약품을 포함한 상품의 병행수입은 허락되고 있는데 그 주된 논지가 바로 역내시장에서의 물품의 자유로운 유통을 촉진하고 보장

---

169) Correa, *supra* note 21, p.72.

한다는 것이다. 개도국들도 서로 다른 의견을 보이고 있어 남아프리카공화국이나 싱가포르는 국제권리소진원칙을 인정하고 있는 반면에 브라질은 제한적으로 허용하고 있고, 중국의 경우 국제적 권리소진원칙을 인정하고 있지 않다.

특히 미국의 경우 TRIPs협정 및 도하선언에서의 실패는 더 이상 관련 논의를 TRIPs이사회에서 다루지 않고, 양자간 FTA를 통하여 상대국에게 미국의 주장을 강요하고 있다. 그러나 미국도 2001년 발생한 탄저병 위기를 계기로 국내에서 병행수입을 허용하자는 주장이 나타나 캐나다로부터 의약품의 병행수입을 인정하는 법안을 추진하고 있다. 따라서 미국의 경우에도 FTA에서 다른 국가에게 국제권리소진원칙에 대한 금지를 절대적으로 주장하지 못하고 있고, 다만 계약에 의한 금지 및 기타 조치를 취하여 병행수입을 제한하려고 하고 있다.[170]

의약품 시장에서 개도국들이 차지하는 비중은 사실상 아주 작다. 예를 들어 아프리카의 경우 전체 시장의 단지 1.3%를 차지할 뿐이다. Richard Laing은 세계 의약품 시장은 매년 4,000억 달러를 초월하며, 아프리카가, 동남아 그리고 신생독립국가들은 거의 영향을 미치지 않는다고 한다.[171] 또한 선진국에서 병행수입의 허가는 개도국에서 낮은 가격의 제공을 위한 노력을 훼손시키는 것으로 간주될 수 있지만, 개도국에서 병행수입을 허락할 경우 이러한 논의는 발생할 수 없다. 왜냐하면, 의약품 가격이 통제되는 시장으로부터 수입을 하더라도 특허권자가 그러한 가격통제가 존재하지 않는 곳에 비하여 낮은 비율이기는 하지만

---

170) Peter Drahos, Thomas Faunce, Martyn Goddard and David Henry, The FTA and the PBS, A submission to the Senate Select Committee on the US-Australia Free Trade Agreement, p.13.

171) R. Laing, Global Issues of Access to Pharmaceuticals and Effect of Patents, Presentation at the AIDS and Essential Medicines and Compulsory Licensing Meeting, Geneva, March 26-27, 1999.

258

보상을 받기 때문이다.[172]

다시 말해 최빈개도국 및 개도국의 의약품 병행수입문제보다 선진국들이 우려하고 있는 것은 선진국 시장에서의 병행수입문제로서, 특히 선진국의 특허보호 수준보다 미흡한 국가로부터 의약품 수입이 증가하는 것이 더 중요한 문제이다. 예를 들어 선진국에서 증여한 의약품이나 또는 차별가격에 의하여 낮게 책정된 일부 특정 질병환자들을 위하여 공급된 의약품들이 개도국들의 의약품 통제능력에 대한 결핍으로 선진국에 재수입되고 있다. 도하공중보건선언에서는 강제실시하에 생산된 의약품이 선진국으로 재수입되는 경우를 우려하고 있으며, 2003년 8월 30일 이사회결의는 바로 이러한 재수출/병행수입을 저지하기 위하여 여러 가지의 절차를 이행하도록 요구하고 있다.

병행수입과 관련한 각국의 법제도, 판례 및 관행에 대한 연구를 통하여 병행수입허락과 관련된 세계 각국의 일관된 관행은 아직 찾아볼 수 없다. WTO가 주장하는 세계시장의 단일화와 무역의 자유화에 입각하여 물품의 자유로운 유통을 촉진하여야 한다는 주장은 병행수입을 주장하는 국제적 소진론자들의 주장과 일맥상통하며, 이 또한 EU가 역내 권리소진을 허락하는 주된 이유이기도 하다. 다만 그 범위가 세계적인지 아니면 EU 역내인지에 따른 구별에 불과하다. 특히 병행수입을 허용하는 많은 사례가 EU 역내에서 특허 또는 보건정책이 통일되지 않은 상황에서 이루어졌다는 점에서 EU의 논리를 세계시장에 적용하는 데 큰 무리가 없을 것 같으며,[173] EU 역내 병행수입 허용론은 미국이 주도하는

---

172) Sisule F. Musungu, Susan Villanueva, Roxana Blasetti, "Utilizing TRIPs Flexibilities For Public Health Protection Through South-South Regional Frameworks", South Centre, April 2004, p.14.

173) EU 내에서는 전통적으로 각기 다른 보건정책 및 제약산업에 대한 산업정책 등의 차이로 의약품 가격이 상당한 차이를 보이고 있다. 또한 이탈리아 및 남유럽 국가들은 의약품의 특허를 인정한 지 얼마 되지 않으며, 나아가 주로 의약품의 병행수출국인 남유럽 국가들과 병행수입국인 북유럽

FTAA에서도 시도되고 있고, 제한적이지만 2003년 8월 30일 'TRIPs협
정과 공중보건에 관한 도하각료선언 제6단락의 이행에 관한 결의' 제7항
에서도 인정되고 있다. 특히 공중보건 위기에 직면하고 있는 최빈개도국
들과 개도국들은 다른 국가들로부터 저렴한 의약품을 수입할 수 있는
가능성을 배제하지 말아야 하고, TRIPs협정의 최혜국대우와 내국민대우
를 준수하는 전제하에서 특허권자의 권리가 소진되는 경우 해당 국가로
부터 수입을 허락하여야 하며, 병행수입을 허락하는 것을 목표로 법률을
제정하여야 하고,174) 공중보건 위기 극복을 위한 의약품의 병행수입이
국가들의 관행으로 형성될 수 있도록 활용하여야 한다.

국가들 간 경제발전 수준이나 소비자 소득 수준이 비슷하다고 보기도 어
렵다. 이를 감안하면 EU 역내 병행수입에 적용하는 논리와 세계시장에서
의 병행수입에 적용하는 논리에 근본적으로 큰 차이가 있어야 한다고 생
각되지 않는다. 윤미경·이성미, 앞의 주 90, 66면.

174) Commission on Intellectual Property Rights(CIPR), Report, "Intellectual
Property Rights: Integrating Intellectual Property Rights and
Development Policy", London, September 2002, p.41.

맺음말

아프리카, 아시아 및 라틴아메리카에서 확산되고 있는 에이즈와 같은 질병은 개도국 및 최빈개도국가들의 공중보건에 심각한 위기를 초래하고 있다. 2003년 9월 WHO, UNAIDS 및 글로벌기금은 "에이즈 등의 질병으로 항생제의약품의 치료를 받지 못하는 것은 세계적 공중보건의 위기상황"임을 선포하였다.[1] 공중보건 위기를 유발하는 여러 가지 원인이 있고, 개도국 및 최빈개도국의 보건제도 개선 및 공중보건 위기를 해결하기 위한 기금의 마련 등이 장기적 대안으로 확인되고 있지만, 긴박하고 폭넓은 공중보건 위기 해결의 최선책은 시의적절한 의약품 접근과 질병 치료임을 지적해주고 있다.

9·11테러 이후 미국 및 캐나다에서 발생한 탄저병 공포와 개도국 및 최빈개도국에서 발생하는 공중보건의 위기를 의식하여 2001년 11월 카타르 도하 각료회의에서는 'TRIPs협정과 공중보건에 관한 도하선언'을 채택하였다.[2] 동 선언에서는 HIV/AIDS, 결핵, 말라리아 및 기타 전염성 질병을 포함한 공중보건 위기는 국가비상사태 또는 기타 극도의 긴급위기 상황을 표시할 수 있는 것으로 양해함과 동시에 TRIPs협정은 공중보건을 보호하기 위한 회원국들의 조치를 저해하지 않으며, 또한 저해해서도 안 된다고 합의하였다.[3] 도하공중보건선언은 이러한 조치 중 의약품특허권에 대한 강제실시의 부여사유를 결정할 권리와 특허의약품의 병행수입을 허용할 권리를 확인하고 있다.[4]

---

1) WHO, *The World Health Report 2004*, Changing History, 2004, p.1.
2) Declaration on the TRIPs Agreement and Public Health, WT/MIN (01)/DEC/2, November 20, 2001.
3) 도하공중보건선언 para.4.
4) 도하공중보건선언 para.5.

도하공중보건선언의 채택은 지적재산권의 국제적 보호에 대하여 다시 생각할 기회를 마련하였다. 선진국을 중심으로 발전해 온 지적재산권 제도는 그동안 지적재산권 소유자의 사적권리보호만 강조하여 왔으며, 공공이익과 인권의 보호를 소홀히 한 측면이 있었다. 공익과 사익의 형평 및 보건권과 지적재산권의 형평의 논의는 공중보건 위기 해결을 위한 지적재산권, 특히 특허권에 대한 적절한 규제는 정당하고 형평에 맞는 조치임을 확인한다.

그러나 TRIPs협정에서 공중보건 관련 유연성 조항의 불명확한 규정은 선진국 및 다국적 기업들이 개도국 및 최빈개도국들에 대하여 무역보복과 정치적 압력을 행사할 수 있도록 하고 있으며, 강제실시 부여 신청 전 특허권자와의 사전협상 실패 및 강제실시 부여국 내에 한한 공급 등의 제한은 공중보건 위기 해결에 있어서 실질적인 장애를 형성하였다.

도하공중보건선언과 2003년 8월 30일 'TRIPs협정과 공중보건에 관한 도하각료선언 제6단락의 이행에 관한 결의'[5]는 TRIPs협정의 명확하지 않은 규정을 규명하고 공중보건 위기 해결을 위한 강제실시와 병행수입이 그 대안임을 지적하였으나, 동 선언의 모호한 법적지위와, 동 결의의 잠정적 성격으로 인하여 여전히 논란의 대상이 되고 있다. 그러나 도하공중보건선언의 법적지위에 대하여 본문에서 확인한 바와 같이 도하공중보건선언 및 강제실시와 병행수입 관련 규정의 제정은 비엔나조약법협약상 TRIPs협정을 해석함에 있어서 문맥과 함께 고려되어야 할 추후합의 및 추후관행의 증거를 형성하였을 확인할 수 있었다.[6] 이에 Abbott는 도하공중보건선언 제4단락이 WTO 설립협정 제9조 2항에 의한 기술적 분야에서의 해석은 아니지만 합의를 의미하는 것으로 표현된 결의는 해석에 가장 근접하는 근사치로 고려될 수 있다고 지적하고 있

---

5) Implementation of paragraph 6 of the Doha Declaration on the TRIPs Agreement and Public Health, WT/L/540, September 1, 2003.
6) 자세한 내용은 본문 제2장 제2절 참조.

으며,[7] 유럽위원회도 동 선언은 TRIPs협정 문맥의 한 부분이며 조약의 해석규칙에 근거하여 협정을 해석할 때 고려되어야 한다고 지적함으로써,[8] 도하공중보건선언이 비엔나조약법협약상 조약의 해석에 있어서 문맥과 함께 고려하여야 할 추후합의임을 확인하고 있다.

한편 주요 선진국과 개도국 관행에 대한 연구를 통하여 강제실시를 부여를 위한 여러 가지 법제도가 있고 과거에도 부여한 바가 있음이 확인되었다.[9] 특히 도하공중보건선언의 채택과 '도하공중보건선언6단락이행결의' 이후 공중보건 위기 해결을 사유로 강제실시를 부여한 사례가 태국, 잠비아, 모잠비크 등 개도국들에서 발생하였으며, '도하공중보건선언6단락이행결의'의 이행을 위한 네덜란드, 노르웨이 등 유럽국가와 유럽공동체, 그리고 캐나다 등 선진국들에서 활발한 입법 활동은 공중보건 위기 해결을 위한 강제실시가 이미 보편적으로 승인되었음을 설명한다. 사실 '도하공중보건선언6단락이행결의'에 따른 수출국에서 수출을 위한 강제실시의 전제조건은 수입국, 즉 공중보건 위기에 직면한 수입국이 공중보건 위기 해결을 위하여 의약품특허에 대한 강제실시를 전제조건을 하고 있으므로 '도하공중보건선언6단락이행결의' 자체가 TRIPs협정에 대한 추후관행의 증거를 형성한다.

특히 미국의 경우 자국 주도의 FTA협정 중 강제실시와 관련하여 여러 가지 제한적인 규정을 하고 있음에도 불구하고 공중보건 위기를 포함한 국가비상사태의 경우에는 강제실시를 허락하고 있다. 예를 들어 2004년 7월 19일 미국과 모로코는 미국 − 모로코 FTA협정 중 지적재산권 장이 HIV/AIDS, 결핵, 말라리아 또는 기타 전염성 질병과 같이 긴

---

7) Frederick M. Abbott, "The Doha Declaration on the TRIPs Agreement and Public Health: Lighting a dark at the WTO", *Journal of International Economic Law*, 2002, pp.498-504.

8) European Commission, "WTO Ministerial Declaration on the TRIPs Agreement and Public Health", Brussels, November 19, 2001.

9) 자세한 내용은 본문 제3장 제2절 참조.

급 상황 또는 국가위기의 경우 모든 자에 대한 의약품 접근 촉진을 통하여 공중보건 보호를 위한 필요한 조치를 취하는 모든 당사자의 능력에 영향주지 않는다는 양해를 확인하였으며, '도하공중보건선언6단락이행결의'와 관련하여 의약품제조가 결핍한 개도국들이 강제실시하의 의약품 수입을 허락하는 WTO의 총의의 효과적인 이용을 금지하지 않을 것을 명확히 선언하였다.[10]

공중보건 위기 해결을 위한 특허의약품의 병행수입의 경우 TRIPs협정 및 도하공중보건선언이 그 허용 여부를 각국이 자율적으로 책정하도록 위임하고 있듯이, 선진국 및 개도국에서 그 허용 여부에 관한 일관된 관행을 찾아볼 수 없다. 그러나 의약품 병행수입을 선두에 서서 반대하던 미국이 9.11테러 이후 탄저병 위기를 경험하면서 일부 주정부에서 병행수입제도를 도입하고, 미 상원에서도 캐나다로부터 의약품 병행수입을 허용하자는 관련 법안이 상정되고 논의되면서 병행수입을 인정하자는 주장이 급격히 확산되고 있다.[11] 이러한 미국 내 동향은 미국이 주도하는 FTA협정 중 병행수입 관련 조항에서도 잘 반영되고 있으며, 권리소진원칙에 대한 절대적인 금지보다도 특허권자와 독점대리권자 사이의 병행수입 금지계약의 체결이나, 또는 미-호주 FTA 중 호주의 의약품 급여제도 폐지를 요구하는 등 기타 병행수입의 근원을 차단할 수 있는 조치를 무역 상대국에게 요구하고 있다.[12] 특히 여기에서 계약에 의한 병행수입의 금지는 특허권의 권리소진문제로 보기보다는 계약법에 의하여 규율되는 것으로 봄이 더욱 타당하다 할 것이며, 병행수입업자의 수

---

10) USTR, U.S-Morocco Free Trade Agreement: Access to Medicines, 07/19/2004.http://www.ustr.gov/Document_Library/Fact_Sheets/2004/U.S.-Morocco_Free_Trade_Agreement_Access_to_Medicines.html, 04-11-13 검색.

11) http://thomas.loc.gov/cgi-bin/bdquery/z?d108:H.R.2427:, 04-09-29 검색.

12) 보건복지민중연대 웹저널, "미-호주 FTA가 호주의약품급여제도(PBS)를 위협하다!", http://www.diffwelfare.net/bbs/search.asp?mode=pds, 04-11-15 검색.

입행위가 금지계약의 위반 여부에 대한 입증책임은 특허권자와 특허 사용권자에게 있다고 보아야 함으로 병행수입업자가 그러한 금지조항을 알고 있거나 알 이유가 있다는 것을 입증하지 못할 경우 병행수입이 합법화되는 것이다.

지금까지의 논의를 종합하여 볼 경우 공중보건 위기 극복을 위한 지적재산권, 특히 의약품특허권에 대한 적절한 규제는 공중보건의 공공이익 보호 및 기본인권으로 보건권 보호의 차원에서 적법하고 형평에 맞는 조치이며, 공중보건 관련 TRIPs협정의 불명확한 규정을 규명한 도하공중보건선언 및 '도하공중보건선언6단락이행결의'는 TRIPs협정을 해석함에 있어서 문맥과 함께 고려하여야 할 추후합의를 형성하였음을 확인하였다. 또한 도하공중보건선언과 '도하공중보건선언6단락이행결의' 이후 공중보건 위기 해결을 위한 의약품특허권에 대한 강제실시는 아프리카, 아시아 등 개도국에서 실행되고 있을 뿐만 아니라, 미국, EC 등 선진국들에서도 관련 관행들이 이루어지고 있으므로, 의약품특허권에 대한 강제실시는 국가들에 의하여 일반적으로 인정되었고, 조약법협약에 따른 추후관행을 형성하였다. 다만 공중보건 위기 해결을 위한 특허의약품의 병행수입허용 여부는 일관적인 관행을 찾아볼 수 없으므로 추후관행이 형성되었다고 보기는 아직 어렵다. 그러나 병행수입 허용의 근거인 권리소진원칙을 지지하는 중요한 이론적 근거 중 특허의약품의 자유로운 유통의 확보이론은 WTO가 주장하는 세계시장의 단일화나 무역의 자유화에 입각한 상품의 자유로운 유통의 촉진과 일맥상통하는 것이며, 이 또한 EU 역내권리소진이론의 주된 논거이기도 하다. 특히 병행수입을 허용하는 많은 사례가 EU 역내에서의 특허 또는 보건 정책이 통일되지 않은 상황에서 이루어졌다는 점에서 EU의 논리를 세계시장에 적용하는 데 별 무리가 없고, EU 역내 권리소진이론은 미국이 주도하는 FTAA에서도 시도되고 있으므로 전 세계적인 차원에서 병행수입은 허용되어야 할 것이다. 현 단계에서도 개도국들은 자국 내 입법을 통하여 공중보건 위기 극복을 위한 저렴한 의약품 수입에 병행수입제도를 적극 활용하여야 한다.

WTO는 2004년 10월 13일 현재 148개의 회원국을 보유하고 있어 UN 다음으로 최대 회원국을 보유하고 있는 국제기구이다. 공중보건 위기 해결을 위한 국제기구의 노력에서 알 수 있는 것처럼 가장 근본적인 해결은 WTO 지적재산권 분야에서 해결되어야 한다. 공중보건 위기의 심각성은 개도국 및 최빈개도국뿐만 아니라 선진국에서 발생할 수 있는 인류 공동체의 문제로서, 공중보건 위기에 직면한 국가뿐만 아니라 전체 공동체의 발전을 저해할 수 있다. 그러므로 WTO는 TRIPs협정을 수정함에 있어서 HIV/AIDS, 결핵, 말라리아 및 기타 전염성 질병으로 인한 공중보건의 위기를 국가위기로 명확히 TRIPs협정에 반영하여 공중보건 위기에 직면한 회원국들이 의약품특허에 대한 강제실시를 부여할 수 있는 권리를 명확히 하여야 한다. 또한 '도하공중보건선언6단락이행결의'의 잠정적 면제의 내용을 TRIPs협정에 그대로 반영하여, 의약품생산능력이 결핍하거나 결여한 국가가 강제실시 및 병행수입을 통하여 공중보건 위기 해결에 필요한 의약품을 충분히 공급받을 수 있도록 보장하여야 한다. 또한 병행수입허용론의 주된 취지가 WTO의 자유무역의 취지와 일치하는 만큼, 특허의약품의 병행수입도 TRIPs협정에 명문으로 수정하여 공중보건 위기를 극복하고자 하는 수입국들의 권리를 보장하여야 한다. WTO의 이러한 노력과정에서 WTO 회원국들은 도하공중보건선언 및 '도하공중보건선언6단락이행결의'의 내용을 국내 입법을 통하여 실행에 옮겨야 하며, FTA 등 양자간 및 다자간 무역협정에서 도하공중보건선언 및 '도하공중보건선언6단락이행결의'에 배치되는 규정을 적극적으로 배제하여야 할 것이다.

참고문헌

▶ 국내: 단행본

김원준, 특허법, 박영사, 2001.

송영식 외 2인 공저, 지적소유권법(상), 육법사, 1998.

이상경, 지적재산권소송법, 육법사, 1998.

이종일, 특허법, 한빛지적소유권센터, 1998.

정상조, 지적재산권법, 홍문사, 2004.

황종환, 특허법, 한빛지적소유권센터, 1991.

황종환, 특허법, 한빛지적소유권센터, 1999.

저작권심의조정위원회, 저작권에 관한 외국판례선(5) − 미국편, 2001.

저작권심의조정위원회, 독일·일본 저작권법, 1992.

WTO, *Guide to the Uruguay Round Agreements*, 김의수 옮김, 대외경
    제정책연구원, 2000.

中山信弘, 著, 韓日知財權硏究會 譯, 工業所有權法 （상） 特許法, 법문사,
    2001.

▶ 국내: 논 문

강성은, "병행수입에 대한 EU법상의 역내소진이론에 대한 소고", 「법률
    행정논총」, 제22권 제2호(2002).

김석현, "국제법에 있어서 Soft Law", 「국제법평론」, 통권 제8호(1997).

김순석, "특허권의 국제적 보호에 관한 연구", 성균관대 박사학위논문, 1998.

김순석, "병행수입과 특허권", 「성균관법학」, 제10호(1999. 2).

김원오, "상표보호의 국제적 규범체계와 그 동향에 관한 연구", 고려대 박사학위논문, 1998.

김홍균, "국가재정지원으로 획득한 특허의 효과적인 소유권 모델", 「고분자과학과 기술」, 제15권 4호(2004. 8).

남희섭, "특허권과 인권-글리벡 사건을 중심으로", 「민주사회와 변론」, 통권 제37호 (2001. 11 · 12).

박노형, "미국과 지재권 관련 FTA 전략", 2004년 11월 16일 한국발명진흥회 지식재산권연구센터 "FTA와 지재권 세미나", 발표문.

박익환, "병행수입과 저작권-L'anza Research International, Inc. v. Quality King Distributors, Inc. 사건을 중심으로", 「저작권」, 2000년 겨울호, 제52호.

박충범, "특허권 소진과 병행수입-특허제품의 병행수입에 관한 외국의 사례와 국제법의 검토", 「변시연구」, 통권 제77호(1997. 9).

박진석, "뉴라운드 출범과 TRIPs협정의 과제", 「지식재산 21」, 특허청, 2001.

배금자, "저작권에 있어서의 병행수입 문제", 「창작과 권리」, 제30호 (2003.봄).

석창일, "병행수입과 특허권침해", 「인권과정의」, 제28호(2000. 5).

이경란, "특허제품의 병행수입에 관한 연구"(상), 「변시연구」, 통권 제81호(98. 1).

이상정, "진정상품의 병행수입에 관한 연구", 「경희법학」, 제32권 제1호, (1997. 8).

양명조, "진정상표부상품의 병행수입규제"(상), 「법률신문」 1699호.

양명조, "진정상표부상품의 병행수입규제"(하), 「법률신문 」 1700호.

윤미경·이성미, "병행수입에 대한 WTO TRIPs논의: 공중보건과 제약산업을 중심으로", 대외경제정책연구원, 2001.

윤선희, "특허제품의 병행수입에 관한 고찰", 「창작과 권리」, 창간호 (1995).

조명선, "의약품특허보호와 공중보건의 균형", 「지식재산21」, 통권 제78호(2003. 5).

최홍배, "일본에 있어서의 특허제품의 병행수입문제 - BBS사건 판례를 중심으로", 「국제법학회논총」, 통권 제88호(2000. 12).

▶ 해외: 단행본

Abbott, Frederick M., Cottier, Thomas & Gurry, Francis, *The Intellectual Property System: Commentary and Materials*, KLUWER LAW International, 1999.

Aust, Anthony, *Modern Treaty Law and Practice*, Cambridge University PRESS, 2000.

Blakeney, Michael, *Trade Related Aspects of Intellectual Property Rights: A Concise Guide to the TRIPs Agreement*, London, Sweet & Maxwell, 1996.

Correa, Carlos M. & Yusuf, Abdulqawi A., *Intellectual Property and*

International Trade: The TRIPs Agreement, KLUWER LAW, 1998.

Correa, Carlos M., *Intellectual Property Rights: the WTO and Developing Countries*, Zed Books Ltd., 2000.

Cornish, William R., *Intellectual Property: Patents, Copyright, Trade Marks and Allied Rights*, 4th ed., London, Sweet Maxwell, 1999.

Drahos, P., *A Philosophy of Intellectual Property*, Dartmouth, 1996.

Dratler, Jay, *Licensing of Intellectual Property*, Law Journal Press, 1994.

Vaver, David, *Intellectual Property Law: Copyright, Patents, Trademarks*, Toronto: Irwin Law, 1997.

Fidler, David P., *International Law and Public Health*, Transnational Publishers, Ardsly, New York, 2000.

Fitzmaurice, Gerald, *The Law and Procedure of The International Court of Justice*, Cambridge University Press, 1986.

Garner A., *Black's Law Dictionary*, Seventh Edition, West Group, 2000.

Ladas, Stephen P., *Patents, Trademarks and Related Rights-National and International Protection*, Harvard University Press, Cambridge, 1975.

MacQueen, Hector, *Copyright, Competition and Industrial Design*, Edinburgh University Press, 1996.

McDougal, et. al., *Interpretation of Agreements and World Public Order: Principles of Content and Procedure*, Yale University

Press, 1967.

McNair, *The Law of Treaties*, Oxford, Clarendon Press, 1961.

Patterson, L. Ray & Lindberg, Stanley W., *The Nature of Copyright: A Law of User's Right*, The University of Georgia Press, 1991.

Prabuddha Ganguli, *Intellectual Property Rights: Unleashing the Knowledge Economy*, Tata McGraw-Hill, 2001, 宋建華, 姜丹明, 張永華 譯, 知識産權出版社, 2003年.

Wallerstein, Mitchel B., et. al., *Global Dimensions of Intellectual Property Rights in Science and Technology*, National Research Council, National Academies Press, 1993.

孔祥俊, *WTO知識産權協定及其國內適用*, 法律出版社, 2002.

李道軍, *法的應然與實然*, 山東人民出版社, 2001年.

紹景春, *歐洲聯盟的法律與制度*, 人民法院出版社, 1999年.

湯宗舜, *專利法敎程*(第三版), 法律出版社, 2003年.

鄭成思, 知識産權法, 法律出版社, 1997年.

▶ 해외: 논 문

Adelman, Martin J. & Baldia, Sonia, "Prospects and Limits of the Patent Provision in the TRIPs Agreement: The Case of India", 29 *Vanderbilt Journal of Transnational Law*, 1996.

Abbott, Frederick M., "The Doha Declaration on the TRIPs Agreement and Public Health: Lighting a Dark corner at the WTO", *Journal of International Economic Law*, 2002.

Abbott, Frederick M., "The TRIPs Agreement, Access to Medicines and the WTO Doha Ministerial Conference", Occasional Paper, QUNO, Geneva, 2001.

Abbott, Frederick M., "The TRIPs Legality of Measures Taken to Address Public Health Crisis: A Synopsis", *Widener Law Symposium Journal*, Vol.7, 2001.

Arnold, Gianna J., "International Compulsory Licensing: The Rationales and The Reality", *The Journal of Law and Technology*, 1993.

Baca, Rafael V., "Compulsory Patent Licensing In Mexico in the 1990's: The Aftermath of NAFTA and the 1991 Industrial Property Law", *The Journal of Law and Technology*, 1994.

Balasubramaniam K., "Access to Medicines: Patents, Prices and Public Policy Consumer Perspectives", Paper presented at Oxfam International Seminar on Intellectual Property and Development: What Future for the WTO TRIPS Agreement?, Brussels, March 20, 2001

Barron, David, "Copyright and Design Right Licenses of Right: Ten Years on", *Copyright World*, May 1999.

Beier, Friedrich K., "Exclusive Rights, Statutory Licenses and Compulsory Licenses in Patent and Utility Model Law", *International Review of Industrial Property and Copyright Law(IIC)*, Vol.30, No.3, 1999.

Berman, C. and Lambrecht, N., "Medical Patents in the Us", *Managing Intellectual Property*, Vol.10, July 1991.

Bhatnager, "GATT IPP Proposals in Context with Developing

Countries and the Paris Convention", *Patent World*, 1992.

Burshtein, Sheldon, "Sublicense or Supply Agreement? Supreme Court of Canada Interpretation Benefits Generic Pharmaceutical Industry", *Food & Drug Law Journal*, Vol.54, 1999.

Charnovitz, Steve, "The Legal Status of The DOHA Declarations", *Journal of International Economic Law*, 2002.

Chiapetta, Vincent "The Desirability of Agreeing To Disagree: The WTO, TRIPs, International IPR Exhaustion and A Few Other Things", *Michigan Journal of International Law*, Vol.21, Spring 2000.

Christopher, "Health, Parallel Imports and International Trade", IIC, Vol.28, No.5/1997.

Cohn, Michael, "Compulsory License for the manufacture of a Hepatitis B Vaccine: exploitation of the invention for R&D prior to compulsory licence proceedings in Israel", *Patent World*, 1997.

Correa, Carlos M., "TRIPs: An Asymmetric Negotiation", *The Third World Economics*, September 1993.

Correa, Carlos M., "Integrating Public Health Concerns into Patent Legislation In Developing Countries", South Centre, Geneva, 2000 .

Correa, Carlos M., "Implications of the Doha Declaration on the TRIPs Agreement and Public Health", WHO, 2002.

Correa, Carlos M., "Intellectual Property Rights and The Use of Compulsory Licenses: Options for Developing Countries", South

274

Centre, October 1999.

Donnelly, Darren E., "Parallel Trade and International Harmonization of the Exhaustion of Rights Doctrine", *Santa Clara Computer & High Technology Law Journal*, Vol.13, 1997.

Drahos, P., "Developing Countries and International Intellectual Property Standard-Setting", Study prepared for the UK Commission on Intellectual Property Rights, 2002.

Drahos, P., "BITs and BIPs, Bilateralism in Intellectual Property", *The Journal of World Intellectual Property*, November 2001.

Hoen, Ellen F. M. T., "The Declaration on TRIPs and Public Health: A Step in the Right Direction", *Bridges*, 2001.

Fauver, Cole M., "Compulsory Patent Licensing in the United States: An Idea Whose Time Has Come", *Northwestern Journal of International Law & Business*, Vol.8, 1988.

Field, Sally, "Copyright in Industrial Drawings, Availability of Licenses of Right", *Copyright World*, 36, 1993/1994.

Finnegan, Marcus, "The Folly of Compulsory Licensing", *Licensing Executive Society(LES)*, June, 1977.

Gaikis, Gunars, "Pharmaceutical Patents in Canada, An update on compulsory licensing", *Patent World*, 1992.

Gana, Ruth L., "Prospects for Developing Countries Under the TRIPs Agreement", *Vanderbilt Journal of Transnational Law*, Vol.29, 1996.

Gathii, James T., "The Legal Status of The Doha Declaration on TRIPS and Public Health Under the Vienna Convention on

The Law of Treaties", *Harvard Journal of Law & Technology*, Vol.15, No.2, Spring 2002.

Gathii, James T., "Construing Intellectual Property Rights and Competition Policy Consistently With Facilitating Access to Affordable AIDS Drugs to Low-End Consumers", *Florida Law Review*, Vol.53, 2001.

Gathii, James T., "WTO Spin Unconvincing", *African Business*, January 1, 2002.

Goldstein, Sol, "A Study of compulsory licensing", *Licensing Executive Society(LES)*, 1997.

Goldberg, David and Bernstein, Robert J., "Limiting the Scope of Importation Rights", *New York Law Journal*, Mar 20. 1998.

Grippiotti, Giovanni, "Working Patents and the Compulsory Licence Regime in Italy: a recent development", *Patent World*, 1994.

Harrison, Christopher Scott, "Protection of Pharmaceuticals as Foreign Policy: The Canada-U.S. Trade Agreement and Bill C-22 versus the North American Free Trade Agreement and Bill C-91", *North Carolina Journal of International Law and Commercial Regulation*, Vol.26, 2001.

Henderson, Elizabeth, "TRIPs and the Third World: The Example of Pharmaceutical Patents in India", The International Intellectual Property System: Commentary and Materials Part One, 1997.

Hepburn, Jonathan, "Implementing the paragraph 6 decision and Doha Declaration: Solving practical problems to make the system work", Report of a seminar organised by the QUNO, May

21-23, 2004.

Holmes CB, *et. al.*, "Review of Human Immunodeficiency Virus type I-Related opportunistic infections in Sub-Saharan Africa", *Clinical Infectious Diseases*, 2003.

Hore, Edward, "A comparison of United States and Canadian Laws as They Affect Generic Pharmaceutical Market Entry", *Food & Drug Law Journal*, 2000.

Latham, David, "Should competition law be used to compel the grant of licenses of intellectual property rights?" *International Review of Competition Law*, Bruxelles, Vol.2, 1996.

Laing, R., "Global Issues of Access to Pharmaceuticals and Effect of Patents", Presentation at the AIDS and Essential Medicines and Compulsory Licensing Meeting, Geneva, March 26-27, 1999.

Lettington, R. and Musungu, S., "In Defence of Kenya's Health: Proposed Amendments to the Industrial Property Bill 2000", Kenya Coalition for Access to Essential Medicines, Nairobi, 2000.

Ma, Rowena R. Gonzales, "Compulsory Licensing and Pharmaceuticals: Emerging Issues in Philippine Trade", A paper presented at the conference on East Asia and Options for the WTO 2000 Negotiations, July 19-20, 1999.

Marschall, Richard H., "Patents, Antitrust and the WTO/GATT: Using TRIPs as a Vehicle for Antitrust Harmonization", Vol.28, *Georgetown Journal of International Law*, 1997.

Maskus, Keith E., "TRIPs, Drug Patents and Access to Medicines-Balancing Incentives for R&D with Public Health Concerns",

DG Expert Perspective: September 4, 2003.

Maskus, Keith E., "Parallel Imports In Pharmaceuticals: Implications for Competition and Prices In Developing Countries", Final Report to World Intellectual Property Organization Under terms of Special Service Agreement. 2001.

Matheson, Victor A., "The Anti-Trust Casebook, University of Minnesota", Department of Economics and Lake Forest College, *Department of Economics and Business*, 1998.

Mohamed Idris, S. M, *et. al.*, "Manual on Good Practices in Public-Health-Sensitive Policy Measures and Patent Law", Third World Network, May 2003.

Musungu, Sisule F. *et. al.*, "Utilizing TRIPs Flexibilities For Public Health Protection Through South-South Regional Frameworks", South Centre, April 2004.

Pan, xichun, "Flexibility of the TRIPs Agreement with Regard to Patent Protection", Master Thesis, Faculty of Law University of Lund, Spring 2002.

Reichman, Jerome H., "From Free-Riders to Fair Followers: Global Competition Under the TRIPS Agreement", *New York University Journal of International. Law and politics*, Vol.29, 1997.

Reichman, Jerome H. and Hasenzahl, Catherine, "Non-voluntary Licensing of Patented Inventions: Historical Perspective, Legal Framework under TRIPs, and an overview of the practice in Canada and the United States of America", Case Study for UNCTAD/ICTSD Capacity Building Project on Intellectual

Property Rights and Sustainable Developments, 2002.

Santi, Susan De, "The Intersection of Antitrust and Intellectual Property Issues: A Report from the FTC Hearing, remarks before the Conference on Antitrust for High-Tech Companies Business Development Associates", San Francisco, Feb, 1996.

Scherer, F. M. and Watal, Jayashree, "Post-TRIPs Options for Access to Patented Medicines In Developing Nations", *Journal of International Economic Law*, 2002.

Scherer, F. M. and Watal, Jayashree, "The Economics of TRIPs Options for Access to Medicines' in Brigitte Granville", The Economics of Essential Medicines, London: Royal Institute of International Affairs, 2002.

Schott, Jeffrey J., "Comment on the Doha Ministerial", *Journal of International Economic Law*, 2002.

Schondelmeyer, Stephen, "The cost of Bill C-91: an economic impact analysis of the elimination of compulsory licensing of pharmaceuticals in Canada", PRIME Institute, Minneapolis, 1993.

Scott, Michael, "Compulsory licensing of intellectual property in international transactions", *European Intellectual Property Review*, Vol.11, 1998.

Stein, Eric, "International Integration and Democracy: No Love at First sight", *American Journal of International Law*, 2001.

Thurow, L., "Needed: A New System of Intellectual Property Rights", *Harvard Business Review*, Sep.-Oct. 1997.

Thorpe, P., "Study on the Implementation of the TRIPs Agreement in

Developing Countries", Study prepared for UK Commission on Intellectual Property Rights, 2002.

Trouiller, Patrice & Olliaro, Piero, "Drug Development for Neglected Diseases: a Deficient Market and a Public Health Policy Failure", *The Lancet*, Vol.359, 2002.

Vandoren, Paul, "Medicaments sans Frontieres? Clarification of the relationship between TRIPs and Public Health Resulting from the WTO Doha Ministerial Declaration", *Journal of World Intellectual Property*, 2002.

Velasquez G., Boulet P., "Globalization and Access to Drugs: Perspectives on the WTO/TRIPs Agreement". WHO, 1999.

Von Meibom, Wolfang and Pitz, Johann, "Experimental use and compulsory licence under German Patent Law", *Patent World*, 1997.

馮洁涵, "全球公共健康危机、知識產權与WTO多哈宣言", *法學評論*, 2003 年 第2期.

尹新天, "專利權的國際用盡及平行進口問題", *專利法研究*, 知識產權出版 社, 2003.

▶ 국제기구 보고서

AIPPI 2001, Report Q 156-International Exhaustion of Industrial Property Rights.

Commission on Intellectual Property Rights(CIPR) Report, "Intellectual Property Rights: Integrating Intellectual Property Rights and

Development Policy", London, September 2002.

Committee on Economic, Social and Cultural Rights, "The right to the highest attainable standard of health", CESCR General comment 14, August 2000.

UNAIDS & WHO, "Patent Situation of HIV/AIDS-related drugs in 80 Countries", Geneva, January 2000.

UNAIDS & WHO, AIDS epidemic update 2003, December 2003.

UNCTAD, The Least Development Countries Report, 2004.

UNDP, Human Development Report 1999, Oxford, 1999.

WHO, The World Health Report 2004, Changing History, 2004.

WHO, World Health Report 1996: Fighting Disease, Fostering Development, 1996.

WHO and WTO, WTO Agreements and Public Health, 2002

WHO Policy Perspectives on Medicines, "TRIPs and Access to Pharmaceuticals", No.3, March 2001, WHO, Geneva.

World Bank, "Global Economic Prospects and the Developing Countries 2002: Making Trade Work for the World's Poor", Washington DC, 2002.

World Bank, "World Development Indicators 2001", Washington DC, 2001.

▶ NGO 자료

CPtech, "Health Care and Intellectual Property: Parallel Imports", http://www.cptech.org/ip/fsd/health-pi.html, 04-03-24 검색.

Joint NGO Statement, "TRIPs and Public Health WTO Deal on Medicines: A 'Gift' Bound in Red Tape", http://www.cptech.org/ip/wto/p6/ngos09102003 .html, 04-08-10 검색.

MSF, "A Matter of Life & Death: The Role of Patents in Access to Essential Medicines", http://www.accessmed-msf.org/upload/ReportsandPublications/291020011614133/DOHACOL.PDF, 04-02-18 검색.

MSF, "Untangling the Web of Price Reductions: A pricing Guide for the Purchase of ARVs for Developing Countries", Geneva, 2002, http://www.accessmed-msf.org/prod/publications.asp?scntid=1872002161586&contenttype=PARA&, 04-04-23 검색.

.MSF & HAI, Report on the East African Access to Essential Medicines Conference "Improving Access to Essential Medicines in East Africa: Patents and Prices in a Global Economy", Nairobi, 15-16 June 2000, http://ww.haiweb.org /mtgs/nairobi200006.html, 04-04-23 검색.

Oxfam, "South Africa vs. the Drug Giants-A Challenge to Affordable Medicines", http://www.oxfam.org.hk/english/campaigns/trade/sa__court__case.pdf 04-07-22 검색.

Oxfam, "Drug Companies vs. Brazil: The Threat to Public Health", May, 2001, http://www.Oxfam.org.uk/what__we__do/issues/health/downloads/drugcomp__brazil.rtf, 04-03-27 검색.

Oxfam Briefing Paper, "Us bullying on drug patents: One year after Doha", www.Oxfam.org/eng/pdfs/pp021112__bullying__patents.pdf, 04-08-12 검색.

▶ 인터넷 자료 및 논문

Abbott, Frederick M., "WTO TRIPs Agreement and its implications for access to Medicines in Developing Countries", http://www.balllchair.org/downdocs/wto_trips.pdf, 04-03-12 검색.

Arfwedson, Jacob, "Parallel Trade In Pharmaceuticals", July 2003, http://www.cnehealth.org/pubs/2003_07_00_arfwedson_parall el.pdf, 04-09-19 검색.

Bhagwati, J., "What It Will Take to Get Developing Countries into a New Round of Multilateral Trade Negotiations", Columbia University, New York, 2000, http://www.dfait-maeci.gc.ca/eet/pdf/02-en.pdf, 04-10-15 검색.

Drahos, P., "Bilateralism in Intellectual Property", Oxfam, http://www.maketradefair.org/assets/english/bilateralism.pdf, 04-11-17 검색.

Drahos, P., et. al., "The FTA and the PBS", A submission to the Senate Select Committee on the US-Australia Free Trade Agreement. http://www.cpath.org/pdffiles/HFD-AusUSFTAsubmission2.pdf, 04-12-15 검색.

Hoen, Ellen F. M. T., "TRIPs, Pharmaceutical Patent, and Access to Essential Medicines: A Long Way From Seattle to Doha", http://www.accessmed-msf.org/documents/chicagojournalthoen.pdf, 04-03-10 검색.

Love, James, "Health care and IP: Compulsory licensing, Compulsory licensing of patents and other intellectual property", 1999, http://www.cptech.org/ip/health/cl, 04-08-10 검색.

Singh, Kavaljit, "Patents *vs.* Patients: AIDS, TNCs & Price Wars", http://www.twnside.org.sg/title/twr131c.htm, 04-07-19 검색.

Oh, Cecilia, "Developing Countries Call for Action on TRIPs at DOHA WTO Ministerial Conference", http://www.twnside.org.sg/title/twr131d.htm, 04-03-27 검색.

Nam, Hee Seob and Park, Sung Ho, Request for a Compulsory License, 2002. http://glivec.jinbo.net/Request__for__CL__Final__version.htm, 04-07-29 검색.

Weissman, Robert, "Dying For Drugs: How CAFTA will undermine access to essential medicines", http://lists.essential.org/pipermail/ip-health/2004-M arch/006023.html, 04-11-14 검색.

申琳昌, TRIPs對我國的負面影響及法律對策, http://www.chinacourt.org/public/detail.?id＝70770&k__title＝强制許可&k__content＝强制許可&k__author, 04-10-15 검색.

王春燕, "平行進口與灰色市場", www.sipo.gov.cn/sipo/zscqb/lilun/t20021224__10647.htm, 04-09-02 검색.

부 록 1:

Declaration on the TRIPs Agreement and Public Health
Adopted on 14 November 2001

WT/MIN(01)/DEC/2

20 November 2001

1. We recognize the gravity of the public health problems afflicting many developing and least-developed countries, especially those resulting from HIV/AIDS, tuberculosis, malaria and other epidemics.

2. We stress the need for the WTO Agreement on Trade-Related Aspects of Intellectual Property Rights (TRIPS Agreement) to be part of the wider national and international action to address these problems.

3. We recognize that intellectual property protection is important for the development of new medicines. We also recognize the concerns about its effects on prices.

4. We agree that the TRIPS Agreement does not and should not prevent Members from taking measures to protect public health. Accordingly, while reiterating our commitment to the TRIPS Agreement, we affirm that the Agreement can and should be interpreted and implemented in a manner supportive of WTO Members' right to protect public health and, in particular, to promote access to medicines for all.

In this connection, we reaffirm the right of WTO Members to use, to the full, the provisions in the TRIPS Agreement, which provide flexibility for this purpose.

5. Accordingly and in the light of paragraph 4 above, while maintaining our commitments in the TRIPS Agreement, we recognize that these flexibilities include:

(a) In applying the customary rules of interpretation of public international law, each provision of the TRIPS Agreement shall be read in the light of the object and purpose of the Agreement as expressed, in particular, in its objectives and principles.

(b) Each Member has the right to grant compulsory licences and the freedom to determine the grounds upon which such licences are granted.

(c) Each Member has the right to determine what constitutes a national emergency or other circumstances of extreme urgency, it being understood that public health crises, including those relating to HIV/AIDS, tuberculosis, malaria and other epidemics, can represent a national emergency or other circumstances of extreme urgency.

(d) The effect of the provisions in the TRIPS Agreement that are relevant to the exhaustion of intellectual property rights is to leave each Member free to establish its own regime for such exhaustion without challenge, subject to the MFN and national treatment provisions of Articles 3 and 4.

6. We recognize that WTO Members with insufficient or no manufacturing capacities in the pharmaceutical sector could face difficulties in making effective use of compulsory licensing under the TRIPS Agreement. We instruct the Council for TRIPS to find an

expeditious solution to this problem and to report to the General Council before the end of 2002.

7. We reaffirm the commitment of developed-country Members to provide incentives to their enterprises and institutions to promote and encourage technology transfer to least-developed country Members pursuant to Article 66.2. We also agree that the least-developed country Members will not be obliged, with respect to pharmaceutical products, to implement or apply Sections 5 and 7 of Part II of the TRIPS Agreement or to enforce rights provided for under these Sections until 1 January 2016, without prejudice to the right of least-developed country Members to seek other extensions of the transition periods as provided for in Article 66.1 of the TRIPS Agreement. We instruct the Council for TRIPS to take the necessary action to give effect to this pursuant to Article 66.1 of the TRIPS Agreement.

부 록 2:

Implementation of paragraph 6 of the Doha Declaration on the TRIPs Agreement and Public Health

Decision of the General Council of 30 August 2003

WT/L/540

1 September 2003

The General Council,

Having regard to paragraphs 1, 3 and 4 of Article IX of the Marrakesh Agreement Establishing the World Trade Organization ("the WTO Agreement");

Conducting the functions of the Ministerial Conference in the interval between meetings pursuant to paragraph 2 of Article IV of the WTO Agreement;

Noting the Declaration on the TRIPS Agreement and Public Health (WT/MIN(01)/DEC/2) (the "Declaration") and, in particular, the instruction of the Ministerial Conference to the Council for TRIPS contained in paragraph 6 of the Declaration to find an expeditious solution to the problem of the difficulties that WTO Members with insufficient or no manufacturing capacities in the pharmaceutical sector could face in making effective use of compulsory licensing under the TRIPS Agreement and to report to the General Council before the end of 2002;

Recognizing, where eligible importing Members seek to obtain supplies under the system set out in this Decision, the importance of a rapid response to those needs consistent with the provisions of this Decision;

Noting that, in the light of the foregoing, exceptional circumstances exist justifying waivers from the obligations set out in paragraphs (f) and (h) of Article 31 of the TRIPS Agreement with respect to pharmaceutical products; Decides as follows:

1. For the purposes of this Decision:

(a) "pharmaceutical product" means any patented product, or product manufactured through a patented process, of the pharmaceutical sector needed to address the public health problems as recognized in paragraph 1 of the Declaration. It is understood that active ingredients necessary for its manufacture and diagnostic kits needed for its use would be included; (1)

(b) "eligible importing Member" means any least-developed country Member, and any other Member that has made a notification (2) to the Council for TRIPS of its intention to use the system as an importer, it being understood that a Member may notify at any time that it will use the system in whole or in a limited way, for example only in the case of a national emergency or other circumstances of extreme urgency or in cases of public non-commercial use. It is noted that some Members will not use the system set out in this Decision as importing Members (3) and that some other Members have stated that, if they use the system, it would be in no more than situations of national

290

emergency or other circumstances of extreme urgency;

(c) "exporting Member" means a Member using the system set out in this Decision to produce pharmaceutical products for, and export them to, an eligible importing Member.

2. The obligations of an exporting Member under Article 31(f) of the TRIPS Agreement shall be waived with respect to the grant by it of a compulsory licence to the extent necessary for the purposes of production of a pharmaceutical product(s) and its export to an eligible importing Member(s) in accordance with the terms set out below in this paragraph:

(a) the eligible importing Member(s) (4) has made a notification (2) to the Council for TRIPS, that:

(i) specifies the names and expected quantities of the product(s) needed

(5):

(ii) confirms that the eligible importing Member in question, other than a least developed country Member, has established that it has insufficient or no manufacturing capacities in the pharmaceutical sector for the product(s) in question in one of the ways set out in the Annex to this Decision; and

(iii) confirms that, where a pharmaceutical product is patented in its territory, it has granted or intends to grant a compulsory licence in accordance with Article 31 of the TRIPS Agreement and the provisions of this Decision

(6);

(b) the compulsory licence issued by the exporting Member under this Decision shall contain the following conditions:

(i) only the amount necessary to meet the needs of the eligible importing Member(s) may be manufactured under the licence and the entirety of this production shall be exported to the Member(s) which has notified its needs to the Council for TRIPS:

(ii) products produced under the licence shall be clearly identified as being produced under the system set out in this Decision through specific labelling or marking. Suppliers should distinguish such products through special packaging and/or special colouring/shaping of the products themselves, provided that such distinction is feasible and does not have a significant impact on price: and

(iii) before shipment begins, the licensee shall post on a website (7) the following information:

- the quantities being supplied to each destination as referred to in indent (i) above: and

- the distinguishing features of the product(s) referred to in indent (ii) above:

(c) the exporting Member shall notify (8) the Council for TRIPS of the grant of the licence, including the conditions attached to it (9). The information provided shall include the name and address of the licensee, the product(s) for which the licence has been granted, the quantity(ies) for which it has been granted, the country(ies) to which the product(s) is (are) to be supplied and the duration of the licence. The notification shall also indicate the address of the website referred to in subparagraph (b)(iii) above.

3. Where a compulsory licence is granted by an exporting Member

under the system set out in this Decision, adequate remuneration pursuant to Article 31(h) of the TRIPS Agreement shall be paid in that Member taking into account the economic value to the importing Member of the use that has been authorized in the exporting Member. Where a compulsory licence is granted for the same products in the eligible importing Member, the obligation of that Member under Article 31(h) shall be waived in respect of those products for which remuneration in accordance with the first sentence of this paragraph is paid in the exporting Member.

4. In order to ensure that the products imported under the system set out in this Decision are used for the public health purposes underlying their importation, eligible importing Members shall take reasonable measures within their means, proportionate to their administrative capacities and to the risk of trade diversion to prevent re-exportation of the products that have actually been imported into their territories under the system. In the event that an eligible importing Member that is a developing country Member or a least-developed country Member experiences difficulty in implementing this provision, developed country Members shall provide, on request and on mutually agreed terms and conditions, technical and financial cooperation in order to facilitate its implementation.

5. Members shall ensure the availability of effective legal means to prevent the importation into, and sale in, their territories of products produced under the system set out in this Decision and diverted to their markets inconsistently with its provisions, using the means already required to be available under the TRIPS Agreement. If any

Member considers that such measures are proving insufficient for this purpose, the matter may be reviewed in the Council for TRIPS at the request of that Member.

6. With a view to harnessing economies of scale for the purposes of enhancing purchasing power for, and facilitating the local production of, pharmaceutical products:

(i) where a developing or least-developed country WTO Member is a party to a regional trade agreement within the meaning of Article XXIV of the GATT 1994 and the Decision of 28 November 1979 on Differential and More Favourable Treatment Reciprocity and Fuller Participation of Developing Countries (L/4903), at least half of the current membership of which is made up of countries presently on the United Nations list of least developed countries, the obligation of that Member under Article 31(f) of the TRIPS Agreement shall be waived to the extent necessary to enable a pharmaceutical product produced or imported under a compulsory licence in that Member to be exported to the markets of those other developing or least developed country parties to the regional trade agreement that share the health problem in question. It is understood that this will not prejudice the territorial nature of the patent rights in question;

(ii) it is recognized that the development of systems providing for the grant of regional patents to be applicable in the above Members should be promoted. To this end, developed country Members undertake to provide technical cooperation in accordance with Article 67 of the TRIPS Agreement, including in conjunction with other relevant intergovernmental organizations.

7. Members recognize the desirability of promoting the transfer of technology and capacity building in the pharmaceutical sector in order to overcome the problem identified in paragraph 6 of the Declaration. To this end, eligible importing Members and exporting Members are encouraged to use the system set out in this Decision in a way which would promote this objective. Members undertake to cooperate in paying special attention to the transfer of technology and capacity building in the pharmaceutical sector in the work to be undertaken pursuant to Article 66.2 of the TRIPS Agreement, paragraph 7 of the Declaration and any other relevant work of the Council for TRIPS.

8. The Council for TRIPS shall review annually the functioning of the system set out in this Decision with a view to ensuring its effective operation and shall annually report on its operation to the General Council. This review shall be deemed to fulfil the review requirements of Article IX:4 of the WTO Agreement.

9. This Decision is without prejudice to the rights, obligations and flexibilities that Members have under the provisions of the TRIPS Agreement other than paragraphs (f) and (h) of Article 31, including those reaffirmed by the Declaration, and to their interpretation. It is also without prejudice to the extent to which pharmaceutical products produced under a compulsory licence can be exported under the present provisions of Article 31(f) of the TRIPS Agreement.

10. Members shall not challenge any measures taken in conformity with the provisions of the waivers contained in this Decision under subparagraphs 1(b) and 1(c) of Article XXIII of GATT 1994.

11. This Decision, including the waivers granted in it, shall

terminate for each Member on the date on which an amendment to the TRIPS Agreement replacing its provisions takes effect for that Member. The TRIPS Council shall initiate by the end of 2003 work on the preparation of such an amendment with a view to its adoption within six months, on the understanding that the amendment will be based, where appropriate, on this Decision and on the further understanding that it will not be part of the negotiations referred to in paragraph 45 of the Doha Ministerial Declaration(WT/MIN (01)/DEC/1).

Notes:

1. This subparagraph is without prejudice to subparagraph 1(b).

2. It is understood that this notification does not need to be approved by a WTO body in order to use the system set out in this Decision.

3. Australia, Austria, Belgium, Canada, Denmark, Finland, France, Germany, Greece, Iceland, Ireland, Italy, Japan, Luxemburg, Netherlands, New Zealand, Norway, Portugal, Spain, Sweden, Switzerland, United Kingdom and United States of America.

4. Joint notifications providing the information required under this subparagraph may be made by the regional organizations referred to in paragraph 6 of this Decision on behalf of eligible importing Members using the system that are parties to them, with the agreement of those parties.

5. The notification will be made available publicly by the WTO Secretariat through a page on the WTO website dedicated to this Decision.

6. This subparagraph is without prejudice to Article 66.1 of the TRIPS Agreement.

7. The licensee may use for this purpose its own website or, with the assistance of the WTO Secretariat, the page on the WTO website dedicated to this Decision.

8. It is understood that this notification does not need to be approved by a WTO body in order to use the system set out in this Decision.

9. The notification will be made available publicly by the WTO Secretariat through a page on the WTO website dedicated to this Decision.

ANNEX

Assessment of Manufacturing Capacities in the Pharmaceutical Sector Least-developed country Members are deemed to have insufficient or no manufacturing capacities in the pharmaceutical sector.

For other eligible importing Members insufficient or no manufacturing capacities for the product(s) in question may be established in either of the following ways:

(i) the Member in question has established that it has no manufacturing capacity in the pharmaceutical sector; or

(ii) where the Member has some manufacturing capacity in this sector, it has examined this capacity and found that, excluding any capacity owned or controlled by the patent owner, it is currently insufficient for the purposes of meeting its needs. When it is established that such capacity has become sufficient to meet the Member's needs, the system shall no longer apply.

· 저자 ·

임 호
(任 虎)

· 약 력 ·

중국정법대학교 경제법 법학학사
고려대학교 국제법 석사
고려대학교 국제법 박사
산동황관율사사무소 변호사
산동덕형율사사무소 변호사
산동덕형율사사무소 서울대표 변호사
고려대학교 국제통상법연구센터 연구원
재단법인 국제법률경영연구원 연구원
現 중국 화동이공대학교 법학원 부교수
現 중국 상해소운로펌 변호사

· 주요논저 ·

「성공투자의 신기법-중국기업 M&A 법해설」
「전통지식의 국제적 보호에 대한 연구」
「중국해사중재보전에 관한 연구」
외 다수 한국어 및 중국어 논문

공중보건과 국제지적재산권법

· 초판 인쇄	2006년 12월 30일
· 초판 발행	2006년 12월 30일
· 지 은 이	임 호
· 펴 낸 이	채종준
· 펴 낸 곳	한국학술정보㈜
	경기도 파주시 교하읍 문발리 526-2
	파주출판문화정보산업단지
	전화 031) 908-3181(대표) · 팩스 031) 908-3189
	홈페이지 http://www.kstudy.com
	e-mail(출판사업부) publish@kstudy.com
· 등 록	제일산-115호(2000. 6. 19)
· 가 격	29,000원

ISBN 89-5   ₃₅₀₀ (Paper Book)
      89-534-6021-2 98360 (e-Book)